Vie de la Mère

Marie-Madeleine Ponnet

Mon Dieu, j'aime l'humilité, parce
que j'ai soif d'amour, et que la profondeur du néant attire dans l'âme l'immensité de votre amour.

(M. MARIE MADELEINE.)

Vie de la Mère Marie-Madeleine Ponnet

1re Supérieure de la Visitation
de Lyon-Vassieux

D. S. B.

QUATRIÈME ÉDITION

PARIS-6^e

PIERRE TÉQUI, LIBRAIRE-ÉDITEUR

82, RUE BONAPARTE, 82

1926

Lettre de Sa Grandeur Mgr DÉCHELETTE [1]

Evêque d'Evreux

Evreux, 30 décembre 1918.

Ma chère fille,

J'attendais pour vous remercier de votre pieux envoi, d'avoir achevé la lecture de la très précieuse Notice ; c'est chose faite depuis trois jours seulement. Que l'auteur recoive toutes mes félicitations. Rien de plus intéressant et de plus édifiant que ces pages, et pour moi, j'ajoute, rien de plus émouvant. En les parcourant, j'ai pu revivre bien des souvenirs qui me sont demeurés très chers. La figure admirable de votre sainte Mère Marie-Madeleine est parfaitement reproduite. Vous l'aurez ainsi mieux fait connaître à votre Institut, et certes, elle le mérite. Cet écrit est de nature à faire beaucoup de bien.

Recevez, ma chère Fille, l'assurance de mon paternel dévouement en Notre-Seigneur.

† Louis-Jean,

Evêque d'Evreux.

---

(1) Cette lettre nous fut adressée par Mgr Déchelette après la réception de la notice donnée à nos Monastères. Sa Grandeur nous avait promis une approbation pour la présente édition : la mort l'a empêché de réaliser son projet.

Lettre de Sa Grandeur Mgr BOURCHANY

Evêque d'Hadrumète, Auxiliaire de Lyon.

MA TRÈS HONORÉE MÈRE

J'ai lu avec la plus profonde édification la *Vie de Mère Marie-Madeleine Ponnet*, que votre Monastère va bientôt publier. Les âmes religieuses vous seront reconnaisantes de ne pas garder jalousement pour vous le trésor des exemples et des directions spirituelles de la vénérée Fondatrice de la Visitation de Vassieux. Si admirables qu'ils soient par leur perfection, ces exemples encouragent à l'imitation, parce qu'ils sont les actes d'une vie extérieurement très simple et toute dominée par cette absolue soumission à la volonté de Dieu qui est la loi de la vie chrétienne.

C'est aussi l'abandon filial à la Providence, dans l'anéantissement de l'humilité et l'élan joyeux de la confiance, qui résume, selon le plus pur esprit de saint François de Sales, tous les conseils et toutes les instructions que vous empruntez aux écrits de Mère Marie-Madeleine. Ils sont la partie principale et la plus précieuse du livre qui la fera revivre dans la mémoire et dans le cœur de ceux qui l'ont connue. Il n'est pas de doctrine spirituelle plus sûre ni plus capable d'élever rapidement les âmes dans les voies de la sainteté. Puisse-t-elle être comprise, goûtée et pratiquée, non seulement par nos Communautés religieuses, mais par les chrétiens fidèles et généreux qui gardent dans le monde le désir de travailler à leur perfection et la volonté de vivre pour Dieu.

Veuillez agréer, ma Très Honorée Mère, l'hommage de mon plus respectueux dévouement.

† JEAN,
Ev. de Had. Auxil. de Lyon.

Lyon, le 30 novembre 1920.

LETTRE du T. R. P. RAFFIN

Supérieur général de la Société de Marie

Lyon, le 10 décembre 1920.

MA TRÈS-HONORÉE MÈRE ET MES CHÈRES SŒURS,

Je viens de lire la vie de votre Mère Marie-Madeleine dont vous avez bien voulu me communiquer les épreuves. Je suis heureux de vous dire qu'en ces pages j'ai retrouvé votre Mère si regrettée telle que, pendant vingt-huit ans, je l'ai connue et estimée, admirée et vénérée.

On la voit s'élever graduellement vers les sommets de la perfection religieuse visitandine, s'avancer d'un pas ferme et rapide dans la voie d'une sainteté grandissante et rayonnante, adhérer de plus en plus intimement et uniquement à Dieu, *L'aspirer sans cesse*, selon son expression familière, pour s'en remplir davantage et Le donner plus aux âmes et au monde, être enfin constamment attentive à tenir son cœur, afin de le conserver toujours brûlant et incandescent de l'amour divin, en contact permanent avec le foyer de l'infinie Charité qu'est le Cœur sacré de Jésus.

Vous avez tracé d'elle un portrait très-ressemblant, qui captive et charme, réjouit et réconforte, instruit et édifie ; car c'est de sa vie humble et cachée, et néanmoins active et débordante, de sa vie d'oraison simple et sublime et d'union habituelle avec Dieu, de sa vie apostolique et conquérante, que vous nous découvrez les beautés surnaturelles, les vertus éminentes et solides, les leçons lumineuses et pratiques, les fruits abondants et précieux. Pour y réussir, vous avez choisi et employé la meilleure méthode qui consiste à laisser parler et agir votre Mère, et à écouter les personnes qui l'ont connue, appréciée et aimée.

Comme ce sont les faits précis, détaillés, multipliés qui mettent le mieux en relief sa personnalité, son caractère distinctif, son rôle et son influence, vous la présentez successivement élève et maîtresse au Monastère de Fourvières, Supérieure et Directrice du Noviciat en votre Monastère de Vassieux. Sachant bien que ses paroles et ses écrits traduisent le plus fidèlement ses pensées et ses sentiments, ses dispositions et ses aspirations, manifestent plus clairement le fond de son âme, vous citez souvent ses entretiens aux assemblées de la Communauté, ses instructions aux Novices ; vous faites de larges emprunts à sa correspondance, à ses écrits et à ses notes intimes, et vous invoquez les témoignages recueillis de ses amies et confidentes, de ses sœurs et surtout de ses filles. C'est là ce qui rend cette biographie si vivante et si attachante, en augmente le charme et l'intérêt, et lui donne cet accent de sincérité et de vérité qui la distingue.

Je fais des vœux pour que cette biographie, si desirée et attendue, ait beaucoup de lecteurs ; car tous y trouveront profit et édification.

Aux gens du monde, elle apprendra ce qu'ils ignorent ou trop souvent méconnaissent : que le cloître est un asile de paix profonde et de vrai bonheur pour les Religieuses ; comment celles-ci sont, par leurs prières et leurs sacrifices, des aides puissantes pour l'apostolat sous toutes ses formes, et savent garder en leur cœur la flamme d'un amour ardent pour Jésus-Christ et pour les hommes, pour l'Eglise et la Patrie.

Aux âmes consacrées, elle indiquera, par la clarté et l'élévation des enseignements qu'elle contient, par la force persuasive et entraînante des exemples qu'elle rappelle, par le suave parfum des vertus qu'elle répand, par la constante fidélité aux Règles qu'elle révèle, de quelle manière elles peuvent et doivent, en coopérant généreusement à la grâce divine, répondre aux exigences de leur vocation privilégiée.

Aux Filles de Saint François de Sales et de Sainte Jeanne-Françoise de Chantal, elle montrera Mère Marie-Madeleine poursuivant sans relâche la pleine réalisation entre elles de l'admirable idéal de perfection et de sainteté minutieusement dessiné dans vos Constitutions, votre Directoire et les Ecrits de vos Bienheureux Fondateurs, et méritant ainsi de leur être proposée comme un des plus beaux modèles à imiter.

Je souhaite que la lecture de cette biographie fasse germer, éclore et fructifier, sous la divine rosée de la grâce et avec la maternelle protection de la Vierge Marie, de nombreuses et excellentes vocations pour votre Ordre.

Veuillez agréer, ma très-chère Mère et mes chères Sœurs, avec l'expression de mon religieux respect, l'assurance de mon paternel dévouement en J. M. J.

J. RAFFIN,

Supérieur Général de la Société de Marie.

AVANT-PROPOS

Les pages que nous livrons aujourd'hui à la publicité ne furent pas tout d'abord destinées à sortir du cloître. Elles devaient être offertes seulement à l'édification de nos Monastères, selon la coutume de l'Ordre qui prescrit de donner à l'Institut une notice sur chaque religieuse après son décès. Mais la circulaire qui fit connaître notre Mère Marie-Madeleine reçut un accueil exceptionnel. De toutes nos Maisons de la Visitation, nous arrivèrent des témoignages du bien extraordinaire produit dans les âmes par cette lecture. Aussi ne suffisait-il pas de l'avoir faite une fois; on voulait y revenir, l'étudier plus à fond, la méditer en son particulier; et dans ce but, plusieurs nouveaux exemplaires de notre brochure nous étaient réclamés. D'autre part, le parfum pénétrant des vertus de notre Mère s'était répandu, de son vivant même, au delà des grilles. Bon nombre de personnes en avaient subi la douce influence, soit par contact direct, soit par correspondance.

La mort de notre Mère Marie-Madeleine éveilla des regrets profonds et le désir de chercher dans les exemples de sa sainte existence ce que l'on n'aurait plus la consolation de trouver auprès d'elle. A notre insu, la circulaire fut prêtée au dehors, et contre les prévisions, lue avec l'intérêt et le profit qu'y puisent les âmes religieuses. Bientôt, aux demandes de nos Communautés, se joignirent celles de personnes pieuses sollicitant l'édifiante biographie. Ces réclamations qui se multipliaient ne pouvaient être toutes satisfaites, le nombre de circulaires étant fort restreint. Alors, soit nos Monastères et spécialement celui d'Annecy, soit nos Supérieurs, soit les personnes séculières, nous pressèrent de publier les pages désirées, sous un format à la portée de tous. Nous avons cru voir en cela une manifestation de la volonté de Dieu, et c'est dans l'espoir de procurer sa gloire et le bien des âmes, que nous nous sommes rendues à des invitations journellement réitérées.

Dans la vie de notre Mère Marie-Madeleine, surtout dans ses dernières années, il y a eu peu de faits particuliers à relater ; et s'il s'en présente çà et là quelques-uns, l'histoire de l'âme pourtant domine partout. Cette âme se révèle elle-même, la parole lui est laissée presque à chaque page, elle dévoile ses rapports, son commerce, les secrets de son union avec son souverain Bien, elle exhale les élans de son ardent amour, elle chante l'hymne de sa reconnaissance.

Une telle lecture présente plutôt une nourriture au cœur qu'une récréation à l'esprit ; mais nourriture forte, substantielle et délectable, à ceux qui, avides de Dieu, cherchent les moyens de parvenir à Lui. Ce qui attire dans les communications livrées ici, c'est un cachet de très grande simplicité. La plus haute sainteté y est montrée sous des dehors accessibles à tous. Après les avoir un peu étudiées on

s'écrierait volontiers avec celle qui les a reçues :
« Oh ! que la vie spirituelle, que la vie surnaturelle
est simple... que la sainteté est simple !... c'est de
l'amour et que l'amour est simple !... »

On disait un jour à notre vénéré Confesseur extraordinaire que nous avions beaucoup d'écrits de notre
Mère : « Ah ! reprit-il spontanément, si elle y a mis
seulement une parcelle de son âme, vous avez de
quoi vous nourrir jusqu'à la fin de votre vie ! »

Puissent les célestes aliments ainsi préparés pour
nous avec tant d'abondance, devenir la part d'un
grand nombre ! Puissions-nous aussi par la diffusion
de ce livre, contribuer à la réalisation d'un souhait
de notre vénérée défunte, souhait qu'elle exprimait
en ces termes : « Je voudrais qu'après ma mort il n'y
eût pas un atome de ma poussière qui ne fût une
semence d'amour ! »

INTRODUCTION

Lorsque nous voyons une créature très spécialement choisie de Dieu pour accomplir une œuvre
importante, nous nous demandons quelle est la
cause de cette prérogative. Ce n'est pas que nous
voulions scruter les desseins du Tout-Puissant, mais
nous cherchons, pour notre profit, les chemins secrets qui mènent plus directement à son Cœur. En
considérant l'élection aussi imprévue que providentielle de notre Mère Marie-Madeleine pour être la
pierre fondamentale de notre Monastère, ne semble-
t-il pas que Celui, dont la volonté éternelle est que
tout soit fait par Lui, a fixé son choix sur cette âme
à cause de son humilité, de son grand désir de disparaître, de s'anéantir pour laisser toute la place à
Dieu.

Etant enfant, elle affectionnait une pensée de l'*Imitation* qu'elle formulait ainsi et répétait sans cesse :
« Mon Dieu, faites que j'aime à être anéantie et
comptée pour rien. » Mais, plus tard, elle écrivait :
« Mon amour pour le rien n'est pas pour le rien en
lui-même, c'est parce que le rien appelle le Tout de
Dieu... Ma voie, c'est le *laisser faire*, c'est aussi

l'amour. » Alors, l'humilité avait nourri toutes les vertus, et ces vertus s'étaient épanouies, fondues dans l'amour, si bien que notre Mère résumait toute la spiritualité dans ces mots : « *immensité d'amour...* *perfection du oui,* » et allait toujours aspirant l'amour, resserrant l'union, jusqu'à ce qu'elle devînt un *oui vivant, plénier, délicat, ravi.* « Mon ciel, s'écriait-elle, c'est de vous laisser faire, ô mon Dieu, c'est de vous dire *oui.* »

Notre Mère était éminemment douée des éléments de la sainteté : un corps constitué pour la souffrance, une nature d'élite ouverte à toutes les douleurs, par suite de son excessive délicatesse ; avec cela, une énergie de volonté capable de tout dominer, une fermeté de caractère, une ténacité même qui rendaient ses efforts inlassables devant les difficultés intérieures et extérieures. On peut dire qu'elle a formé une à une les vertus dans son âme, par des actes multipliés, incessants, souvent héroïques. Tout en restant passive sous l'action divine, elle a incroyablement travaillé pour atteindre la perfection. Elle ne pensait pas arriver sans peine à cette sainteté, objet des ardents désirs qu'elle exprimait ainsi : « Il me prend des envies furieuses d'être sainte. » Aussi, poursuivait-elle son but avec une persévérance, une force de volonté indomptable, une extraordinaire docilité aux inspirations d'En-Haut. Et cette admirable fidélité, ne cessant d'attirer de nouvelles lumières, a fait de cette âme un foyer de charité, un abîme de dons célestes, un temple élu du Saint-Esprit.

Notre Mère a beaucoup reçu de Dieu ; mais, tout en ayant conscience de ces faveurs, en y croyant même avec une foi inébranlable, elle n'en eut jamais le sentiment, la jouissance. Une secrète intuition l'avertissait que ces touches de grâce ne lui étaient pas données pour son seul profit ; nous en avons la preuve dans ce passage de sa correspondance : « La seule pensée de vous faire du bien me suffirait pour mettre à nu toute mon âme misérable, ou plutôt ce que le bon Dieu a mis dans mon âme misérable, peut-être plus pour d'autres que pour moi. Savez-vous qu'un jour où je voulais renoncer à écrire, par paresse, Notre-Seigneur me dit : « *Fais-le; quand cela ne servirait qu'à donner, un jour, à d'autres, un petit élan d'amour, tu ne devrais regretter ni le temps, ni la peine.* » Fidèle à répondre au désir de son Epoux, notre Mère continua de noter succinctement les lumières qu'elle recevait, et disait parfois : « Je ne sais pas pourquoi j'écris ; je ne relis jamais. » Cependant les notes s'accumulaient, pour ainsi dire à son insu : « Ah ! ce n'est pas moi qui laisserai, après ma mort, une quantité d'écrits à dépouiller » s'exclama-t-elle un jour. Elle ne se doutait pas que la piété filiale rassemblerait soigneusement une multitude de petites familles où sont crayonnés, à demi-mot, inspirations, résolutions, conseils, et que leur réunion formerait, avec sa volumineuse correspondance, un trésor sans prix pour qui aurait la douce mission de retracer sa vie. Elle avait une si grande facilité à s'exprimer, qu'elle parlait maintes fois d'un même sujet sans se répéter absolument, de sorte qu'on ne peut choisir une pensée sans regretter celles qu'on laisse.

Dieu soit béni d'avoir permis que notre regrettée Mère ne prît pas plus garde à cette partie si intime d'elle-même, ses écrits, qu'à tout ce qui concernait sa personne ; sans quoi elle les eût peut-être détruits par fidélité à sa voie, orientée dès sa jeunesse, vers l'anéantissement. Tout enfant, elle avait été frappée de cette parole de Notre-Seigneur : « *Père, je vous rends grâces, parce que Vous avez caché ces choses aux sages et aux prudents, et les avez révélées aux petits.* »

Cette lumière très vive, jointe à des attraits puissants, qui semblaient dater du baptême, pour ce qui est faible, infirme, dépourvu, ont fait pénétrer son âme bien avant dans les sentiments du Cœur de Jésus. Ah ! que notre Mère avait compris les inclinations de ce divin Cœur ! Elle écrivait : « Quand on étudie un peu les goûts du Bon Dieu, il y a dans cette vue, non pas de quoi nous attrister, mais de quoi nous ravir de joie. Il n'y a pas à dire, ce Dieu si grand, si beau, si noble, si parfait, si sage, a le goût du pauvre, du petit, du faible, du misérable ; et, on le voit dans l'Evangile, Il a le goût du pécheur; et cela, parce que, par-dessus tout, Il est infiniment bon, libéral à l'excès. *Il est Charité...* Quand on considère cela, on trouverait presque de la volupté dans la vue de son anéantissement, de son avilissement moral et physique, pourvu que cette vue soit accompagnée d'une confiance sans limite !... »

Il semble que la mission de notre Mère Marie-Madeleine ait été de mettre plus en lumière, de faire mieux connaître encore les convenances qui existent entre la miséricorde divine et la misère humaine ; d'entraîner à sa suite les âmes dans la voie de confiance en Dieu, à cause même de leur faiblesse et néant. Vers la fin de sa vie, elle notait dans son cahier de retraite : « Les deux pôles de la petite terre

de notre âme sont l'*anéantissement* et la *confiance* ;
et, entre ces deux pôles, Dieu vit, agit, opère, remplit.
Et plus la distance est grande entre les deux pôles,
c'est-à-dire, plus l'anéantissement est profond, plus
la confiance est haute, plus le champ est vaste devant
l'action divine... Si nous étions bien éclairées, nous
passerions notre vie à demander la grâce de l'anéantissement. » Et ailleurs : « Un de mes grands regrets,
c'est de n'avoir pas plus d'années devant moi pour
m'humilier, pour m'effacer, pour me faire petite.
Je le n'ai pas su assez tôt le prix de la petitesse.
Je l'aimais cependant, mais je la comprends maintenant d'une intelligence qui m'en donne la passion.
J'ai été réjouie durant ma supériorité, parce que j'y
ai trouvé plus d'occasions d'abjections que je n'aurais
jamais cru... J'ai à regretter cependant de n'en avoir
pas assez pleinement profité... Demandez à Notre-
Seigneur que je n'évite plus la moindre chose qui
puisse m'abaisser... »

Ne comprend-on pas, dès lors, l'élection de cette
âme pour être la pierre fondamentale d'un édifice
élevé à la gloire de Dieu, la base inébranlable d'une
œuvre destinée à se perpétuer à travers les siècles?...

La Vie de la Mère Marie-Madeleine Ponnet

CHAPITRE PREMIER

Naissance. — Premières années. — Ardente tendresse de l'enfant pour sa mère. — Foyer assombri par l'état maladif de Mme Ponnet, modèle de perfection chrétienne. — Premières souffrances. — Premières humiliations d'Antoinette.

La Providence avait placé le berceau de notre regrettée Mère dans un milieu où elle devait trouver de continuelles occasions de souffrir et le moyen de développer les germes précieux dont son cœur, son esprit et son âme étaient doués. Elle nous parlait de son père comme d'un homme supérieur. Et sans nier que sa réputation d'originalité était fondée, elle reconnaissait en lui élévation et fermeté de caractère, grandes qualités de cœur, dons d'intelligence remarquables. S'il avait répondu aux désirs de ses parents au sujet de sa carrière, il se serait lancé dans les affaires commerciales, mais sa répugnance insurmontable pour le négoce le détermina à entreprendre puis à mener avec succès des études de médecine. Il était même en voie d'arriver à l'agrégation, lorsque, sur un dépit bien justifié, il refusa de faire le dernier pas, et déclara qu'il serait « Médecin de campagne ».

Il se fixa donc à Neuville-sur-Saône pour exercer

son art, avec autant d'habileté que de charité, donnant aux pauvres, soins et remèdes gratuitement Toutefois, ce qui lui fait le plus grand honneur, c'est le choix de son épouse. Dès qu'il connut Mademoiselle Natalie Bernard, il résolut d'en faire, à tout prix, la compagne de sa vie. Cette jeune fille, d'une excellente famille de Bourgogne, était vraiment une perfection, une de ces créatures idéales qui ne semblent pas de la terre. En effet, elle touchait le ciel de bien près, tant par les aspirations de son âme, que par l'état déplorable de sa santé. Son organisme délicat, profondément atteint par le choléra avait cependant triomphé du terrible fléau sous l'influence d'un remède extrêmement énergique, tandis que son père et sa sœur y succombaient le même jour. Après cette grande épreuve, Mme Bernard, ne voulant plus vivre sur le théâtre de ses malheurs, vint se fixer à Lyon, où bientôt, tombant malade à son tout, M. Ponnet fut appelé pour lui donner ses soins. On comprend la suite de cette entrée en relations... Le projet qui tenait tant au cœur du nouveau praticien, trouva de l'opposition dans sa famille, à cause du défaut de santé évident de la jeune fille ; mais tâchant de s'illusionner lui-même, il répondait à toutes les objections : « Je la soignerai tant que je la ferai vivre. » Mlle Natalie avait quelques velléités de vocation religieuse ; cependant, elle céda aux pressantes sollicitudes de sa famille pour lui faire accepter une alliance terrestre.

La naissance d'une première fille, nommée Marie, réjouissait ses parents depuis plus d'un an, lorsque notre future Mère vint au monde, le 7 novembre 1858. On aurait pu dès ce jour, remarquer les desseins de Dieu sur cette enfant. Le matin même, M. Ponnet se démit un poignet et se cassa l'autre. « Alors, ra-
« contait notre Mère, on s'occupa de mon père, et on

« ne pensa plus à moi ; c'est pour cela que j'ai été
« privée si longtemps du baptême. » Et selon son habitude de s'humilier de tout, elle ajoutait avec douleur et conviction : « Voilà pourquoi j'ai toujours été
si pécheresse !... » Elle ne fut, en effet, régénérée,
que le 21 du même mois, et nous croyons que saint
Antoine dut être heureux d'étendre sa protection sur
celle qui écrivit plus tard : « On nous a lu hier, au
« réfectoire, que mon Patron du baptême passait sa
« vie à *respirer le Christ.* Je me sens doublement unie
« à lui depuis que je sens cela. Respirer le Christ !
« n'est-ce pas un des moyens les plus efficaces pour
« appeler son règne sur le monde ?... Je ne crois pas,
« si l'on y pensait bien, qui l'on puisse s'employer in-
« térieurement à autre chose, même par simple bon
« sens. »

En attendant, notre frêle enfant, née dans de mauvaises conditions, ne s'élevait qu'à grand'peine. La
faiblesse de la constitution, la délicatesse des orga-
nes ne permettant pas une alimentation suffisante
pour un développement normal, ce petit corps restait, et devait toujours rester, très chétif. Le soin
même de le fortifier, en le soumettant à toutes sortes
de médications internes et externes, était un supplice pour la chère enfant qui en eut bien vite conscience, et en garda toujours le douloureux souvenir.

La raison s'éveilla de bonne heure en elle, car si
le corps était frêle et languissant, l'âme, douée de
puissantes énergies, devait se développer de plus en
plus, par suite de la lutte incessante contre la faiblesse. Aussi, cette existence s'est prolongée, au
grand étonnement des médecins, grâce à la vigueur
déployée par l'âme pour entraîner le corps. Et on
peut l'affirmer, cette vie s'est plus soutenue par l'effort qu'elle ne l'eût été par les soins, aucune force
n'étant comparable à celle de la volonté.

Il y avait, dans notre intéressante enfant, non seulement de l'énergie, mais de l'intrépidité, de l'amour du danger, et bientôt elle en donna des preuves. Faite pour les hauteurs, elle n'aimait pas toucher terre ; aussi la trouvait-on parfois, un livre en main — la lecture était déjà sa passion — au sommet d'un arbre, au dernier degré d'une échelle, sur le bord d'une fenêtre d'un deuxième étage, tout au moins sur une cheminée, ou sur le bras d'un fauteuil, d'où on l'entendait pousser de frais éclats de rire. On comprend les inquiétudes de la pauvre mère, souvent empêchée par la maladie de surveiller elle-même ses filles, et qui, par suite, multipliait ces défenses minutieuses, assez pénibles aux enfants, telles que l'interdiction de tous les instruments tranchants. Et comme il arrive que plus on prend de précautions, moins on évite le danger, Antoinette, tournant une fois très rapidement autour d'une table de travail, s'enfonça profondément un crochet de fer dans la paume de la main. Il fallut pour l'extraire, le secours d'un chirurgien, qui ouvrit toute la partie atteinte et la soumit à un long et douloureux traitement. Surcroît de souffrances pour notre enfant qui ne pouvait d'aucune manière échapper à cette rude, mais incomparable maîtresse de sainteté : la douleur.

Le levier qui soulevait sa volonté, dans les cas difficiles, était son amour ardent pour sa mère. Elle nous dira plus tard : « Je n'avais au cœur que deux « objets, Dieu et ma mère ; ces deux mots faisaient « palpiter mon cœur ; pour tout le reste je restais « *jardin fermé*. » Aussi, la seule insinuation d'acheter, par des sacrifices, la guérison de cette mère chérie, suffisait à lui faire accepter immédiatement les remèdes les plus désagréables. Dans la crainte de la perdre, elle s'en constituait, pour ainsi dire, la gardienne. Elle s'asseyait à ses côtés, la contemplait, écoutait ses enseignements, partageait ou pressentait ses souffrances physiques et morales. Hélas ! les épines croissaient nombreuses dans le cœur de Mme Ponnet. Elle sentait si vivement le chagrin que son état causait à son mari, dont elle était profondément aimée et estimée, étant une perfection d'épouse, de mère et de maîtresse de maison !

Elle voyait avec douleur les complications et les peines amenées par chacune de ses rechutes. M. Ponnet la soignait avec un dévouement incomparable, refusant de se coucher durant tout le cours d'une pleurésie qui vint aggraver l'état de la chère malade. Le danger fut écarté une fois encore, moins peut-être par les ressources de l'art que par l'intervention céleste, sollicitée sans cesse par Mme Ponnet, dans un but tout surnaturel. Néanmoins, elle ne pouvait s'illusionner au point de ne pas pressentir une fin prématurée emportant tout le bonheur du foyer. Combien souffrait-elle aussi de ne pouvoir prier avec son mari, qui s'était affranchi depuis longtemps de tout devoir religieux ! Il avait connu des ecclésiastiques ne répondant pas à l'idéal de perfection qu'il souhaitait dans le prêtre, et dès lors, concluant du particulier au général, il se dispensait de recourir au ministère sacerdotal. Toutefois, par une heureuse inconséquence, M. Ponnet exigeait de son entourage ce qu'il ne pratiquait pas lui-même. Pour conserver à l'autorité paternelle tout son prestige, la vigilante mère tâchait de dissimuler cette lacune à ses filles : elle leur insinuait que les médecins ont de larges dispenses en raison de leurs devoirs d'état, et que si leur père se retirait au moment de la prière en commun c'était parce qu'il préférait la solitude pour cet acte de religion.

On le comprend, Mme Ponnet s'efforçait doublement

d'enraciner la piété dans l'âme de ses enfants. Elle n'admettait pas une prière récitée superficiellement : « As-tu vraiment pensé chaque mot de ton *Pater*, demandait-elle à notre fillette ? » et celle-ci devait le recommencer, si la réponse ne pouvait être affirmative. L'habitude de l'attention aux paroles prononcées se grava si bien dans cette âme que, sur la fin de sa vie, elle nous disait : « J'ai plus de facilité à bien dire mes prières, en les pensant qu'en les récitant. »

C'était avec grand soin que la pieuse mère préparait ses enfants à la sainte communion, les faisant approcher de son lit, pour les exhorter et réciter ensemble les actes prescrits. Lorsqu'elle pouvait se rendre à l'église, elle y priait avec une attitude qui ravissait notre petite Antoinette et se trouvait exactement celle qui nous est marquée. Parfait modèle de modestie extérieure, Mme Ponnet voulait voir reluire cette vertu en ses filles. Elle les regardait parfois, à la dérobée, au retour de leurs promenades ; si les ébats dépassaient un peu la mesure, elle leur rappelait la beauté des démarches de la Très Sainte Vierge et la réserve admirable de ses regards. Elle ne leur permettait pas de parler en s'habillant ; et les fillettes, dociles à cette leçon, acquirent la bonne habitude de prier durant tout le temps de leur toilette.

Educatrice incomparable, elle comprenait aussi la nécessité de diversifier ses moyens d'action, suivant la constitution physique et morale de chacune de ses filles ; tâche difficile, vu l'antagonisme absolu de leur naturel. La plus jeune, paisible, aimante, réfléchie, trouvait son bonheur auprès de sa mère ; l'aînée, au contraire, d'un tempérament vigoureux, d'un caractère turbulent, avait besoin de liberté, d'espace et de mouvement. Des chocs, des difficultés en résultaient ; et Antoinette qui en souffrait beaucoup, supportait tout en silence, gardant pour Dieu seul le secret de ses larmes. Dans un cas cependant, elle laissa éclater sa douleur. Soit par précaution pour sa santé, soit pour accorder quelque chose au naturel bouillant de Marie, Mme Ponnet résolut un jour de n'emmener en promenade que cette dernière. Le chagrin d'un moment de séparation était si grand pour le cœur d'Antoinette, qu'elle ne put retenir cette exclamation : « Eh bien ! oui, maman, va avec ta fille ! » Saillie un peu surprenante sur les lèvres de notre douce enfant, qui la déplora amèrement toute sa vie.

Ce trait et quelques autres révèlent des germes de passions assez fortes. Nous savons qu'Antoinette sentait vivement les blessures de l'amour-propre, et que l'idée de représailles ne lui était pas étrangère. Mais aussitôt, un sentiment plus beau, plus noble, plus élevé avait la préférence. Le bon Dieu qui préparait cette âme pour sa gloire, ne lui ménageait pas ces petites humiliations qui paraissent grandes aux enfants de cet âge. A tout moment, se produisaient entre les deux sœurs de pénibles contrastes. Par exemple, on coupait les cheveux d'Antoinette — mesure de prudence — tandis qu'on laissait flotter, sur les épaules de Marie, une superbe chevelure qui provoquait l'admiration. On souhaitait la fête à l'aînée mais à Antoinette... si petite... on n'y pensait pas . Après une grave ophtalmie, qui la retint longtemps dans une chambre noire, une de ses tantes lui dit : « Ma pauvre enfant, tu n'avais que les yeux de beaux et les voilà abîmés ! »

Nous devons à la vérité de dire que la physionomie de notre Mère était agréable et sympathique, que ses grands yeux noirs restèrent beaux, et que son regard singulièrement doux et affectueux attirait à la confiance, portait à Dieu. Néamoins, sur la déclaration de sa tante, la chère nièce se crut réellement dépourvue de tout charme. Son père aussi la mortifiait quelquefois sensiblement par de simples plaisanteries. Notre Mère n'en perdit pas le souvenir et devait en égayer plus tard nos récréations. Nous n'en citerons qu'un trait : « Je n'éprouvais pas une petite honte nous disait-elle, lorsque, présentant à papa le prix que m'avaient décerné les religieuses de Saint-Charles dont j'avais suivi les classes pendant quelque temps, il me dit : « C'est parce que tu sais bien essuyer les meubles qu'on t'a donné le prix de diligence ?... » J'avais en effet la charge d'épousseter les pupitres. »

On le voit, M. et Mme Ponnet s'étaient décidés à se séparer de leurs filles, quelques heures chaque jour, comprenant que l'atmosphère de la famille ne suffisait pas à leur développement. A la vérité, leur enfance s'écoulait tristement, dans une inquiétude et une gêne continuelles. Leur attention devait se concentrer à éviter le moindre bruit, dès qu'une rechute venait mettre en danger l'existence de leur mère. On les éloignait alors de celle qui faisait toute leur joie ; et si, inconscientes du malheur dont elles étaient menacées, elles cédaient au besoin de leur âge en s'ébattant dans un corridor. M. Ponnet se montrait, disant d'un ton sévère : « Comment se permettre un tel tapage dans la maison d'une malade ? » Le jeu cessait aussitôt, et notre petite Antoinette, ne s'expliquant pas la cause de cette rigueur, se retirait le cœur serré dans un coin du jardin, où elle essayait de se consoler, en caressant une colombe apprivoisée, et lui disait : « Il n'y a plus que toi qui m'aimes ! »

CHAPITRE II

M. et Mme Ponnet se déterminèrent bientôt
à un sacrifice plus complet, afin de procurer a
leurs enfants les avantages d'une parfaite éducation ;
et l'entrée des deux sœurs, en notre monastère de
Fourvières, fut résolue pour le mois d'octobre 1868.

Mais quelle perspective pour Antoinette... Quitter
sa mère si longtemps, elle qui n'avait pu vivre loin
d'elle pendant un mois, même sous le toit d'une
tendre aïeule ! La prolongation de ce séjour aurait
sans doute compromis sa santé, car déjà le tour de
ses yeux était complètement meurtri par l'abondance
des larmes versées. Aussi, parlant de la redoutable
pension, elle disait à sa mère : « On me tuerait de
travail que cela ne me ferait rien, si tu étais là. »

Malgré la souffrance réciproque, la décision fut
maintenue. Par un suprême effort et le secours de
la grâce, Mme Ponnet put aller confier elle-même ses
deux trésors à la Maîtresse générale du pensionnat,
notre Sœur Marie-Aimée Bossan. Celle-ci fut frappée d'émotion et d'admiration, en voyant cette mère

à l'attitude aussi digne que modeste, au visage aussi beau que virginal, mais marqué du signe de la mort, embrasser, en pleurant, ses enfants dont les sanglots déchiraient le cœur.

Nous n'essayerons pas de dire la douleur d'Antoneitte, l'impuissance du temps à la modérer, l'insuccès des maîtresses pour la consoler : « Maman, je veux voir maman » était la seule réponse qu'elles en obtenaient. Cependant, la délicate enfant retenait ses larmes le plus possible, pendant le jour, et ne leur donnait un libre cours que durant la nuit.

Malgré cet obstacle à l'épanouissement de la petite élève, on comprit vite qu'une influence assidue et de haute valeur avait entouré M^{elles} Ponnet. Tous les nobles sentiments étaient éveillés, toutes les délicatesses comprises et pratiquées. Jusque dans l'arrangement de leurs trousseaux, fait sous les yeux et les ordres de leur mère, alors alitée, on remarquait une perfection de détails qui révélait une femme d'ordre et de goût, capable d'une formation supérieure.

Dès le début, Marie prit sa large part d'amusements et un bon rang dans les concours classiques ; Antoinette frappa surtout par son air triste, languissant, souffreteux. Elle avait à peine le corps d'une enfants de sept ans et allait en compter dix. Pour compléter l'illusion, et surtout son tourment la fillette portait et devait porter longtemps encore des bonnets de bébé. Cette précaution, jugée indispensable par ses parents, l'humiliait fort ; et, bien que le petit instrument de supplice fût confectionné par cette mère, qu'elle aimait au point de baiser tout ce qui sortait de ses doigts habiles, Antoinette avait une peine incroyable à s'en revêtir. Quelquefois se laissant vaincre par ses répugnances, elle le faisait disparaître. Là, cependant n'était pas le principal sujet de lutte : l'impuissance à l'alimenter raisonnablement devait toujours être une épreuve pour elle-même, une grande inquiétude pour son entourage. Supplications, promesses, menaces, punitions restaient absolument sans résultat devant l'invincible obstination ou plutôt la totale impossibilité. Mais la chère petite, faible de corps, était riche en expédients pour tromper toute vigilance et soustraire adroitement la partie substantielle de ses repas. Parfois, prise sur le fait, la coupable convenait de ses torts, se repentait, se confessait, prenait de bonnes résolutions, puis... recommençait... l'estomac ne pouvant se convertir.

On devine dès lors le principal motif de cette humble componction qui accompagna notre Mère jusqu'à la tombe. On peut y joindre les petites étourderies ou finesses auxquelles l'entraînaient quelquefois ses compagnes, ou seulement l'extrême bonté de son cœur. Ayant remarqué, par exemple, qu'une de ses Maîtresses ne pouvait résister aux supplications accompagnées de larmes, Antoinette usait souvent de ce moyen pour obtenir la suppression des punitions et mauvaises notes méritées par sa sœur ou ses amies.

Lorsque, en raison des événements de 1870, le Pensionnat de Fourvières dut cesser de fonctionner, nos chères Sœurs de Montélimar accueillirent, avec la plus parfaite charité, les quelques élèves qui ne rentrèrent pas dans leur famille à cette époque néfaste. Le groupe Lyonnais ne fut pas divisé, et fit classe à part. Nos espiègles ne manquèrent pas de profiter de la situation improvisée et de ses conséquences, pour desserrer un peu le frein. M^{elles} Ponnet faisaient partie de la colonie, et la plus jeune prit aussi sa part de détente, au profit, paraît-il, de sa santé qui sembla s'améliorer. Là encore, si l'on cherchait le motif de ses petits méfaits, on y découvrirait une excuse délicate : ne se distinguer en rien, et éviter même à ses dépens, de faire punir ses compagnes.

Oui, la vertu était déjà passée à l'état d'habitude dans notre fillette ; aussi, la vérité qui sort de la bouche des enfants en rendait témoignage, et l'une d'elles disait, en montrant Antoinette Ponnet : « C'est petit saint, ça... » En voie de le devenir, du moins, de quelle endurance n'était-elle pas capable ! La vie de pension ne pouvait être qu'un martyre pour elle, tant le régime différait de celui de la famille, et se trouvait incompatible avec sa faible constitution.

Jusqu'à son entrée au couvent, Antoinette avait vécu d'ailes d'oiseaux, de miettes de brioches trempées dans un jus très substantiel, de potages surfins servis dans une petite tasse, absorbés avec une cuillère minuscule... elle avait passé les hivers dans des appartements surchauffés, en vue de sa mère malade.

Et voilà que dans notre grande maison de Fourvières, ses pauvres petits membres ne parviennent pas à se réchauffer, même la nuit, quoiqu'elle les surcharge à la dérobée, des vêtements du jour. Et le temps du sommeil, comme il était insuffisant pour une complexion aussi délicate ! A cette pénitence continuelle, s'ajoutaient parfois des douleurs très aiguës. Elle avoua sur son lit de mort que, dans son enfance, elle avait souvent cru mourir des malaises dont elle souffrait toujours.

Notre petite Antoinette supportait tout en silence, par timidité et mortification. Sa délicatesse de conscience, sa vigilance pour ne pas manquer à la grâce étaient déjà si grandes, qu'elle aurait craint de commettre une infidélité en déclarant son mal, ou même en le laissant paraître. On se souvient encore de l'émotion qu'éprouva l'Infirmière du Pensionnat en trouvant sa poitrine déchirée du cou à la ceinture, par un révulsif appliqué pendant les vacances. La patiente enfant ne demandait aucun soulagement ; ce fut sa sœur qui pensa, enfin, à avertir les maîtresses. Celles-ci, vivement peinées de cette discrétion excessive, source de continuelles sollicitudes, ne manquaient pas de reprendre leur chère élève, tout en admirant la force d'âme cachée sous cette frêle enveloppe.

Une piété déjà enracinée était le ressort de cette vertu peu commune au jeune âge. Le recueillement et l'attitude angélique dans la prière, toujours remarquables en notre enfant, le furent davantage au moment de sa Première Communion (16 juin 1870).

Rappelant ce grand acte, elle écrira plus tard : « C'est le jour où Notre-Seigneur m'a dit son pre- « mier secret... Mais à la Confirmation, Il a été plus « éclairant, plus explicite, plus exigeant. » Comme pour les Apôtres, la communion à Jésus avait préparé la venue du Saint-Esprit, et cet Esprit d'amour devait renouveler, embraser, transformer ce jeune cœur. Notre fervente enfant garda un souvenir ineffable de sa Confirmation (2 juillet 1872), jour auquel se rattache ce qu'elle appelait sa conversion : « L'an- « née de mes treize ans, a-t-elle écrit, le Saint-Esprit « m'a fait comprendre le néant de tout, le prix de la « souffrance, et m'a appris à en rendre grâces. »

Quand l'Esprit souffle dans une âme et que celle-ci, libre, dégagée d'elle-même, attentive à l'inspiration, est prête à tous les sacrifices, la lumière devient intense, la grâce descend en elle, à flots pressés, et l'inonde de célestes délices. Antoinette connut cette affluence divine, cette attraction au dedans qui fait le désert au dehors, qui creuse l'abîme entre Dieu et le monde, et mène enfin à la folie de la croix.

A partir de cette époque, sa vie est orientée, sinon entièrement dessinée ; et, dans la voie où l'emporte l'amour, elle va cheminer jusqu'à la fin sans défaillance, à la lumière grandissante de ce qu'elle appellera toujours : *la grâce de mes treize ans.*

Cette grâce pourrait s'appeler : *indifférence* et *amour...* Indifférence pour tout ce qui se passe, inspirée par la parole sacrée : « *O vanité des vanités, tout n'est que vanité, hors aimer Dieu et le servir Lui seul.* » Puis, amour de Notre-Seigneur excité par l'oracle divin qui a transpercé son cœur : « *J'ai cherché un consolateur et je n'en ai pas trouvé.* » Ces textes et quelques autres illuminent la voie de la pieuse enfant : ses notes intimes, revenant jusqu'à la fin sur ces grâces capitales, montrent sa fidélité à les faire fructifier. Nous y lisons fréquemment des lignes telles que celles-ci : « J'ai été saisie par « cette pensée qui m'avait frappée, dès mon jeune « âge : « *J'ai cherché un consolateur...* » ma voca- « tion, c'est de consoler... Revenir souvent aux pen- « sées qui ont orienté ma vie d'enfant « *O vanité des vanités... Apprenez de moi que je suis doux et humble de Cœur... c'est l'amour qui donne le prix à tout. .* »

Elle écrit encore le Jeudi-Saint, 1911 : « Après la « sainte Communion, à ces paroles du psaume *Con-* « *siderabam,* Notre-Seigneur m'a puissamment re- « nouvelé la grâce de mes treize ans... Je veux, « ô mon Sauveur Jésus, que, regardant à votre droite, « à quelque heure que ce soit, vous y trouviez tou- « jours votre pauvre petite collée à Vous, comme « ces petits mendiants attachés aux pas d'un prince, « non pour recevoir seulement, mais surtout pour « consoler votre Cœur, vous prodiguer l'amour, vous « donner la joie de mon humble confiance et voler « à vos moindres désirs. »

Nous voyons le fruit de la semence divine jetée, dès l'aurore de cette vie, dans une terre excellente. Ce jeune cœur recueillait, approfondissait, s'assimilait la parole de Dieu, et les aspirations vers l'Infini allaient grandissant, en proportion de l'indifférence, pour les choses terrestres. La pieuse enfant n'envisageait plus le temps qu'au point de vue de l'éternité, et ne voulait pas passer un instant sans avancer vers le but. Durant les circulations du Pensionnat, dans ses moindres loisirs, elle ne cessait de prier, de prononcer de brûlantes aspirations, surtout celles-ci : « *Jésus doux et humble de Cœur, rendez mon cœur semblable au vôtre. .. Mon Dieu, faites que j'aime à être anéantie et comptée pour rien !* »

Les récréations, les moments de légitime détente lui paraissaient un larcin fait à Dieu ; et les soirs de congé, estimant à tort avoir perdu sa journée, elle versait d'abondantes larmes. S'il arrivait qu'elle pût trouver un peu de liberté en ces occasions, elle se retirait dans un lieu obscur et solitaire, pour réfléchir et prier à loisir. Quel bonheur, lorsqu'il lui était permis de quitter les jeux, pour aller travailler directement au service de son Maître adoré et de la très sainte Vierge, en ornant l'autel de la chapelle du Pensionnat !

Avançant de plus en plus dans la piété, Antoinette comprit que la perfection est toute entière dans l'accomplissement de la volonté de Dieu ; aussi, dès lors, voulut-elle se récréer par obéissance comme ses compagnes. Mais, bien plus frêle que celles-ci, elle ne pouvait qu'à grand'peine courir aussi vite et des points de côté arrêtaient son élan. Pour vaincre cet obstacle, le petit athlète mettait un caillou dans la bouche ; une fois une respiration plus forte le lui fit avaler, et elle faillit être étouffée. L'alerte causée aux Maîtresses et aux élèves présentes fut telle, qu'aucune n'en a perdu le souvenir. Afin d'assurer le rétablissement de la chère enfant, on la remit pour quelques jours aux soins paternels du Dr Ponnet.

Si la fervente pensionnaire s'affectionnait à la pratique de toutes les vertus, ses prédilections allaient à la plus rare et la plus difficile ; l'amour de l'abjection. Être accusée et punie injustement, surtout pour protéger le prochain, lui causait une vraie joie. Que cette délicatesse de charité allait loin, quand il s'agissait de sa sœur ! Que de vertus fraternelles ne pratiquait-elle pas à son égard ! Lorsque par exemple, Mme Ponnet envoyait de beaux fruits à ses filles, Antoinette s'empressait d'affirmer qu'elle n'en voulait pas, qu'elle ne pourrait les prendre, heureuse de laisser à Marie le plaisir de les partager avec ses **amies**.

Remarquablement douée sous tous les rapports, Antoinette pouvait être une élève brillante ; mais ne voulant pas dépasser Marie, elle trouvait le moyen de paraître inférieure, et n'arrivait aux premières places que pendant les absences de son aînée. Cependant, désirant contenter ses parents par des succès aux examens trimestriels, elle se condamnait alors à un travail au-dessus de ses forces, prenant même sur son sommeil pour assurer la fidélité de sa mémoire.

Toute vertu qui nous rend agréable au prochain étant basée sur l'abnégation, on devine combien cette compagne, toujours prête à se renoncer, était goûtée des élèves. Les plus jeunes, les plus étourdies aimaient la protection de cette « Grande », aux réprimandes délicates, aux petits sermons si pleins de douceur qu'ils étaient facilement acceptés.

Pour cette âme qui en avait éminemment tous les attraits, comment ne pas conjecturer l'appel à la vie parfaite ? La pauvreté était déjà une vraie passion pour elle ; l'obéissance seule parvenait à lui faire mettre une robe neuve : ses préférences allaient

aux plus usées, aux plus fanées... Et cela, non par défaut de goût ou d'élévation ; elle écrira bientôt cette résolution : « Allier toujours ensemble pauvreté et gé-
« nérosité. Pauvreté sans générosité serait étroitesse
« d'esprit, petitesse. Mais pauvreté et générosité, c'est
« l'esprit large que Notre-Seigneur veut de nous.
« Donc pour le prochain, jamais assez ; et pour
« nous, toujours trop, toujours trop beau, trop riche,
« trop agréable. »

Que dire de sa virginité ? Le petit lis, on le sentait bien, n'avait pas été effleuré. Tout enfant, Antoinette protestait à sa mère que jamais elle ne contracterait d'alliance terrestre, afin de ne pas la quitter ; et dans la vie religieuse, elle écrira : « Pour moi, je me serais jetée à l'eau et au feu pour conserver ma virginité !... » Inconsciemment même, elle garda de tout temps, comme nous l'avons déjà constaté, la virginité de la souffrance, et un jour, elle dira confidemment : « Je ne me suis jamais dé-
« gonflée des peines qui m'ont été faites... Une fois,
« j'allais ouvrir la bouche pour dire un mot sur un
« déplaisir que j'avais eu, mais Notre-Seigneur m'a
« dit : *Garde cela pour Moi, ce sera un secret pour*
« *nous deux pendant l'Eternité.* » En d'autres rencon-
« tres, Il me dit : « *Fais un faisceau de tout ce que*
« *tu as souffert dans ta vie, jette-le dans mon Cœur,*
« *n'y pense plus... Ainsi, il y aura dégagement et*
« *humilité dans la souffrance.* » Protégée sous ce sacré silence, notre pieuse enfant tenait son cœur à l'abri du plus petit attachement naturel, même pour ses maîtresses qui lui inspiraient néanmoins autant d'affection que de vénération.

Nulle âme ne pouvait être plus destinée à suivre l'Epoux des Vierges, cependant les aspirations à cette vie angélique ne lui vinrent que graduellement. La première pensée distincte de sa vocation suivit une conversation sur la vie intérieure et **crucifiée**, dans l'énergique langage d'une de ses Maîtresses, plus tard notre Mère Anne-Régis. Toutefois, la seule atmosphère du couvent développait chaque jour en son âme des germes si précieux. « Tout ce qui sentait « l'humilité, la pauvreté et le recueillement, dira « notre Mère, me donnait la vocation : ainsi l'en- « tête du tableau des Supérieures : « *La Générale de* « *notre Ordre, c'est l'humilité* » ou les **mots** écrits « au bas d'un portrait de notre saint Fondateur, dans « le Chœur de Fourvières : « *Observez bien les rè-* « *gles que je vous ai données, et vous serez les Filles* « *chéries du Cœur de Jésus !* » C'était aussi de voir « les Sœurs converses épluchant les légumes devant « la cuisine, le chapelet autour du cou, le visage « face au mur, afin d'éviter toute distraction, ré- « citant de nombreux *Ave Maria*, ou écoutant une « lecture. » Une de ces bonnes Sœurs que l'âge et les infirmités rendaient moins attrayante, attirait particulièrement la fervente élève. Antoinette avait deviné en elle une âme extraordinairement belle et usait de petites industries pour la rencontrer, afin de se recommander à ses prières.

L'Esprit-Saint formait suavement et fortement notre future Mère à la belle mission qu'il devait lui confier un jour : ensemencer une nouvelle terre des vertus de notre saint Ordre et en communiquer l'esprit à d'autres âmes. Pour s'en remplir elle-même, Il lui inspira de le puiser à la source la plus pure. Nous lisons dans une lettre datée de Vassieux : « Je bénis « Notre-Seigneur du tendre amour qu'Il vous donne « pour notre Bienheureux Père ; pour moi, depuis « l'âge de treize ans, où je l'avais pris pour directeur « n'en trouvant pas de meilleur au monde, je me suis « éprise de lui... » En effet, notre Mère pouvait nous « dire : « J'avais constamment sur moi *l'Introduc-*

« *tion à la vie dévote*, je la consultais dans toutes
« mes difficultés et j'y trouvais toujours la réponse
« que je cherchais. »

Vers cette époque si féconde en grâces spirituelles,
Antoinette eut une occasion signalée de montrer la
fermeté de sa conscience. Pendant les vacances,
M^{elles} Ponnet furent invitées à un dîner dans une
famille fort bien posée, mais si peu attachée aux pratiques religieuses qu'on s'y croyait dispensé de l'abs-
tinence pour de simples prétextes. C'était un vendredi. Dès le début, nos jeunes filles se trouvent en
présence d'aliments gras et entrent en anxiété, pres-
sentant une lutte. Elles s'excusent, une fois, deux
fois, puis encore, espérant voir arriver quelque chose
qui leur permette de prendre part au mouvement
général ; mais rien ne leur offrant une entière sécurité, elles continuent de s'abstenir. On comprend
leur supplice devant les invitations de plus en plus
pressantes. Celles qui voudraient tant passer inaper-
çues, occupent tout le monde, attirent tous les regards !... Chacun s'érige en théologien pour les éclairer : elles ne peuvent se laisser convaincre. Enfin la
maîtresse de maison fort contrariée de cette obstination, leur fait préparer à la hâte des œufs et du
chocolat que nos héroïnes doivent absorber sous les
yeux attentifs de la société. Arrive le moment de
passer au salon. « Alors, nous racontait notre Mère,
« un grand monsieur, aussi remarquable par l'intel-
« ligence que par les idées anti-religieuses, ayant
« suivi toute la scène avec intérêt, vint se placer de-
« vant nous ; et, les bras croisés, nous dit solennel-
« lement : « Eh bien, Mesdemoiselles, je vous félicite,
« vous faites honneur à vos convictions ! » Au soir
d'une telle journée, nos jeunes filles durent s'unir à
Dieu plus fortement, et goûter avec un bonheur ineffable les charmes de la solitude.

CHAPITRE III

Cependant le cœur d'Antoinette ne s'épanouissait que pour aimer plus tendrement les deux grands objets de son affection : Dieu et sa mère. Les grâces reçues au Monastère, la jouissance de s'instruire et de sentir le développement de ses belles facultés, son attachement même pour ses Maîtresses et les compagnes d'élite choisies pour amies, rien ne pouvait modérer son désir d'entourer cette mère dont elle savait l'existence menacée. Un accident provoqué par une méprise du pharmacien venait encore de compliquer l'état de la chère malade. Combattu aussitôt avec énergie, le poison n'entraîna pas la mort, mais eut pour résultat un grand surcroît de souffrances, se greffant sur celles de la phtisie. La santé d'Antoinette, très précaire à ce moment, acheva de décider son retour au foyer paternel. Notre jeune fille allait entrer dans sa seizième année. Quoique très avancée pour son âge, elle n'avait pas terminé ses études, mais cette lacune devait être comblée

avantageusement, soit par la conversation avec
M. Ponnet, véritable érudit, soit par les lectures parfaitement choisies que fournirait la superbe biblio-
thèque de famille.

Une lettre de notre Mère, datée des dernières années de sa vie, nous montre que les faveurs divines
et la fidélité à y correspondre ne cessèrent pas durant cette phase de son existence : « Un jour, dit-elle,
« j'était petite jeune fille, Notre-Seigneur me donna
« une grande lumière. A cause de ma faiblesse, de
« ma timidité, de mon peu de talents, j'étais très
« effacée, et ma sœur très vivante et brillante. Un
« soir où Marie, au piano, tenait l'entourage sus-
« pendu, j'eus un moment de tristesse (orgueil et
« jalousie). Mais tout d'un coup, Notre-Seigneur me
« donna une lumière si vive sur l'effacement de notre
« personnalité, sur la place qu'Il prend dans cet
« effacement, que j'en versai des larmes de recon-
« naissance durant la soirée. Depuis lors, toutes les
« fois que, dans une après-midi musicale, Marie et
« d'autres personnes, dont le talent dépassait le
« mien, étaient au piano ou à un autre instrument,
« retirée à l'écart, libre, je m'entretenais avec mon
« Dieu. Pendant les visites où Marie intéressait par
« sa conversation facile, je restais dans mon recueil-
« lement et je pensais à Notre-Seigneur. Que de
« choses j'ai apprises ainsi !... Que de grâces j'ai
« reçues dans la cathédrale de Saint-Jean, où j'allais
« passer deux heures, durant les leçons d'harmonie
« de Marie dont je n'étais pas capable !... »

On fera facilement la part de l'exagération conte-
nue dans ces lignes de notre humble Mère. Certainement, elle n'était pas incapable de leçons d'harmonie, mais ses parents lui ayant fait commencer la
musique un peu tard, à cause de sa faiblesse, ils ne
songeaient pas à la pousser aussi loin que sa sœur,

véritable artiste, bien supérieure à Antoinette sous le rapport musical.

La grâce faisait donc son œuvre ! Et Dieu creusant toujours plus cette âme d'élite par la lame acérée de la souffrance, allait frapper son grand coup. Le mal qui minait Mme Ponnet ne pouvait plus être enrayé : la mort approchait à grands pas. La tendre mère, envisageant sans illusion les conséquences de la prochaine séparation, avait besoin, pour se résigner, de faire appel à toute sa foi en la bonté de Dieu et en son action providentielle sur ceux qu'elle laissait.

Elle achevait la formation de ses enfants par les exemples et les admirables leçons de vertu qu'elle leur donnait. Antoinette les recueillait comme un legs sacré. Mais, ô douleur ! la seule consolation qu'elle réclame : se confiner dans la chambre de sa mère, se serrer contre elle, la regarder sans cesse, en luttant avec Dieu, par supplications, sacrifices et promesses, cette consolation lui est souvent enlevée. Marie, usant de son droit d'aînesse, invoquant des raisons d'hygiène et de prudence, écartait sa sœur qui se retirait le cœur brisé, offrant ses larmes et sa résignation pour la bien-aimée malade... Vint un jour où M. Ponnet aborda ses filles en leur disant : « Mes enfants, votre mère est perdue... faites prévenir M. le Curé !... » Peu après les deux sœurs étaient orphelines. Mme Ponnet avait rendu sa belle âme à Dieu, le 26 octobre 1874, un dimanche matin. Nos jeunes filles ne se crurent pas dispensées de l'assistance au divin Sacrifice, mais leurs sanglots déchiraient le cœur, et lorsqu'elles se retirèrent, leurs larmes avaient inondé le pavé de l'église.

L'âme du foyer partie, rien ne peut dire la tristesse du père et des enfants. C'était une sensation profonde d'isolement pour tous, mais pour notre future

Mère, un brisement tel qu'elle crut en mourir... Et nous qui avons connu son cœur, nous croyons qu'elle ne supporta ce coup que par une intervention surnaturelle. En effet, le soir même des funérailles, elle reçut une immense grâce. Une lumière très vive lui montra la jalousie divine cachée derrière cet événement : pénétrée de reconnaissance envers Notre-Seigneur, elle se jeta à genoux pour Le remercier et Lui offrir un cœur où ne se trouvait plus qu'un seul amour. Dès lors elle put dire, en toute vérité : « *Mon Dieu vous êtes la part de mon héritage !* » Dès lors aussi, la nostalgie du Ciel ne la quitta plus, et la sanctification de son âme devint l'unique but de sa vie. On comprend que notre Mère ait encore appelé cette époque celle de sa conversion.

Cependant, quoique dominée par une rare énergie et par une grâce spéciale, la douleur, au fond, restait inconsolable, et notre jeune fille allait souvent répandre des torrents de larmes aux pieds de la Sainte-Vierge, et sur la tombe de celle qu'elle avait tant aimée.

Une ère nouvelle venait de s'ouvrir pour les deux orphelines. Dès les premiers jours de leur épreuve, une vive sympathie les avait entourées, mais elles crurent plus parfait de ne pas répondre aux avances cordiales dont elles étaient l'objet, et d'embrasser sans retard une vie retirée, toute consacrée à la dévotion. Cette conduite, comme aussi la prolongation inusitée d'un deuil extrêmement austère, fut sévèrement blâmée par la famille, surtout du côté paternel.

Quelques mois après le coup terrible, la grâce d'un jubilé, dont Antoinette suivit les exercices avec la plus grande ferveur, affermissait encore ses résolutions de *s'approfondir en humilité et de se sanctifier par l'amour divin. « La chasteté doit orner mon front,* disait-elle, *et je veux l'assurer en me dé gageant de tout ce qui n'est pas Dieu.* »

Les six années qui s'écoulèrent de la mort de Mme Ponnet à l'entrée au couvent de notre future Mère furent pleines de mérite. Deux mots le résument : *abnégation héraïque, abnégation à 'outrance.* Ce n'était du reste que l'épanouissement de la vertu pratiquée dès l'enfance. Les résolutions suivantes, prises à cette époque, sont très significatives : « Je « crains de faire souffrir ceux qui m'entourent par « mon humeur sombre et chagrine. Je m'efforcerai « donc d'être gaie : cela n'empêche pas de souffrir, « et le prochain l'ignore. Il faut, dans ma vie habi- « tuelle, être pleine de bonté et d'affection, regarder « Notre-Seigneur dans mon père et ma sœur, m'in- « téresser à eux, à tout ce qu'ils font, tâcher de les « rendre heureux, m'occuper beaucoup de la maison, « faire ce qu'il y a d'ennuyeux, de pénible, laisser « seulement l'agréable à Marie ; enfin, m'oublier « complètement moi-même ; il ne doit plus être ques- « tion de moi, en aucune manière. »

Au reste, les deux sœurs, poursuivant le même but, ayant les mêmes goûts, vivaient en parfaite harmonie et très étroite intimité. Elles s'excitaient à la ferveur et s'entraînaient dans la voie des austé- rités avec plus de courage que de sagesse. Rien de déplorable comme leur manière de s'alimenter. An- toinette surtout, qui aurait dû prendre les moyens de fortifier son tempérament si frêle, ne songeait, semble-t-il qu'à l'affaiblir par jeûnes, veilles, travail excessif.

Il est vrai que les circonstances favorisaient de telles imprudences. M. Ponnet, dont la santé était assez précaire, suivait un régime spécial, ne prenant jamais de repas en règle. Cette particularité permet- tait à ses filles de suivre plus librement leur attrait pour la mortification. Il résultait de cela une souffrance mutuelle ; le père s'affligeait de ne pouvoir améliorer la constitution de ses enfants, et celles ci, pour éviter de le mécontenter, dissimulaient leurs malaises le plus possible. C'est ainsi qu'Antoinette ne voulant pas fatiguer M. Ponnet par sa toux opiniâtre, se tenait à distance de son cabinet. Elle supporta même une rougeole ou scalartine dans une chambre isolée, et presque sans secours, par suite de circonstances pénibles. Ces souvenirs sont rappelés, après une maladie, dans le billet suivant, écrit en 1912, à notre Mère Anne-Régis :

« Comment vous témoigner, un peu, ma débor-
« dante reconnaissance pour votre maternelle solli-
« citude, pour vos attentions multipliées ? J'en suis
« émue aux larmes et voudrais me fondre pour
« vous... merci ! merci !... Décidement, je vais bien
« mieux, je n'ai plus de fièvre et la gorge me fait
« beaucoup moins mal. Encore un peu, et il n'y pa-
« raîtra plus rien... Que d'embarras j'ai trouvé le
« moyen de faire pour si peu de chose !... Ce matin,
« toute seule, j'en prenais le noir !... j'en aurais
« pleuré !... Je me rappelais les petites maladies fai-
« tes à la maison, entre la sortie de pension et l'en-
« trée au couvent, sans mère... sans compassion de
« personne... ne prenant que l'indispensable, cachant
« tout ce que l'on pouvait. Et dans la vie reli-
« gieuse !... Voilà l'épouse d'un Dieu crucifié !...
« Il est vrai que les actes de bonté d'une vénérée
« Mère Anne-Régis, de bien-aimées Sœurs, glorifient
« le Cœur de Jésus, et c'est ce qui doit nous ré-
« jouir !...

« Ma Mère, que vous avez donc raison dans vos
« petits billets ! « Le repos, la diète, peu de remè-
« des... c'est ce qui me convient... Nos Sœurs se sont
« bien rangées à vos sages avis, et je m'en trouve

« très bien... Après, mon petit train de Règle,n'est-
« ce-pas ? »

La rigidité de Mlles Ponnet, pour suivre
leur règlement, ne leur aurait pas permis de modifier, en raison d'un surcroît de travail, l'heure
adoptée pour le lever et le coucher. Elles se li-
vraient à la confection d'ouvrages destinés aux
églises ou aux pauvres, avec une ardeur immodérée ;
et si leur père se plaignait de cet excès nuisible à
leur santé, elles se retiraient dans l'embrasure d'une
fenêtre, où, debout, dissimulant leur travail, elles
continuaient à tirer l'aiguille sans relâche : « Je bro-
« dais, même lorsque je souffrais de grosses névral-
« gies, nous disait notre Mère, et quand les douleurs
« devenaient trop fortes, je m'obligeais à regarder
« de grands albums d'histoire naturelle, pour ne pas
« m'arrêter à la pensée de mon mal ; ou bien, j'allais
« me reposer une heure au pied du Saint-Sacre-
« ment. »

S'il arrivait à notre jeune fille de passer un jour
sans souffrir, il lui semblait que le bon Dieu l'avait
oubliée, ce qui lui donnait le désir de se dépenser
pour Lui, jusqu'à l'extrémité de ses forces : « Dès
« l'âge de quinze ou seize ans, nous a-t-elle dit, j'ai
« eu la passion de *m'user* pour Notre-Seigneur. J'é-
« tais ravie de sentir, à la fin de la journée, que j'a-
« vais épuisé mes forces à son service ; et, volontiers,
« je cherchais l'occasion de me fatiguer, quand elle
« ne se présentait pas... C'était la lecture de l'abbé
« Perreyve qui m'avait donné ce goût. » Ainsi, pous-
sée par cet amour que ne croit jamais faire assez, si
elle ne tombait pas de lassitude lorsqu'arrivait le
soir, elle disait à sa sœur : « Nous pouvons aller
encore ! » et, pour *user* leurs dernières forces, les
deux sœurs repartaient visiter les pauvres.

En parcourant le recueil de lectures de notre Mère,

nous trouvons des pages de l'abbé Perreyve qui la font revivre, tant elles avaient passé dans sa conduite. Celles, entre autres, où le vaillant écrivain, assimilant les luttes particulières aux grandes luttes nationales, dit que la victoire n'est pas où les corps abondent, mais où l'âme est plus grande, et que c'est la volonté de vaincre qui assure le triomphe. Or cette volonté, fait-il remarquer, ne remporte la victoire qu'au prix de sacrifice. « Le sacrifice, s'écrie-« t-il, voilà le dernier mot de toute action féconde en « ce monde. Savoir s'immoler, savoir se perdre, sa-« voir aller du côté de la mort, en acceptant la fa-« tigue et l'épuisement que causent les ouvrages dif-« ficiles, en surmontant l'horreur que les sens fati-« gués ont pour le travail, en se conduisant soi-même « à l'ouvrage, comme on ramène au feu une troupe « affaiblie et épuisée par une longue lutte... » Puis admirant les grandes choses que parviennent à accomplir les hommes animés d'une grande passion, l'auteur ajoute : « Pour nous tous chrétiens, il est « une passion qui doit posséder toute notre âme : « celle de travailler en ce monde, sans trêve ni relâ-« che, à la venue du royaume de Dieu et au triom-« phe de la justice !... elles deviennent au service de « Dieu et des hommes, tout volonté, tout courage, « tout sacrifice... »

Notre jeune fille s'exerçait à faire ainsi en se dévouant pour les pauvres et les affligés. Ceux-ci, devinant aussi la délicatesse de son cœur, ne craignaient pas de lui demander de petits services, tels que la compostiion d'une poésie pour la joie ou la consolation de la famille. Mais sa charité allait plus loin. Foulant aux pieds tout amour-propre, elle se constituait, au besoin, femme de ménage ou marchande de fruits. Une fois, la récolte de noisettes ayant été assez abondante, dans le jardin contigu

à la maison, Mlles Ponnet convinrent ensemble d'en
tirer parti pour leurs protégés. Le rôle onéreux de
les porter au confiseur et d'en retirer le prix, échut
à la plus jeune. Pour une nature comme la sienne,
l'acte, absolument héroïque dans la résolution, le
fut aussi dans l'exécution. A peine installée dans la
diligence de Neuville à Lyon, elle vit plusieurs personnes très distinguées prendre place auprès d'elle,
en jetant sur son panier des regards et des sourires
significatifs. Pour comble de confusion, à l'arrivée
de la diligence, les dames voulurent lui aider à descendre le volumineux bagage.

Ce n'était pas seulement aux dépens de son amour-
propre que Mlle Antoinette soulageait les pauvres,
mais encore au détriment de sa santé. Tandis qu'elle
leur portait de chauds vêtements, elle se couvrait
d'une manière insuffisante, afin de sentir toute la
morsure du froid, pourtant si contraire à son tempérament. Puis le désir de la souffrance la pressant
de plus en plus, elle se levait parfois la nuit et s'éten-
dait sur le plancher, lorsque la chaleur et le bien-
être du lit commençaient à se faire sentir. Elle rêva
même du martyre, et pour expérimenter sa force devant les supplices, elle versa de la cire en fusion
sur ses mains crevassées, et dans les crevasses mêmes. Bien entendu, elle ne s'accordait aucune satisfaction, se privait habituellement de sucre, de boisson rafraîchissante en été... etc...

La mortification intérieure n'était pas poursuivie
avec moins d'ardeur ; elle nous l'apprend elle-même.
« J'ai pris l'habitude de la présence de Dieu, avant
« d'entrer au couvent, mais je me suis donné beau-
« coup de peine pour y arriver. Je ne craignais pas
« de soumettre mon esprit à une forte contention,
« afin que rien ne vînt me distraire de la pensée de
« Dieu, me faisant scrupule de le laisser s'égarer

« sur un objet inutile... » Et dans une autre lettre :
« Oh ! trouvons Jésus, à travers tout ! Je n'y ai pas
« grand peine ; depuis l'âge de quinze ans, c'est ma
« grâce... Tout m'est un voile et derrière le voile...
« si je ne Le sens pas, je Le sais... cela suffit ! »

Notre-Seigneur attirait de plus en plus cette âme
à l'intimité avec Lui, et parfois, Il l'inondait de délices. A la bénédiction du Saint-Sacrement, par
exemple, dès qu'on entonnait l'*O salutaris*, et malgré
la médiocrité des chants, une émotion indicible la
saisissait, et elle ne parvenait à la dissimuler qu'en
se faisant violence... Elle marque dans ses notes,
après la Communion du Jeudi-Saint 1879 : « Jour de
« grandes grâces... Je désire que cette réception de
« l'Agneau divin soit aujourd'hui le signe d'une al-
« liance que rien ne rompra jamais. Je désire aussi,
« qu'à l'imitation de l'Apôtre saint Jean, qui, après
« vous avoir reçu, vous suivit jusqu'au Calvaire,
« j'embrasse courageusement une vie de luttes, d'hu-
« milité, de souffrances continuelles jusqu'à la mort.
« O mon Sauveur, marquez-moi de votre sang ! que
« jamais mon cœur ne perde ce signe, ne soit infi-
« dèle à l'alliance ! »

Notre angélique jeune fille avançait à grands pas
dans l'amour divin et n'avait d'ardeur que pour cet
avancement. Sachant que le degré d'amour est exactement celui de la pureté de l'âme, elle surveillait
minutieusement la netteté de sa conscience. Peut-
être même excéda-t-elle dans l'examen de ses fautes ;
et, soit inexpérience des voies spirituelles, soit permission de Dieu pour une plus grande purification,
elle connut la torture des peines intérieures. La
mesure en déborda à la déclaration d'un confesseur
qui, trompé sans doute par une accusation éxagérée,
lança dans son cœur le dard le plus douloureux qu'il

pût recevoir, par cette parole : « Vous n'aimez pas Notre-Seigneur ! » Pour avoir une idée de la peine ressentie par cette âme, il faudrait savoir ce qu'elle souffrit à la mort de sa mère, puis l'entendre dire que la douleur de ce moment-là n'était pas comparable à celle de ne pas aimer assez son Jésus. La plaie resta toute vive, jusqu'à ce qu'un religieux, inspiré d'En-Haut, lui adressa cette parole exactement opposée à la première qu'il ignorait absolument : « Vous aimez beaucoup Notre-Seigneur ; » On devine l'ineffable consolation de la pieuse pénitente.

Sur son lit de mort, Mme Ponnet avait recommandé ses filles à M. Peyrard, Curé de Neuville, digne de toute confiance. Le saint Prêtre portait à ses pupilles un intérêt de bon grand-père, et les dirigeait avec autant de sagesse que de fermeté. Il exigeait que les fautes de chaque semaine fussent exactement notées, afin d'en rendre un compte précis à toutes les confessions. Néanmoins, un désir de plus grande perfection s'empara de nos jeunes filles qui résolurent de chercher une direction plus conforme à leurs vues : « Jamais, disait notre Mère, je n'aurais eu le courage sans Marie, de faire une telle peine à M. le Curé. » Celui-ci, en effet, sentit vivement ce retrait de confiance, et ce n'était pas le premier déplaisir de ce genre qu'il éprouvait. Le bon Curé ayant procuré à sa paroisse le bénéfice d'une mission, Mlles Ponnet avaient été ravies de trouver enfin l'occasion si désirée de faire une confession générale dans toutes les règles. Comme il est d'usage en tel cas, les Missionnaires avaient annoncé qu'eux seuls entendraient les fidèles, au saint Tribunal. Le prudent M. Peyrard insinua bien à ses deux pénitentes qu'il restait néanmoins à leur disposition ; mais elles n'eurent garde d'ouvrir leur intelligence pour cette fois. Elles dressèrent diligemment leurs listes de péchés et dans de telles proportions, qu'il ne fallut pas moins de sept séances pour tout écouler. Cet excès fit le tour de Neuville, et parvint aux oreilles du vigilant Pasteur qui s'écria d'un ton navré : « Oh ! les petites folles ! »

CHAPITRE IV

L'appel à la vie parfaite s'était fait entendre incessamment, au cours de ces années, dans le cœur d'Antoinette ; et ce cœur fidèle n'avait pas non plus interrompu son chant secret d'adhésion pleine et entière à ces amoureuses avances. Cependant, avant de prendre une décision définitive, elle voulut la placer sous la sauvegarde d'une direction éclairée et lui donner ainsi le mérite et la sûreté de l'Obéissance. Son confesseur ayant décliné toute responsabilité à ce sujet, la jeune fille s'adressa à un Révérend Père Jésuite, qu'elle allait consulter à l'insu des siens, lorsque les deux sœurs se rendaient à Lyon pour les leçons musicales de Mlle Marie. Le Révérend Père de Carmejane découvrit sans peine, en cette âme tous les signes de la vocation religieuse et sanctionna de même ses attraits pour la Visitation. Puis il lui conseilla de fixer son choix sur le Monastère de Fourvières où elle avait été élevée, circonstance qui lui paraissait une indication providen-

tielle. L'habile Directeur avait hâte de remettre sa pénitente entre les mains de Supérieures expérimentées, la voyant animée d'une générosité qui la portait à outrepasser les limites dans l'exercice de la mortification et de certaines vertus. Il lui fit donc préparer peu à peu son départ pour l'époque de sa majorité, puis il l'engagea à confier ce projet à sa sœur et le faire pressentir à son père... Mais la manière dont celui-ci reçut sa première insinuation la décida à agir résolument, à l'heure du bon Dieu sans attendre le consentement paternel.

La réalisation de la vocation religieuse demandait à notre jeune fille une rare énergie. La vie qu'elle allait embrasser était absolument au-dessus de ses forces physiques, et son excessive sensibilité de cœur devait lui rendre la séparation des siens aussi douloureuse que possible. De plus, M. Ponnet, peu expansif par nature, se faisait parfois suppliant auprès de sa chère cadette, depuis que ses craintes de la perdre avaient redoublé. Il lui promettait une entière liberté pour mener une vie toute dévouée aux bonnes œuvres, si elle consentait à rester au foyer. Mais, sa fervente fille avait pour la volonté de Dieu un amour qui l'aurait rendue capable du martyre.

Ce fut vers la fin de janvier 1881 qu'elle quitta définitivement Neuville ; allant, disait-elle, faire une petite retraite chez les Dames du Cénacle, à Fourvières. L'adieu à son père eut ce jour-là quelque chose d'ému qui faillit la trahir ; mais, se surmontant courageusement, elle refoula ses larmes et rassura M. Ponnet. Hélas ! la sécurité du pauvre père ne devait pas être de longue durée. Malgré les précautions prises par les deux sœurs, ce fut lui qui reçut le commissionnaire chargé d'emporter la malle de la fugitive ; et Mlle Marie interrogée dut avouer toute la vérité. Il est plus facile de penser que d'exprimer la douleur de M. Ponnet, et l'éclat d'amertume qu'elle provoqua. Sa fille aînée, oubliant son propre chagrin, essayait en vain de le calmer ; il protestait que jamais il ne reverrait celle qui l'abandonnait ainsi. Fidèle à sa parole, sans pourtant tenir longtemps rigueur à cette enfant si chère, il n'eut jamais le courage en effet d'affronter un entretien à travers les grilles.

Le lendemain même du départ, Mlle Marie allait rejoindre sa sœur au Cénacle, et lui porter l'écho de la scène déchirante subie la veille. Toutes deux néanmoins n'hésitèrent pas à se rendre, sans retard, où Dieu les attendait, le monastère de Fourvières. Ce jour-là, 22 janvier, une neige épaisse couvrait le sol ; les jeunes filles étaient transies de froid et d'émotion, leur douleur faisait mal à voir. Au parloir du couvent, l'aînée disait à notre Mère Anna-Régis, qui lui adressait des paroles réconfortantes : « Je « n'avais qu'à me mettre à la remorque de ma sœur « pour être entraînée au bien. Notre intimité était « telle, que nous n'avions fait aucune relation ; en « perdant ma sœur, je n'ai plus que la solitude... » Quant à la chère aspirante, sa souffrance n'avait d'égale que la force de sa volonté à sacrifier, pour son Dieu, tout ce qu'elle aimait et tout son être.

La Communauté de Fourvières accueillit la nouvelle prétendante, comme une enfant de la maison. Toutefois elle lui ouvrait ses rangs, plutôt par conformité aux intentions de notre saint Fondateur relativement aux infirmes, que dans l'espérance de trouver un renfort sérieux pour les emplois. Elle n'allait pas tarder cependant à apprécier le don que Dieu lui faisait.

Un vendredi, le 28 janvier, Sœur Antoinette commença son noviciat, sous les auspices du Saint qui l'avait charmée dès sa jeunesse, et dont elle allait suivre les traces en disant : « Je ne voudrais pas me permettre quelque chose que mon Bienheureux Père ne se fût pas permis, s'il eût été religieuse. » Cependant, nous le verrons, pour acquérir l'esprit et les vertus du saint Fondateur, il faudra un travail courageux et persévérant sous une direction vigilante et éclairée.

C'était notre T. H. Mère Anne-Régis, alors Supérieure et Directrice, qui allait cultiver cette plante de choix, imprimer profondément en cette âme les caractères de la vraie religieuse. Du premier coup d'œil, elle comprit que cette tâche consolante serait aussi laborieuse que délicate. Tout en admirant des trésors de mérites et de vertus acquises, elle trouvait beaucoup à modifier et surtout à simplifier, dans la manière de poursuivre l'idéal de la sainteté. En conséquence, ses efforts furent dirigés sur trois points : mettre cette âme au large, la ramener sans cesse des limites extrêmes à une sage modération, la dépouiller de ses vues personnelles, de ses méthodes nombreuses et compliquées. Ne fallut-il pas, dès le principe, la relever de toutes les promesses de prières faites inconsidérément !... On le voit, la Directrice ne devait pas stimuler, exciter, mais retenir, serrer le frein. Elle n'avait pas à corriger des négligences, des lâchetés, mais toujours des excès, des exagérations qui se manifestaient de toutes manières, notamment dans la pratique de l'humilité. Si l'on n'avait endigué la générosité de Sœur Antoinette, elle eût toujours été à genoux, multipliant ses aveux, De plus sa manière de s'accuser était inédite, tant on y sensait le besoin de se ravaler. Prétexte que saisissaient les Supérieures pour corriger la Novice, lui reprochant de vouloir, par toutes ces singularités, attirer sur elle l'attention.

La soif des humiliations ne va pas sans celle de

la souffrance. Aussi notre Sœur, qui n'avait pas encore découvert la mine secrète de notre genre d'immolation ne songeait qu'à ajouter des austérités à celles de la Règle. Guidée par ce désir, elle vint trouver un jour sa Maîtresse, apportant une liste de toutes les pénitences qu'elle croyait bon de s'imposer. Notre Mère Anne-Régis écouta jusqu'au bout cette lumineuse énumération, et pour toute permission enjoignit à Sœur Antoinette d'aller demander humblement un soulagement à la Sœur chargée de distribuer les provisions. Confuse, interdite, la docile prétendante obéit sans hésiter, et de nombreux *Gloria Patri* durent alors sortir de ses lèvres ; car dès le début de sa vie religieuse, elle prit l'habitude de pratiquer par la récitation de cette prière l'amour de l'abjection si recommandé dans nos Ecrits.

Elle comprenait aussi que les faveurs divines lui venaient par cette voie, et nous dira un jour : « J'en ai fait ma pauvre petite expérience, dès mon entrée à Fourvières : la joie, l'épanouissement, la satisfaction intérieure étaient toujours en rapport avec les humiliations... L'abjection, reconnue et aimée, attire Dieu dans notre âme. » Et encore : « Depuis que je sais que notre saint Fondateur nous aime mieux avec plus d'humilité et moins d'autres vertus, qu'avec plus d'autres vertus et moins d'humilité, je suis toujours dans la joie, parce que j'ai toujours la ressource de m'humilier. « O mon Dieu, s'écrie-t-elle, il me semble que vous payez en magnifiques perles d'or toutes les humiliations et abjections que l'on accepte bien volontiers, par amour pour vous.... »

Vu son état de santé, notre Prétendante portait, en son corps débile, un instrument de pénitence continuelle, et cependant elle ne craignait rien tant que d'être ménagée, en raison de sa faiblesse. Son courage et son habitude précoce de l'endurance la ren-

daient capable des travaux du noviciat les plus pénibles, et si l'on n'eût modéré sa ferveur, elle serait allée jusqu'à l'épuisement complet de ses forces.

Que lui importait la lassitude plus accablante au
lever qu'au coucher, le froid qui la transperçait et
congestionnait, les constants maux de tête et d'estomac, et le reste ? Elle travaillait sans s'épargner, et
lorsque la main droite ne pouvait plus remuer, elle
la poussait avec la gauche pour frotter encore, cellule, parquets, tables du réfectoire... Bien loin de
passer à côté d'un service à rendre, d'un acte de
dévouement quelconque, elle s'offrait à tous les rem-
placements ; et comme on connaissait sa résolution
d'obliger le prochain en toute circonstance, les demandes se multipliaient sans lasser sa complaisance, de sorte qu'elle arrivait à être la plus chargée
des Sœurs du noviciat. Aussi elle encourageait plus
tard une de ses novices, en lui disant : « Je puis me
rendre ce témoignage de n'avoir jamais refusé un
service, surtout aux Sœurs âgées et un peu dans l'enfance qui abusaient des personnes promptes à les obliger. J'avais pris la résolution de dire *oui* à tout,
avec un sourire. Quand on frappait à notre porte
je disais *oui* à Notre-Seigneur, avant de répondre ;
aussi, j'étais prête à tout ce qu'on demandait de
moi. »

Dans une lettre très intime, datée de novembre
1913, — peut-être la dernière de sa vie — notre Mère
parle ainsi de sa généreuse résolution : « Je vous
confie (rien que pour vous) quelque chose que Notre-
Seigneur m'avait dit au cœur pendant notre postulat :
« Sourire à Jésus en tout, partout... Sourire à Jésus
en souriant au prochain : donc sourire perpétuel sur
les lèvres comme à l'intérieur.. Sourire à Jésus dans
la souffrance physique, c'est sa visite... Sourire à
Jésus quand quelque chose nous contrarie, quand la

vie nous paraît pénible, lourde à porter : c'est une grâce pour nous faire mériter davantage... Sourire à Jésus dans les petites contrariétés venant de la part du prochain, sourire à ce prochain qui est notre Jésus... Sourire à Jésus dans les mortifications, les humiliations... Enfin surtout, sourire à Jésus alors que tout est aride, qu'ayant quitté les créatures pour Lui, Il semble nous quitter à son tour et nous abandonner à notre misère ; lui sourire et lui dire : « Seigneur, vos rigueurs, c'est encore Vous, c'est quelque chose de Vous, c'est votre bon plaisir... Amen. »

Nous lisons dans la même lettre : « J'avais aussi un grand attrait de prière. J'aurais voulu que mon néant fît descendre sur le monde entier tous les trésors du Bon Dieu. » Jeune fille elle avait écrit : « Un moyen d'être charitable, c'est de prier toujours pour tous, de demander pour tous les grâces qu'on sollicite pour soi-même, de dire *nous* à Dieu : c'est l'aumône de la prière. » Cette manière si apostolique d'implorer les faveurs divines, notre Mère l'a toujours pratiquée. Supérieure, elle prenait l'âme de ses filles avec la sienne pour demander des grâces de choix, comme aussi pour appeler les miséricordes de Dieu sur toutes les créatures.

La conduite de Sœur Antoinette ne révélait que ferveur inlassable et désir ardent de voir la consommation de son sacrifice ; mais Dieu qui seul s'entend aux vraies immolations, allait lui en présenter une si inattendue et si crucifiante qu'elle pourra dire plus tard : « Si j'avais connu d'avance l'épreuve qui m'était réservée, j'aurais peut-être hésité à entrer dans notre couvent de Fourvières. » Il s'agissait de se remettre aux études classiques... On se souvient des menaces qui s'élevèrent à cette époque contre l'enseignement religieux, et des luttes courageuses des catholiques pour le conserver. L'autorité ecclésiastiques et les conseillers du Monastère les plus avisés déclarèrent que les jeunes sujets, aptes à enseigner, devaient se munir de divers brevets de capacité, afin de pouvoir faire face aux exigences des lois, et conserver le Pensionnat. Dès lors que l'Etat mettait tout en jeu pour soustraire la jeunesse à l'influence chrétienne, ne fallait-il pas que l'Église la protégeât contre les agents de perdition ? Notre Mère Anne-Régis se résigna donc à l'ordre formel de Mgr Caverot, quoiqu'il imposât, dans le présent, le sacrifice des occupations habituelles du noviciat, et dans l'avenir, une infraction à la clôture pour aller subir les examens : « Il se peut, disait-on, que notre acte d'obéissance soit agréé de Dieu avant sa consommation. »

Notre prétendante reçut donc, et en toute perfection, la dure obéissance de se préparer pour les séances d'examens les plus prochaines. Dieu bénit une si coûteuse adhésion et la longue série de sacrifices qu'elle entraînait. L'obtention du brevet et, peu après, l'admission de Sœur Antoinette à la vêture, 11 juin 1881, vinrent la récompenser, et réjouir la Communauté, très édifiée de sa conduite.

La préparation à ce grand acte fut des plus ferventes. Notre Sœur resserra son union avec Dieu, renouvela ses résolutions antérieures, ajoutant seulement ces mots : « Application à une fidélité inviolable à ma règle, jusque dans les plus petits points, c'est la voie par laquelle Dieu m'appelle à la sanctification... Etre fidèle *quoi qu'il m'en coûte...* Ce mot : *quoi qu'il m'en coûte* doit toujours être sur mes lèvres, il doit accompagner toutes mes actions.... »

Le 19 juillet, de l'aveu même de notre Sœur, elle « goûta le don de Dieu », recevant avec une joie ineffable nos saintes livrées et le nom béni d'Anne-Marie-

Madeleine. Aucun ne pouvait mieux lui convenir, répondre plus directement à ses attraits, résumer plus parfaitement sa vie et la mission qui devait la couronner. Comme la grande comtemplative de Béthanie, elle allait se tenir aux pieds du Sauveur pour les arroser de ses larmes d'amour et de componction, jusqu'à ce que le sentiment de la confiance, dominant tous les autres, l'élevât vers sa tête adorable pour y répandre un nard précieux et abondant. Ce nom lui fut toujours une consolation. La dernière année de sa vie, elle écrivait encore : « Je bénis notre Mère Anne-Régis de m'avoir ainsi nommée. » Et ses notes nous apprennent que son illustre Patronne la gratifiait chaque année pour sa fête d'une manière sensible.

Durant sa retraite, notre chère Sœur avait travaillé à enraciner dans son cœur l'amour de la souffrance, méditant et notant les pensées suivantes pour ne pas les perdre de vue : « Notre perfection se fait par la croix... La souffrance apprend la pratique de toutes les vertus... Celui-là n'aime pas Dieu qui ne veut rien souffrir pour Lui... L'amour est un feu qui veut et doit consumer des victimes. La folie du dévouement, du sacrifice, du martyre ne commence que lorsqu'on croit à la folie de la croix. » Et elle s'écriait : « *Mon Dieu, faites-moi croire à la folie de la croix, afin que j'aie la folie du dévouement, du sacrifice, du martyre.* »

Dieu entend toujours de tels élans, et ne tarde pas à les exaucer. Il fallait bien à notre Sœur sa ferme préparation à l'épreuve pour ne pas être ébranlée lorsqu'elle reçut, quelques mois après sa vêture, l'obéissance de se remettre plus que jamais à l'étude, en vue d'obtenir un brevet supérieur. L'édifiante novice, qui n'aspirait plus qu'à vaquer parfaitement au divin amour, sut cependant refouler tout rai-

sonnements et sentiments naturels, pour être fidèle
à son mot d'ordre : *Quoi qu'il m'en coûte !*

A la vérité, ce n'était que par opposition à ses attraits de vie intérieure intense que ce travail pouvait
coûter à notre Novice, exceptionnellement douée. Elle
avait acquis d'ailleurs, par conversation et par lecture, une instruction rare alors pour une jeune fille.
On pouvait aborder avec elle toutes les questions,
traiter tous les sujets, rien ne lui paraissait étranger.
Elle répondait à tout, et donnait sur les auteurs an-
ciens et modernes des appréciations justes et complètes. Néanmoins, la révision des matières spé-
ciales faisant l'objet des examens du brevet, lui demandait une application qui ne laissa pas de la fatiguer beaucoup et de la disposer à une profonde
anémie. Les circonstances surtout rendaient le travail méritoire et répondaient pleinement à la demande qu'elle adressait à Dieu d'être humiliée.

La Maîtresse chargée de la guider dans sa préparation, ayant l'habitude d'agir avec nos jeunes
élèves, l'activait au delà du possible. De plus, notre
chère Sœur avait une compagne d'étude dont la nature faisait avec la sienne le plus parfait contraste.
Celle-ci était aussi débordante de vie et de santé que
notre novice en manquait ; elle était aussi sémillante
que notre Sœur était modeste et effacée. Leur Maîtresse, très vivante elle-même, réservait tous les éloges
et encouragements pour l'élève qui la satisfaisait davantage. Mais Notre-Seigneur prit le parti de son
humble Fiancée, et tandis que sa compagne échouait
aux examens, notre Sœur Marie-Madeleine rempor-
tait un brillant succès, et pouvait offrir, dans le courant de juillet 1882, un deuxième brevet à sa Supérieure.

CHAPITRE V

Aussitôt dégagée des préoccupations et des labeurs
du brevet supérieur, la fervente novice ne songea
qu'à se préparer à la sainte profession, la Communauté l'ayant admise définitivement dans ses rangs
le 17 juin, lendemain de l'octave du Sacré-Cœur et
veille de la fête du Saint Cœur de Marie, dévotions
qui lui étaient bien chères... Nous trouvons, dans ses
notes, l'abrégé des paroles que lui adressa notre
Mère Anne-Régis, à cette occasion : « Quand vous
êtes entrée au Noviciat, nous vous disions que la
volonté de Notre-Seigneur était que vous représen-
tiez la violette, cette petite fleur au parfum d'humilité, de douce cordialité. Aujourd'hui, nous vous en-
gageons à la pratique de la pauvreté, mais une pauvreté peu ordinaire, dénuée de tout. Notre-Seigneur
vous a donné, dès votre enfance, un attrait particulier pour cette vertu : c'est une grâce qu'il ne faut
pas négliger... De plus, apportant très peu de secours
à cette Maison, puisque vos petites forces ne vous
permettront jamais de prendre une large part au

travail commun, vous devez y suppléer en rendant à nos Sœurs le service du bon exemple, dans la pratiqui exacte de nos saintes Observances, et leur témoigner votre gratitude par une charité douce et aimable qui ne se démente jamais. Aidée de la grâce vous vous appliquerez à suivre la vie commune avec cette devise : *Agir en souffrant et souffrir en agissant...* »

Jamais programme ne fut plus pleinement réalisé, fidèlement suivi jusqu'à la mort.

Après quelques jours de repos, imposés par l'obéissance, notre Sœur Marie-Madeleine reprit tous les exercices du Noviciat. On put le constater, non seulement la formation religieuse n'avait pas souffert du courant intellectuel, mais elle s'était faite plus aisément, la main habile qui la conduisait ayant profité de ce temps de surcharge, pour arracher, autant que possible, cette âme à ses tendances vers la multiplicité et la porter à la simple remise en Dieu.

Mais si aucune novice ne marchait mieux, aucune ne donnait plus de sollicitude à la Directrice. Celle-ci redoutait toujours que cette frêle constitution ne succombât sous tant d'efforts, et que le surmenage spirituel n'aboutît à une sorte de lassitude et de découragement. Notre digne confesseur ne cessait de répéter à sa pénitente la parole des saints Livres : « *Soyez sage avec sobriété.* » C'était en vain ; elle ne pouvait laisser ses méthodes, ses vues personnelles, ses regards prolongés et douloureux sur elle-même, tous les obstacles à la voie dans laquelle on la pressait d'entrer plus pleinement.

La retraite de profession se passa dans une ferveur consumante, pour ne pas dire inquiétante, le physique n'étant pas en rapport avec l'intensité de la contemplation. Notre Mère Anne-Régis était à la recherche de circonstances pouvant justifier quelque diversion à ce courant d'application à Dieu, mais sans grand succès, la chère Novice n'échappant à une contention que pour retomber dans une autre. La haute idée de sa vocation, de la sainteté de Celui qui disait à son cœur : « *Je suis un Epoux de sang,* » et l'associait à son Calvaire, le désir de réaliser entièrement le plan divin, et surtout celui de faire passer la grâce de l'absolution sur toutes les fautes de sa vie, absorbaient ses pensées, et l'entraînaient à une sévérité d'examen excessive.

Se purifier, pour préparer un cœur d'épouse à Notre-Seigneur, était la fin qu'elle avait assignée à sa retraite. Elle la poursuivait dans le désir véhément de s'unir toujours plus à Lui sous les ombres de la foi où Il la tenait, et concluait par ce mot d'ordre : « *Qui me séparera de la Charité de Jésus-Christ !* »

Le 2 août 1882 fut le grand jour de l'union divine. Le R. P. de Carmejane, bien inspiré, prit pour sujet de son sermon l'aspiration préférée de saint François d'Assise auquel notre Sœur avait une dévotion particulière, depuis l'âge de douze ans : « *Mon Dieu et mon tout !* » « Que Jésus, lui dit-il, soit le tout de vos pensées, le tout de votre volonté, le tout de votre affection !... » Approfondissant chacun de ces mots, la nouvelle professe y trouva le développement de ce texte : *Tout est en Lui, tout est de Lui, tout est par Lui.* « Cette parole, dit-elle, a illuminé ma vie, a fixé la situation de mon âme. J'y réponds en disant : à Lui seul, louange, honneur et gloire !... »

Notre chère Sœur a noté ainsi les demandes qu'elle fit sous le drap de mort : « Accomplir toujours, aussi parfaitement que possible, la volonté de Dieu ; lui plaire autant qu'il se peut ici-bas... et qu'il n'y ait que Lui. » Puis, par obéissance, elle sollicita la grâce d'avoir toujours le courage *d'agir en souffrant,*

sans abréger sa vie ou même compromettre sa santé.
En retour de sa générosité, Notre-Seigneur lui dit :
« *Tu trouveras tout dans mon cœur... Use de ton
trésor.* »

Sur ces paroles, elle écrira un jour : «Mon trésor,
« c'est Lui, Jésus, Dieu... c'est tout son propre amour !

« Use de ton trésor, pour Lui, ô mon âme : tout
« Jésus à Jésus. Tout Lui à Lui !...

« Use de ton trésor pour l'Eglise, le Ciel, la terre,
« le purgatoire, les Prêtres.

« Use de ton trésor pour tout acheter. Plus tu es
« pauvre, plus Il est ton trésor. »

Voilà cette nouvelle épouse de Jésus engagée pour
jamais dans sa vie de consacrée, dans cette voie laborieuse, où, déjà, elle a cheminé avec tant d'ardeur. Ne craignons pas qu'elle faiblisse dans la pour-
suite de son entreprise : elle a posé les bases de son
édifice spirituel, non sur le sable mouvant, c'est-à-
dire le sentiment, mais sur le roc inébranlable de la
foi, de l'humilité et de la prière. « O mon Dieu, écrit-
elle, depuis que vous m'avez fait connaître que nos
sentiments, nos goûts, nos satisfactions ne nous donnent rien, il me semble que je n'y prends plus garde. »
Elle va donc, sans autre appui qu'une volonté ferme
et convaincue, s'élancer vers son but, une haute sainteté ; et ne pas cesser un jour, une heure, d'avancer
« comme l'aurore resplendissante jusqu'à la perfection du jour. » Pour cela, elle se tient attentive
à la grâce, ne laisse pas tomber une parole de sa
Supérieure, gravant si bien dans sa mémoire les
instructions entendues, soit en Communauté, soit
au Noviciat, qu'on en retrouvera le fond presque
intégral dans les enseignements qu'elle donnera plus
tard, mais avec la forme, le sceau particulier imprimé à chaque âme par l'Esprit-Saint. Enfin, notre
fervente Sœur ambitionne tant de devenir une vraie

fille de nos saints Fondateurs, qu'elle étudie sans cesse leurs Ecrits, s'en imprègne, se passionne pour nos Observances et leur immole sa vie, au point de pouvoir dire un jour : « Au noviciat, j'étais épuisée... mais j'aurais voulu mourir en accomplissant un point de Règle. »

L'édification qu'un tel sujet répandait autour de lui est aisée à comprendre. Le souvenir ne s'en est pas perdu à Fourvières, d'où une Sœur nous a écrit : « Depuis que j'ai connu notre Mère Marie-Madeleine, je me suis toujours sentie attirée irrésistiblement par l'ascendant de ses vertus, son incomparable douceur, son aménité charmante et si religieuse, sa remarquable égalité d'âme dans les contrariétés... Sa charité universelle se traduisait par l'humble support, une condescendance touchante, une exquise délicatesse de procédés et une habitude, innée, je crois, d'excuser et louer le prochain, de se rendre agréable toujours. Je me souviens qu'une fois, en arrivant en Communauté pour la récréation, elle se tourna vers les Sœurs qui la suivaient et leur dit : « J'ai pris aujourd'hui la résolution de tâcher de faire plaisir à tout le monde ! » Je lui répondis spontanément : « Mais, vous êtes, ma Sœur, un petit plaisir perpétuel, la résolution n'est pas à prendre... »

« Et son humilité... vous le dirai-je, elle passait quelquefois les bornes de la vérité. Au noviciat elle s'accusait de ses fautes d'une manière si exagérée, afin de se mettre sous les pieds de tout le monde, que je m'en courrouçais... Il est certain qu'elle avait un talent particulier pour s'avilir autant qu'elle le pouvait.

« Oh ! ce serait de toutes les vertus dont il faudrait parler en écrivant cette vie. L'amour divin avait tellement pris possession de cette âme qu'on pouvait, ai-je pensé, lui appliquer cette parole du Cardinal

de Bérulle, parlant de notre sainte Mère de Chantal :
« Le cœur de cette dame est un autel où le feu de
l'amour divin se rendra si ardent qu'il consumera
non seulement l'holocauste, mais l'autel même. »
N'est-ce pas ce qui est arrivé pour notre regrettée
défunte ?... »

Ainsi, la vertu de Sœur Marie-Madeleine éclatait
aux yeux de toute la Communauté. Son exemple
stimulait, entraînait ; et pourtant, il faut le dire,
il y avait encore de la gêne dans l'essor de cette âme.
Les ailes de la simplicité et de la confiance manquant
de liberté, ne lui permettaient pas un vol rapide et
élevé. L'humilité pratiquée si héroïquement, d'après
sa conscience, n'était pas exactement au point. Notre
Sœur regardait trop ses fautes, mesurait trop la
hauteur de la perfection religieuse, ne comprenait
pas assez que « nous ne pouvons avoir une vraie confiance en Dieu que nous n'ayons le sentiment de
notre misère. » Mais c'est le lieu d'admirer la puissance de la grâce, dans une âme docile à la direction de sa Supérieure, persévérante dans l'effort et
la prière : malgré toutes ses difficultés nous la verrons arriver à la perfection de la simplicité et de
l'abandon. Un éminent religieux pourra dire à son
sujet : « J'ai connu bien des âmes, mais aucune par-
venue à un tel degré d'union à Dieu.» Quant à la
confiance, notre Sœur la portera aux extrêmes limites de la sainte audace, et se fera, pour ainsi dire,
l'apôtre de cette vertu.

Ce fut l'année 1886 qui marqua ce grand progrès.
Nous lisons à cette date, dans le cahier de notre
Mère : « A partir de cette retraite, j'ai mieux vu la
volonté de Dieu sur moi... Ma voie est le *laisser-
faire.* » Ces jours de solitude sont lumineux et fé-
conds ; aussi prend-elle, pour sujet de son examen
particulier, la confiance : « J'en ferai des actes à

propos de tout, avant et après mes actions, dans les moments de trouble et de tristesse, surtout quand Dieu semble m'abandonner... Je désavoue, ô mon Dieu, ces mouvements qui envahissent souvent mon âme... Je m'abandonne à les souffrir ainsi que tous les ennuis, dégoûts et tristesses, croyant toujours aveuglément en Vous et en votre action divine. »

Dieu lui demande donc la simplicité dans le regard et l'action, ainsi qu'une grande pureté de cœur. Elle y répond par cette prière : « Mon Dieu, je vous fais instamment, par les mérites de Jésus-Christ, la demande de n'être jamais aimée d'aucune créature d'un amour naturel, mais que ce soit Vous seul qu'elles aiment en moi ! » Prière qui se complètera plus tard par ces paroles : « Je voudrais n'être qu'un passage pour aller à Vous, et un passage auquel on ne s'arrête pas, qu'on ne regarde pas, qu'on oublie. »

... C'est comme si elle avait formulé le vœu du plus parfait. Enfin, le 21 novembre suivant, sous l'impulsion de celle qui lui tient la place de Notre-Seigneur, elle écrit un vœu d'abandon étendu, détaillé qui la livre « totalement à Dieu et à sa Supérieure, pour l'âme et pour le corps, pour la conduite intérieure et extérieure, pour le temps et pour l'éternité. » Elle ajoute plus tard à sa formule les mots suivants : « Prenez-moi pour Vous seul, ô mon Dieu, à n'importe quel prix... J'aime mieux tout endurer, même les plus dures souffrances, que de vous causer la plus petite peine volontaire. Je désavoue tout. »

Quels beaux fruits donnait déjà l'amour divin ! Et cependant notre chère Sœur se croyait dépourvue de cet unique trésor : « O Jésus, disait-elle, il n'y a que Vous qui puissiez comprendre le désir que j'ai de vous aimer... il consume mon cœur et fait ici-bas ce que je veux seul appeler du nom de souffrance... Non, mon Dieu, il n'y a que Vous qui puissiez m'aider à supporter cette tristesse qui m'accable : la tristesse de ne pas vous aimer ! » Et cette douleur se traduisait souvent par des larmes abondantes, surtout pendant la sainte Messe.

Voilà bien qui fait pressentir la consommation de l'holocauste sur l'autel de ce cœur !... Mais cette consommation doit se faire à petit feu... par ces sacrifices de chaque instant, presque imperceptibles aux regards humains ; et, par cela même, d'un grand prix à ceux de Dieu.

Notre Sœur s'applique donc avec la plus grande attention aux menues observances. Elle nous l'apprend elle-même : l'union à Jésus lui donne une mémoire incroyable pour pratiquer ce qui nous est marqué, si bien qu'elle n'a jamais mis la main sur le loqueteau d'une porte sans prendre celle de Notre-Seigneur, et s'efforcer de le faire sans bruit. « Je souffrais, avoua-t-elle, lorsque j'entendais manquer au silence d'action, et quand je voyais une Sœur fermer les portes doucement, je priais nos saints Fondateurs de la combler de bénédictions. »

Profondément attentive à Dieu, même en donnant des leçons très absorbantes, notre chère Sœur s'attirait ainsi grâces et lumières particulières pour la pratique de toutes les vertus. Son attitude, sa démarche, sa parole, son air humble et rabaissé, tout annonçait une âme recueillie, anéantie en Dieu, On remarquait qu'en allant et venant, elle n'occupait jamais le milieu de l'espace, dans les grands cloîtres de Fourvières, mais longeait les murs comme indigne de s'y abriter. Ce sentiment la portait à réduire au dernier point ses nécessités de tous genres. Quelques fournitures de bureau lui étaient-elles indispensables, elle s'accommodait des rebuts du pensionnat, qu'elle recueillait avec permission. Si le choix lui était laissé pour quelque objet personnel, elle prenait toujours le moindre. Lorsque Mlle Marie lui apportait de petites douceurs, elle demandait congé à sa Supérieure de les remettre à l'Infirmière. Mais comme nulle plus qu'elle n'avait besoin d'être soulagée, on lui enjoignait de tout garder. Alors ses yeux se remplissaient de larmes, révélant le mérite de son obéissance ; et pour contenter des attraits si religieux, sans fléchir dans sa résolution, notre Mère Anne-Régis devait lui dire : « Nous vous donnons cela, comme à une pauvre, à une infirme. »

Notre chère Sœur était aussi tendre et aussi compatissante pour le prochain que dure pour elle-même « C'est un coup pour moi, avouait-elle, lorsque je vois qu'une Sœur ne prend pas son repas. » Aussi, l'une de ses voisines de table, qui bénéficiait de sa sollicitude, lui disait parfois : « Vous feriez une bonne petite Mère. » Cette charité tendre et délicate découlait non seulement de son cœur, mais aussi de sa foi : « J'aimais, nous a-t-elle raconté, à entourer particulièrement les Sœurs infirmes ou dans l'enfance, parce que j'y voyais davantage Notre-Seigneur tout seul. »

Vigilante à toujours se gêner pour n'incommoder personne, elle n'épargnait ni temps ni peine pour éviter un léger dérangement au prochain. C'est ainsi qu'elle montait chaque soir deux étages, avant l'office de Matines, uniquement pour faire de petits préparatifs qui assuraient à sa voisine de cellule une plus parfaite tranquillité pendant son repos.

Notre chère Sœur avait encore à pratiquer la charité sous un autre rapport. Il faut le dire, sa vertu incontestable et incontestée n'était pas au gré de chacune. Une sorte d'impassibilité, une certaine lenteur de mouvements, ses excès d'humilité et de dépendance de la Supérieure, même sa toux provenant d'une irritation de larynx, tout cela exerçait particulièrement une Sœur très faible et très nerveuse. Notre Sœur Marie-Madeleine ne manquait pas de s'accuser d'être un sujet d'agacement, de mécontentement, et tâchait de faire compensation par un surcroît de bonne grâce et d'obligeance. Puis, au moment de la Sainte Communion, elle présentait à Notre-Seigneur celle qui causait sa peine pour qu'il opérât dans son cœur selon son bon plaisir. Le procédé fut sans doute agréé de Dieu, car vint un temps où personne ne fut plus empressé autour d'elle que cette compagne un peu maladive.

Impossible en effet de résister longtemps à l'influence d'une vertu si douce, d'une charité si vraie. On sentait que ce cœur délicat éprouvait peines et joies, souffrances morales et physiques du prochain, comme les siennes propres, ce qui donnait à ses témoignages de compassion une efficacité particulièrement bienfaisante et sanctifiante. Comment dire son angoisse, ses inquiétudes, lorsque sa Supérieure ou ses Sœurs étaient gravement malades ! Alors, elle se fondait en instantes prières, et nous excitait discrètement à unir nos supplications aux siennes. S'il arrivait, malgré tout, que la tombe dût s'ouvrir, ses larmes témoignaient de son déchirement, et ses prières redoublaient pour le soulagement de la chère défunte. Elle ne pouvait non plus voir sur le front de celle qu'elle honorait si bien comme son Jésus en terre, un air préoccupé, inquiet, sans partager ses anxiétés, et offrir à Dieu les plus généreux sacrifices, afin qu'Il aplanît toute difficulté.

C'est un point très beau dans les vertus de notre Sœur que ses rapports intimes ou extérieurs avec sa Supérieure. Il fallait que l'esprit de foi s'appuyât sur une nature aussi exquise, pour produire une telle perfection de sentiments et de procédés. On y sentait le plein surnaturel, et en même temps une affection profonde qui révélait un écoulement du Cœur de Jésus. La voix maternelle était vraiment pour elle l'organe du Saint-Esprit, le canal de toute bénédiction. Elle a écrit : « M'adresser surtout à ma Supérieure... Plus j'essaie de parler à d'autres, plus Dieu me fait comprendre que je trouverai tout en elle... Me rappeler que je n'ai senti les touches sensibles de la grâce, qu'à la condition de me tenir conformément à l'obéissance très calme et tranquille dans un profond recueillement... et lors même que je n'aurais rien, rien sur la terre que mon Dieu par la foi, ma règle à pratiquer par amour, et ma Supérieure, j'ai tout ce qu'il faut pour être une sainte. »

La reconnaissance de notre Sœur avait les formes les plus délicates, et jamais elle n'était atteinte par la sévérité dont on usait à son égard, sévérité pour ainsi dire imposée par son grand désir d'humiliation et de perfection. Nous l'avons entendue dans les dernières années de sa vie remercier avec effusion notre Mère Anne-Régis, « de la grande grâce qu'elle lui avait faite » en ne l'épargnant point. Cette vénérée Mère a pu dire de sa fille bien-aimée : « *On ne voyait jamais le bout de sa vertu et de son esprit de sacrifice.* » Les plus douces joies, pour le cœur si filial de notre Sœur, étaient assurement d'en donner à sa Mère, comme ses peines les plus sensibles de lui causer involontairement quelque déplaisir, et partant on peut juger de sa souffrance dans des circonstances telles que les suivantes. Elle eut une année, au Pensionnat, une seconde classe composée d'élèves exceptionnellement difficiles sous tous les rapports. Ses longs mois de dévouement auprès de ces enfants se terminèrent par un notoire insuccès aux séances d'examen. Non contente de la mortification qui devait en revenir à la pauvre Maîtresse, notre Mère Anne-Régis mit le comble à la mesure de sa peine. La rencontrant dans le cloître, elle lui exprima son mécontentement en termes si incisifs, que notre Sœur eut besoin de recourir à la Sainte Vierge pour supporter l'amertume de sa douleur. Elle reçut alors une lumière si pénétrante sur le prix de l'humiliation qu'elle en aurait volontiers accepté tous les jours de semblables.

Une autre fois, Sœur Marie-Madeleine se donna la la joie de préparer pour notre Mère quelques petits ouvrages dans l'intention de les lui offrir au moment de sa déposition (1), circonstance où les Supérieures peuvent avoir quelques présents à faire. Elle disposa donc artistememnt ces objets dans une corbeille, puis, un jour, aussitôt le signal donné, après le dîner, elle sort du réfectoire pour exécuter son projet. Mais une pratique de vertu l'attendait : contrairement à son habitude de recevoir très aimablement ce qui lui est offert, notre Mère, mécontente de l'excès de travail que sa fille s'est imposé, ne lui dit pas un mot de remerciement et la réprimande de l'infraction à la Règle commise en quittant la Communauté. Racontant plus tard ce trait à l'une de ses Novices, la fervente Religieuse disait · « J'étais ravie parce que je n'avais récolté que de l'humiliation, tout en ayant conscience d'avoir fait plaisir à ma Mère. »

Ces jouissances si légitimes d'offrir de petits présents à ses Supérieures, notre Sœur eut encore la lumière de s'en priver, dans une certaine mesure. Elle aimait beaucoup la peinture où elle réussissait admirablement, mais, « nous disait-elle, j'en ai fait le sacrifice complet parce qu'elle me captivait trop et m'exposait à faire, avec un peu moins de soins, la révision des devoirs des élèves. Elle m'aurait aussi

(1) C'est-à-dire à l'expiration de son temps de supériorité.

empêchée de prier autant et de lire nos saints Écrits, le dimanche. Cependant, si mes Supérieures avaient eu besoin de ce travail, je l'aurais continué. »

On voit avec quelle conscience notre Sœur Marie-Madeleine suivait ses élèves et corrigeait leurs cahiers. Il en était de même, pour la préparation de son cours d'Histoire, qu'elle rédigeait elle-même et savait rendre captivant, au témoignage de celles qui l'ont suivi. Cette branche de l'enseignement dans les premières classes fut presque exclusivement sa part ; il faut l'avouer, elle y aurait trouvé un immense intérêt, si une passion plus haute, l'amour de son Dieu, ne l'avait absorbée. On peut dire encore, si elle avait joui d'une meilleure santé. Elle sortait ordinairement de ses leçons avec des maux de tête si violents qu'elle s'écriait parfois : « Je crois que j'en deviendrai folle, mais je dis au bon Dieu : j'accepte, pourvu que je vous aime. » Une lettre, postérieure à cette époque, nous dévoile plus encore ce que notre Mère a souffert sous ce rapport. Parlant d'une visite reçue à Vassieux, elle écrit : « Le bon Dieu a permis que je fusse la proie d'un mal de tête, comme je crois n'en avoir jamais eu encore. J'en était inondée de sueur, cramoisie, et mes yeux en voulaient pleurer. De sorte que, malgré tous mes efforts, j'ai réussi à n'être guère aimable... J'ai seulement pu constater tout ce qu'il faut déployer de force pour être douce et patiente, en ces jours où le mal de tête me tend les nerfs. Je ne crois vraiment pas qu'il y ait une vertu qui demande plus d'énergie et de vigilance que la douceur habituelle. » Si notre Mère a dit vrai, nous pouvons assurer qu'elle était douée d'une force exceptionnelle, car il nous paraît difficile de pratiquer la douceur plus constamment et plus parfaitement.

Allant de triomphe en triomhe sur sa propre nature, Sœur Marie-Madeleine développait un courage qui s'élevait jusqu'à l'héroïsme : « Je verrai bien si si j'en meurs, » se disait-elle dans les surcroîts de fatigue, et sa constance, dans l'observance intégrale, la faisait qualifier d'intrépide. Cette générosité méritait sans doute l'admiration ; mais était-il sage, pour des Supérieures, le laisser un sujet se consumer de la sorte ? Notre Mère Marguerite-Agnès Chevallier, entrant en charge en 1887, se le demanda, et crut prudent de consulter un médecin consciencieux.

Celui-ci ne manqua pas de prescrire de nombreux adoucissements, auxquels notre Sœur se soumit, sans se permettre une réflexion. Comprenant cependant que toute dispense de la Règle est une pente dangereuse, elle écrivit cette résolution : « La sensualité trouve beaucoup à prendre dans le repos du matin : toutefois l'accepter humblement quand on me le donnera. » Ce fut probablement en cette circonstance que, dans le désir d'améliorer sa santé, on lui ordonna de déclarer tout ce qu'elle souffrait physiquement : « Cette obéissance me fut une source de peines intérieures, avoua-t-elle ensuite, car m'étant toujours efforcée de me détourner de moi-même afin de m'appliquer à Dieu seul, je ne savais pas parler de ma santé. Pour obéir, il fallait m'occuper de moi, ce qui m'était un martyre, sentant que cela me distrayait de Notre-Seigneur. » Elle ajoutait : « J'ai horreur des visites de médecins. Ils découvrent des maux que nous portons depuis des années sans nous y arrêter, ce qui fait naître des tentations de retour sur soi, au détriment de notre application à Dieu. »

L'inquiétude de cette âme, à propos de sa vie mitigée, ne dura pas longtemps. Notre Mère Anne-Régis, alors Déposée, avait expérimenté qu'il valait mieux abandonner ce sujet à sa générosité, car les ménagements l'usaient autant que la régularité complète. Elle en conféra donc avec notre Mère Marguerite-Agnès qui entra pleinement dans des vues si conformes à l'esprit religieux. De son côté, Sœur Marie-Madeleine, mal à l'aise dans cette vie plus large, fit part de sa peine à son ancienne Mère et Directrice. Celle-ci l'encouragea à suivre son attrait pour l'immolation entière aux exigences de la Règle, lui rappela les grâces de la profession, et la promesse d'*agir toujours en souffrant*. Ces paroles furent accompagnées d'une lumière si vive sur la volonté de Dieu, qu'aussitôt notre Sœur se rendit auprès de sa Supérieure, pour la supplier de reprendre immédiatement le train de l'Observance, ce qui lui fut accordé avec joie.

Il est peut-être difficile d'apprécier la portée d'un acte si généreux pour la suite de cette vie. Cette âme aurait-elle regagné les hauteurs, après avoir diminué, peu à peu, la somme de ses efforts quotidiens ? N'aurait-elle pas perdu les prérogatives si particulières que Dieu lui réservait dans l'avenir, pour glisser dans une voie commune et médiocre ? Nul ne peut le dire ; mais ce que nous constatons, c'est un nouvel élan dans la perfection et une fidélité croissante aux grâces qu'elle recevait. Celles de la retraite de 1886 la préparèrent à la mission que Dieu allait lui confier : la formation des Novices.

CHAPITRE VI

Un des premiers actes de notre Mère Marguerite-Agnès après son élection fut de placer à la tête du Noviciat notre Sœur Marie-Madeleine qui ne comptait pas encore cinq ans de profession. Cette nomination, que Notre-Seigneur lui avait cependant fait pressentir au moment du Chapitre, fut pour elle un coup de foudre, presque une tentation. « Ah ! ma chère Sœur, lisons-nous dans une lettre, abandonnez-vous toute l'année au Bon Dieu ; et, à la fin... on vous nommera Directrice !... »

Un tel choix prouve assez l'estime de la nouvelle Supérieure pour cette chère fille. Elle assurait, en effet, qu'elle ne serait pas étonnée de lui voir faire des miracles, et portait avec complaisance ses regards sur sa personne, lorsqu'elle voulait se représenter sa « petite sainte, » la vénérable Anne-Madeleine Remuzat.

Le noviciat presque désert, depuis la récente déposition, comptait seulement trois sujets — un pour chaque rang — il ne paraissait donc pas bien redoutable. Cependant, Dieu préparait, dans les recrues qu'il allait amener, les éléments les plus propres à faire reluire les vertus de notre Sœur Marie-Madeleine, ainsi que ses aptitudes à former les âmes au gré de l'Epoux divin. En toute circonstance, elle se montra aussi ferme que douce ; aussi condescendante, s'il y avait lieu que persévérante et énergique. La première Prétendante confiée à ses soins devait lui donner toute satisfaction, il est vrai, mais elle ne laissa pas de l'appréhender beaucoup, vu son âge bien supérieur au sien. Toutefois, cette crainte était moins que fondée. Ecoutons plutôt cette postulante, devenue assistante de la Communauté de Fourvières, parler de sa présentation à la jeune Directrice, alors en retraite : « Je n'oublierai jamais l'impression qu'elle me produisit : son extérieur si humble, rabaissé, timide, en même temps que doux et gracieux, son visage enflammé, portant encore l'empreinte des célestes colloques, ses petites mains maigres, froides, pressant affectueusement les miennes, et son sourire aimable, accueillant, encourageant... J'avoue qu'au commencement je la craignais beaucoup ; sa grande perfection m'effrayait, et m'aurait presque découragée, si je n'avais compris son zèle et son affection pour mon âme. »

Le deuxième sujet qui fut admis dans ce noviciat n'était nullement préparé à notre genre de vie. Les antécédents, le naturel, le milieu d'où il venait, tout rendait difficile à conduire au but cette vocation, pourtant marquée du sceau divin. Les efforts de notre Sœur furent couronnés de succès, grâce à son inaltérable patience, jointe à beaucoup de fermeté, comme le prouvent les faits suivants.

Malgré une haute stature et de belles apparences, la nouvelle venue ne jouissait pas d'une bonne santé.

Un soir, elle se jugea incapable d'assister à Matines et, sans permission, se retira dans sa cellule. Elle commençait à goûter un repos, bien nécessaire, à son avis, lorsque elle vit entrer sa Maîtresse, qui l'obligea à se lever en toute hâte, pour se rendre où la Règle l'appelait. Tout, pour notre prétendante, était occasion de lutte, et souvent la journée se terminait dans un état voisin du découragement. Conseils et paroles réconfortantes lui étaient alors prodigués, à quelque heure que ce fût, mais toutes les fautes devaient être réparées. Une fois, la Directrice reçoit l'aveu que l'exercice du soir a été omis. Sans hésiter, elle fait lever la délinquante et récite fervemment avec elle cette prière du jour.

Aucune difficulté ne pouvait arrêter ses efforts pour élever les novices jusqu'à la perfection solide et puissante des filles de Sainte-Marie. Une nuit, la même prétendante, après avoir psalmodié près d'une défunte, regagnait sa cellule, bien résolue à ne pas se passer de lumière pour cette fois. Devinant ses sentiments intimes, la Directrice l'encourage à surmonter cette crainte de l'obscurité et se croit comprise. Mais bientôt la pénible impression reprend le dessus : une petite lueur brille au travers de la porte. Notre Sœur Marie-Madeleine qui surveillait l'issue de cette affaire, paraît sans retard, éteint la mèche, et dit avec fermeté : « C'est cela ma Sœur, mettez votre confiance dans une lanterne ! »

Cette laborieuse formation allait de pair avec celle d'une respectable veuve, mère d'une religieuse de Fourvières. Prise d'un grand désir de perfection, Mme N. s'était rangée courageusement sous la conduite de notre Sœur qui n'avait pas la moitié de son âge et présentait presque les dehors d'une enfant. La Providence semblait prendre plaisir à former ces contrastes, dont la Directrice ne paraissait nullement gênée, et qui cependant lui était fort pénibles.

Achevons le cadre du tableau. Une jeune personne, sur de bonnes recommandations avait été admise dans le Monastère, pour le rang des Sœurs domestiques. Après quelques semaines de résidence dans la maison, plusieurs elèves se plaignirent de la disparition d'objets à leur usage. Comme on cherchait à en décourvrir la cause, notre Sœur s'aperçut que le porte-monnaie bien garni de l'une de ses novices avait perdu presque tout son contenu. Plus de doute : le larcin s'était commis durant le repas par l'aspirante au noviciat, qui seule manquait cet exercice. Le départ de la coupable fut vite réglé ; mais auparavant, Sœur Marie-Madeleine fit faire les fouilles les plus minutieuses jusque sur sa personne. C'était une fille aux belles proportions, ce qui n'augmentait pas peu l'onéreux de l'opération, pendant laquelle le cœur délicat de la timide Directrice battait à se rompre.

Une autre Prétendante pour le même rang, dont la vocation ne put aboutir malgré de bonnes qualités, ne mit pas moins à l'épreuve la vertu de notre Sœur. Celle-ci usait à son endroit de la plus grande vigilance ; néanmoins les maladresses et les étourderies se multipliaient. Un jour, Sœur N. laissa tomber une planche chargée d'une grande quantité de vaisselle. Notre Mère Marguerite-Agnès, alors malade, fit venir la jeune Maîtresse et lui dit : « Je ne comprends pas les faits qui me sont rapportés : ce qui se passe au Noviciat me peine vivement. Je croyais l'avoir mis entre des mains capables de le diriger, et je suis bien déçue. Quelle surveillance exercez-vous donc sur vos novices pour en avoir de pareils résultats ?... »

Nous savons quel cas notre Mère Marguerite-Agnès faisait de cette fille, mais elle voulait lui attirer de nouvelles grâces pour sa redoutable charge. Notre Sœur elle-même n'ignorait pas les conditions de la fécondité dans l'apostolat. Elle écrivait : « Pour payer un si grand honneur que celui de faire connaître et aimer Notre-Seigneur, il n'y aura jamais assez de souffrances et de sacrifices... » Dans ses résolutions, elle marque : « Deux devoirs impérieux pour ma charge : prier et souffrir, surtout pour mes Novices... Dispositions nécessaires pour travailler avec fruit dans les âmes : anéantissement, confiance sans bornes, amour pur... Puiser, à chaque instant, dans le Cœur de Jésus ce qu'il renferme, à chaque instant, pour moi et pour les âmes... Conviction intime de mon rien, de mon incapacité... ne compter que sur la grâce, les forces et l'action de Notre-Seigneur... »

Plus tard elle écrira encore : « Si l'on ne mettait son pauvre être en celui de Dieu, si l'on ne mettait sa main dans les siennes divines, on tremblerait en abordant une âme !... mais on s'identifie à Notre-Seigneur et l'on compte que le *Tout fait tout, pour le rien qui s'humilie.* »

Telle était notre chère Sœur vis-à-vis de Dieu, mais avec ses Novices, elle se montrait fort digne dans son rabaissement ; et sa douceur inaltérable ne l'empêchait pas d'user de fines pointes pour piquer au vif l'amour-propre. Elle lançait, par exemple, à l'une d'elles, tardive à comprendre une explication, ces mots incisifs : « Pourtant, ma Sœur, vous avez un père intelligent ! » Pénétrée de l'étendue de sa responsabilité, elle s'appliquait de toutes ses forces à préparer des sujets solides en vertu, capables d'un dévouement sans bornes à leur Communauté.

Elle stimulait la lenteur naturelle de l'une en lui donnant, coup sur coup des occupations différentes : elle combattait les répugnances d'une autre.

en lui ordonnant de baiser, si cela se pouvait, l'objet de sa tentation ; enfin, elle ne laissait rien passer sans réparation.

Ses instructions étaient très intéressantes, nous disent ses Novices, et nous le croyons sans peine vu sa grande facilité d'élocution, surtout pour les choses spirituelles. Du temps même de son noviciat, elle rendait compte de son oraison avec une telle aisance que notre Mère Anne-Régis l'arrêtait pour sauvegarder son humilité ; ce qui mortifiait surtout ses compagnes, à la fois heureuses de l'écouter, et confuses du contraste qui s'établissait naturellement en leur défaveur.

Notre Sœur Marie-Madeleine s'affectionnait donc à faire de ses Novices des « *règles vivantes*, » et pour cela leur expliquait, leur faisait approfondir toutes les expressions de nos saints Ecrits. C'est ainsi que pendant une semaine entière, elle sut tirer de ces deux mots : « *vivre unanimement* », des enseignements pratiques, des leçons utiles pour tout l'ensemble de la conduite.

Aux paroles fécondes et lumineuses, la chère Directrice joignait les exemples plus efficaces encore. Ses Novices s'en souviennent : aux approches d'une fête de Communauté, leur Maîtresse reçut la nouvelle du décès de M. Ponnet. Pour réaliser ce qu'elle avait enseigné « *vivre unanimement* », notre Sœur voulut s'associer à la joie commune et composa elle-même un chant de circonstance : grand exemple d'oubli de soi qui édifia profondément la Communauté. Il est vrai qu'une immense consolation accompagnait l'annonce du douloureux événement. Ce père bien-aimé avait quitté la vie dans les meilleures dispositions, grâce aux ardentes prières de ses filles et au dévouement intelligent et persévérant de Mlle Marie.

Nous l'avons dit, notre Sœur Marie-Madeleine se fondait en supplications pour ses novices ; elle intéressait tout le ciel en leur faveur et s'efforçait de leur inculquer cet esprit de prière, indispensable pour l'avancement dans la perfection. Elle écrivait à ce propos : « Lorsque je vois cette disposition de recours à Dieu dans une âme, je dis : cette fois, je la tiens. »

Tout en elle respirait la piété et portait à Dieu, mais tellement à son insu que la tristesse de ne pas faire aimer Notre-Seigneur, autant qu'elle le désirait, s'empara de son cœur. Elle porta sa plainte au bon Maître qui lui répondit : « *Tu me feras aimer par le contact.* » Quelle révélation dans cette parole divine, notée si simplement par notre Mère ! Ce ne sera jamais le contact de la créature, mais uniquement celui de Dieu, régnant souverainement dans cette créature, qui pourra sanctifier. Ce mot, *par le contact*, nous révèle la pureté de cette âme laissant rayonner sans obstacle Celui qui l'habite et qui lui répète au fond du cœur : « *Tiens-toi serrée bien près de moi, dans un recueillement profond. Aime et adhère, tout est là... »*

Lorsque notre Sœur renouvellera sa plainte dans l'avenir, Notre-Seigneur lui donnera la même réponse : *par le contact*, et lui fera comprendre que l'union, la fusion, si l'on ose dire, avec Lui, est plus efficace que la parole pour embraser les cœurs « comme le charbon ardent qui est enfoncé dans le foyer répand une chaleur plus intense que la flamme brillante et pétillante qui se trouve à la surface. »

Oui, il y avait là un foyer incandescent, dont la flamme dévorait peu à peu tout l'humain, et s'alimentait avec le bois de l'immolation ininterrompue. Nous en avons la preuve dans les lignes suivantes : « Seigneur Jésus, il y a longtemps que je le sais par expérience, mais j'ai besoin de faire une protestation pas solennelle, que je vous supplie d'avoir toujours devant vos yeux divins : Il n'y a que Vous qui puissiez opérer en moi l'humilité, une humilité aussi profonde que mon néant le comporte. Vous savez, ô mon Dieu, de quel amour je voudrais vous aimer ! Et il n'y a que Vous qui puissiez embraser mon pauvre cœur étroit et glacé de cette charité pure, généreuse et constante autant qu'il est possible de l'avoir. Il n'y a que Vous qui puissiez me donner l'amour de la souffrance, du sacrifice, du mépris, du travail, de l'oubli de soi qui fait aller toujours et quand même pour Vous. Il n'y a que Vous qui puissiez détruire le mal qui est en ce cœur et y édifier ce qui vous plaît. Il n'y a que Vous seul qui puissiez faire quelque chose de bien dans les âmes que vous me confiez.

« Mon Seigneur Jésus, je n'ai pas la générosité nécessaire pour agir conformément à vos volontés saintes, à vos désirs, à vos lumières ; mais je me livre à Vous sans réserve. Je vous conjure de me détacher, de me dépouiller, de me séparer, de vous emparer de moi, et je vous promets de dire toujours et à tout le *oui* le plus entier, le plus reconnaisant, le plus aimant. Faites qu'à la réunion du Ciel vous puissiez dire : *Dans cette âme, j'ai eu toute la gloire, tout le mérite de tout, j'ai tous les fruits et toutes les affections.* Seigneur, que ma protestation et que ma demande soient sans cesse devant votre Cœur : la première comme l'intime persuasion de mon esprit ; la seconde, afin que vous l'exauciez par vos mérites infinis. Amen. »

Notre Mère Marguerite-Agnès disait de notre Sœur bien-aimée : « Chacun de ses mouvements est presque un acte héroïque. » Cette parole est bien confirmée par ce que nous venons de dire : « Il n'y a que Vous, ô mon Dieu, qui puissiez me donner l'amour du travail, de l'oubli de soi qui fait aller toujours et quand même. » Pour qui a vu notre Sœur à l'œuvre, cette prière donne la mesure de ses mérites. Le travail lui coûtait, paraît-il, et cependant elle s'y tenait avec la plus constante assiduité. Non seulement elle ne perdait pas une minute des heures qui lui sont destinées, sans jamais s'empresser toutefois, mais elle y consacrait tous ses loisirs, les instants d'attente, le temps des réunions de Maîtresses du Pensionnat, où nous la retrouverons bientôt. Elle s'activait aussi le plus possible, dans toutes ses actions, pour s'adonner plus largement à ce saint travail des mains auquel la portait encore son grand amour de la pauvreté. Et comme elle avait une adresse merveilleuse, un goût exquis et des yeux excellents, on lui confiait toujours des ouvrages fins et appliqués.

Lorsque notre Mère Marguerite-Agnès voulut offrir à Mgr Déchelette, notre Supérieur vénéré, un témoignage de la reconnaissance exceptionnelle qu'il s'était si justement acquise, elle fit entreprendre un rochet en fine dentelle Renaissance, composé de carrés, aux dessins tous différents et combinés par nos Sœurs de Fourvières. Le travail fut distribué aux plus adroites, mais notre Sœur Marie-Madeleine, qui les surpassait toutes par l'habileté et la perfection, eut la part la plus considérable et la plus difficile. Durant de longs mois, on la vit, au moindre moment libre, sortir le petit carré de sa poche et tirer l'aiguille sans relâche.

A peine ce travail achevé, on lui en confia un autre du même genre, plus appliquant encore. Elle l'entreprit sans dire un mot de la fatigue qui lui en revenait, et qui lui rendit très pénible, pour plusieurs années, le mouvement de relever la tête.

Jusqu'à sa mort, nous l'avons vue aider assidûment aux travaux de raccommodage ; puis trouver le temps d'exécuter, avec une rare perfection, des broderies et dentelles très fines pour la sacristie.

Au mois de septembre 1889, notre chère Sœur passa du Noviciat au Pensionnat, où elle reprit son cours d'Histoire. A la même époque, elle fut proposée à la Communauté pour la charge de conseillère. Aussi touchée que confuse de cette marque de confiance, elle dit plus tard : « J'aurais voulu rentrer sous terre, lorsque je me trouvais au milieu des respectables Mères et Sœurs qui m'avaient admises si jeune dans leur intimité. » Cette prérogative lui fut un stimulant de plus pour nous entraîner dans la généreuse et fidèle Observance. Que de fois sa conduite provoquait un lumineux retour sur soi-même ! On la sentait si loin de tout intérêt personnel ! Au début de l'année scolaire, par exemple, lorsqu'on distribuait les listes portant les occupations dévolues à chaque Maîtresse, Sœur Marie-Madeleine ne s'empressait pas à voir si sa feuille était chargée ; au contraire, elle regardait avec une sorte d'anxiété, si ses exercices religieux, surtout ceux du chœur, étaient intégralement sauvegardés, préférant une double fatigue à la privation de chanter les louanges de Dieu.

De même, lorsque l'obéissance lui imposait quelques remèdes ou soulagements, les Infirmières ne pouvaient lui faire un plus grand plaisir que de lui donner le moyen de les prendre après Matines, ou tout au moins , à des heures laissées libres par la Règle.

Notre fervente Sœur n'estimait jamais sa part de travail trop considérable et se trouvait toujours prête à décharger le prochain. On remarqua, une fois, qu'elle remuait plus difficilement la tête et l'inclinait légèrement sur l'épaule. Interrogée, elle fut obligée d'avouer une douleur inaccoutumée, près de la gorge. Le médecin appelé, ouvrit sur le champ une tumeur, d'où s'échappèrent un certain nombre de petites boules, durcies comme de la pierre. Au sortir de l'opération, avant même d'avoir complètement rétabli l'ordre dans son costume religieux, elle entend dire à une Maîtîresse du pensionnat fort souffrante : « Je ne sais comment faire, notre Mère m'envoie coucher, et je devais aller en surveillance.— J'y vais » répond spontanément notre Sœur, sans examiner un instant si sa démarche n'entraînait pas une imprudence. La plaie était si grave, si près de l'artère, que l'Infirmière ne put accepter de faire les pansements, et, pendant un mois, le docteur dut s'en charger lui-même. Une confidence nous révéla un jour la plus précieuse partie du mérite acquis en cette occasion ; non seulement elle eut cette tumeur, mais pendant deux ans, de petites grosseurs très douloureuses aux jointures et aux membres, dont elle ne parla qu'au bon Dieu. Ce silence était gardé par un sentiment de grande délicatesse filiale.

Dieu mettait visiblement la main à favoriser la générosité de son épouse. Souvent les circonstances l'obligeaient, pour ainsi dire, à porter en secret de véritables maladies. Tel un flegmon au côté qui ne reçut que les soins sommaires qu'elle put se donner elle-même. Telle aussi une grave influenza accompagnée de fièvre, crachements de sang et autres symptômes ne laissant aucun doute sur la nature de ce mal, dont elle devait garder les traces durant plusieurs années. Bien qu'elle se sentît, dès le début, sérieusement touchée par l'épidémie en règne dans le Monastère, elle ne crut pas devoir ajouter aux embarras de la situation en s'alitant ; et, grâce à sa toux ordinaire, le surcroît ne fut pas remarqué par les Infirmières débordées de travail.

Notre-Seigneur donna son coup de Maître à l'é-preuve par un petit trait délicat. Lorsque Mgr Déchelette vint visiter la Communauté après cette triste période, on lui présenta notre Sœur Marie-Madeleine comme ayant échappé à la contagion. Elle se montra souriante quand on fit ressortir que, sous ses frêles apparences, elle était encore bien forte.

Que d'actes de ce genre son bon ange pouvait enregistrer !... Alors que tout lui demandait un grand effort, on la félicitait de pouvoir rester à genoux aussi longtemps qu'il est marqué, d'avoir une bonne voix pour chanter l'Office... ; on lui disait encore qu'elle était très consolée de Notre-Seigneur, et précisément les larmes qu'elle répandait, surtout durant le Saint-Sacrifice, provenaient de l'absence de son Bien-Aimé.

Devant toutes les afflictions, grandes ou petites, notre chère Sœur tenait sa résolution de *sourire à Jésus*, et conservait soigneusement la virginité de la souffrance. Nous trouvons dans ses Constitutions, un billet contenant ces mots : « O mon Jésus, je ne raconterai qu'à Vous les peines qui m'arriveront et que je sens très vivement. Ce seront de petites fleurs dont Vous seul respirerez le parfum toute l'éternité. Faites-moi la grâce d'en cueillir beaucoup, et de vous offrir mes présents dans l'intime du cœur. » Elle ajoutait : « Ne jamais avoir l'air contrariée ou peinée de rien, je dois être morte à tout et à moi-même. Qu'est-ce qu'on enlève à ce qui n'existe pas ? et qu'est-ce qui peut l'atteindre ? »

Notre-Seigneur faisait vivement sentir son action crucifiante à cette âme qui s'écriait : « Oh ! qu'Il me veut anéantie dans ma conviction !... Il veut que je sois toujours plus bas, toujours plus bas... que je me réjouisse, par la partie supérieure, de tout ce qui m'anéantit... Il ne me laisse rien passer quand il s'agit de l'humilité. Il m'en reproche les moindres manquements. Il est très, très ferme pour cela. »

Notre chère Sœur revint au Noviciat en 1893, en qualité d'Assistante. Elle y parut, comme partout, l'humilité en personne, attribuant à ses péchés les fautes et les manquements qui s'y commettaient. Toutefois, cette disposition intérieure ne l'empêchait pas de suivre les sujets dans les moindres détails, avec une persévérance qui paraissait excessive aux âmes encore faibles dans la mortification. S'il arrivait comme conséquence de cette conduite, qu'un mouvement de nature se laissât voir, cette vraie religieuse disait gracieusement: « Nos Sœurs, quand nous nous sommes oubliées, soyons promptes à nous demander pardon. » Malgré l'active surveillance qui tenait les Novices dans un assujettissement continuel les procédés délicats de leur Assistante, sa bonté, ses aimables vertus dilataient tous les cœurs. Ses leçons de Rubriques, admirablement préparées, étaient rendues très intéressantes par les traits édifiants, amenés à propos, comme appuis de son enseignement. Et ainsi, sans aucune ingérence dans la part réservée à la Directrice, elle contribuait grandement à « élever les Novices de degré en degré à la perfection religieuse. »

En reprenant des fonctions au Noviciat, notre chère Sœur n'avait pas quitté celles du Pensionnat. Elle dominait de plus en plus les élèves par l'ascendant de sa vertu et par cette union continuelle avec Dieu, dont la révélation nous est faite par ces lignes ; « Que de délicieux moments j'ai passés, pendant mes « surveillances, à adorer le Saint-Esprit, à m'unir « à Lui dans l'âme de chacune des enfants présentes « devant moi ! Et lorsque je donnais mes leçons, je « retournais mille fois mon cœur vers Dieu. » Aussi, un reflet de sainteté se dégageait de sa personne, de sorte que la voix du petit peuple la canonisait tout bas. On allait jusqu'à dire que telle enfant, très jeune et très pénible, était par instants possédée du démon, et que cette « chère Maîtresse » avait seule le don de l'exorciser. En effet, par sa douceur et son affection, elle obtenait de la terrible élève quelques éclairs de sagesse.

Les plus beaux exemples de patience se multipliaient en présence de nos espiègles. Une fois, notre Sœur tenait en main un superbe carré de dentelles lorsqu'une étourdie vint endommager le travail avec des ciseaux. Comme nous lui demandions ensuite de quelle manière elle avait pu dissimuler sa peine devant cette fâcheuse maladresse, elle répondit en souriant : « J'ai pensé que notre saint Fondateur ne se serait pas fâché, et je ne me suis pas fâchée non plus. »

Elle suivait aussi l'exemple de son Bienheureux Père en laissant les mouches se promener, tout à leur aise, sur son visage, ce qui n'échappait point à l'œil observateur des élèves. Mais écoutons plutôt leur propre témoignage : « Nous la tenions pour une « sainte, nous écrit l'une d'elles. Sa parfaite égalité « d'humeur me frappait particulièrement. Je me « souviens très bien que le ton de sa voix ne chan- « geait point lorsqu'il fallait réprimander. Elle n'at- « testait son mécontentement que par l'expression de « son visage... » Une autre nous dit : J'ai eu le « bonheur de connaître Mère Marie-Madeleine pen- « dant mon éducation, à la Visitation de Fourvières. « Là, au milieu de religieuses d'un mérite indiscu- « table, elle planait encore. Enfant, je ne saisissais « pas la raison de l'attraction qu'elle exerçait sur « nous toutes, sans exception ; mais peu à peu j'ai « compris que c'était sa vertu, une vertu admirable « qui rayonnait. »

« Pendant les nombreuses années où elle m'a en-
« seigné l'Histoire, je ne l'ai jamais vue s'appuyer
« sur sa chaise. Elle paraissait ne ressentir aucune
« intempérie des saisons, à peine les remarquer. Si
« une élève protestait contre la chaleur ou le froid,
« on lui découvrait, semblait-il, des réalités qui lui
« avaient échappé, et par quelques mots, elle nous
« faisait honte de notre peu de mortification. L'hiver,
« ses mains violacées se couvraient d'engelures et de
« crevasses. Une enfant s'apitoyait-elle sur la souf-
« france qui devait en résulter, notre Maîtresse lui
« disait avec un sourire tellement exquis : « Mais ce
« n'est rien, mon enfant », que nous comprenions
« son ravissement d'avoir quelque chose à offrir au
« divin Maître. »

A la vérité, Sœur Marie-Madeleine se consumait
pour Notre-Seigneur, qui se faisait de plus en plus
pressant dans ses communications intimes : « Il me
semble toujours entendre, écrit-elle : « *Je voudrais*
une âme qui fût sûre de moi, qui usât toujours, pour
elle et pour les autres, des profondeurs de la ten-
dresse et de la miséricorde de mon Cœur, qui atten-
dît de moi tout ce qu'il est possible d'en attendre...
Je veux que tu sois uniquement occupée à m'aimer,
à me plaire, à me laisser faire ; que tu sois une âme
qui m'honore par son anéantissement, par la gran-
deur de sa confiance, de sa reconnaissance, de sa
fidélité, de son abandon, de sa joie intérieure, surtout
dans la tristesse et dans les tentations. »

Un jour, conduisant les élèves dans le cloître, cette
pensée lui vint : *Substituer en tout et partout Notre-*
Seigneur à elle-même. Il lui semblait entendre :
« *Etablis ta demeure dans mon Cœur, et n'en sors*
« *jamais, quelles que soient tes fautes, tes misères,*
« *tes dispositions, tes occupations. Répare tout par*
« *mon Cœur, supplée à tout par mon Cœur. Vis*

« *sans joie, sans goût, sans satisfaction ; dans l'im-*
« *puissance quand il me plaira et dans le rien, mais*
« *remise et joyeuse dans la foi en ma bonté, en mon*
« *amour, dans la foi sûre en mon action et dans*
« *l'accomplissement de mon bon plaisir.* »

Et la lumière se faisant de plus en plus dans son âme, elle ajoute : « Notre-Seigneur veut que je n'aie rien en moi sur quoi m'appuyer, mais que tout y soit de Lui, que sa prière soit ma prière ; son Cœur, mon amour ; ses œuvres très saintes, le supplément de mes impuissances ; ses vertus, mes vertus ; Lui-même, mon Réparateur. Il veut être tout. » On comprend dès lors les sentiments excités dans le cœur de cette fidèle Épouse : « O Jésus, s'écrie-t-elle, j'ai la passion de Vous !... je voudrais que toutes les créatures sachent que Vous avez passionné mon cœur !... Je voudrais que chacune de mes actions fût du feu qui allât embraser le cœur des pécheurs... O mon Sauveur bien-aimé, il y a des cœurs qui se révoltent contre Vous, qui entravent votre action sur eux ! Oh ! prenez le mien, nu de toute volonté et désir. Il vous est totalement livré : agissez, opérez, détruisez, tuez si Vous voulez ; mais, je Vous en supplie, accomplissez sans réserve votre bon plaisir sur lui ; soyez libre, Seigneur, je dis : *oui à tout,* oui pour le temps et pour l'Eternité. Je ne veux rien que votre amour et votre bon plaisir absolument. » Elle écrit encore : « Ce qui fait la grandeur de la vie, c'est l'amour ! Aussi j'ai compris qu'il n'y avait qu'une chose à faire sur la terre : *se remplir, se laisser remplir d'amour, essayer d'en remplir les autres, pour le prodiguer à Dieu pendant l'éternité...* »

Ailleurs : « Les fous ont une idée fixe, moi, j'en ai une, c'est l'amour de mon Dieu. Il me faut cet amour... Je crierai vers vous, ô mon Dieu, et je ne me lasserai pas que vous ne m'ayez donné l'amour... »

Elle nous disait, parfois : « N'ayons qu'une idée en tête : donner à Dieu tout l'amour et toute la gloire possible » ; et pour le réaliser, elle-même faisait avec Notre-Seigneur une convention d'amour aussi généreuse, aussi tendre qu'elle pouvait l'imaginer.

C'est ainsi qu'inconsciemment notre Sœur Marie-Madeleine se préparait à la belle mission que Dieu voulait lui confier. Cette vie religieuse atteignait son midi : un grand événement allait en changer le cours...

Nous devons ici retourner un peu en arrière et faire connaître brièvement dans quelles circonstances le Seigneur appela sa fidèle servante à une vocation nouvelle et lui fit entendre sa secrète invitation : « *Va dans la terre que je te montrerai.* » La terre était Vassieux ; et l'œuvre à accomplir, la Fondation d'un deuxième Monastère de la Visitation a Lyon.

CHAPITRE VII

Nous pouvons dire que les commencements de notre petite Communauté portent le cachet des œuvres de Dieu : elle a été enfantée sur le Calvaire. En effet la première inspiration de son établissement jaillit, grandit et se réalisa à l'ombre de la Croix.

Vers le milieu du dernier siècle, vivait dans le château de ses pères, M. Antoine Blanc de Saint-Bonnet, l'éminent penseur catholique, l'écrivain remarquable qui put recevoir le titre de grand philosophe du dix-neuvième siècle. Cet homme de haute intelligence et de cœur exquis connut les plus amères douleurs. Dans le principe, il se vit entouré d'une épouse accomplie, de deux charmantes filles et d'une sœur, Mˡˡᵉ Zénaïde, qui ne voulut jamais d'autre avenir que celui de se dévouer à Dieu et aux siens.

Mais le bonheur dont jouissait l'intéressante famille devait promptement s'évanouir. Il fut d'abord cruellement ébranlé par la mort prématurée de la jeune mère. M. de Saint-Bonnet, profondément atteint dut puiser auprès de ses filles, Mlles Marie et Elisabeth, la consolation de son cœur brisé et la force de réagir contre ses regrets cuisants. Les deux sœurs méritaient bien l'affection dont elles étaient entourées. Mlle Elisabeth, celle qui nous interesse particulièrement, se distinguait par une rare piété et les inspirations les plus hautes. Notre-Seigneur jetant sur elle un regard de prédilection lui avait fait entendre des appels de divine jalousie : « Jésus a ravi mon cœur, lisons-nous dans ses notes intimes, que puis-je dire de plus ! Il s'est constitué mon Bien-Aimé, mon partage et tout mon bien. Il a choisi mon âme et mon âme a osé le choisir ! » Elle soupirait ardemment vers la vie religieuse et se consumait dans l'attente prolongée imposée par la tendresse de son père, de sa tante surtout qui ne pouvait se résoudre à se séparer d'une enfant si chère. Cependant le consentement réclamé avec tant d'instances était enfin arraché ; mais une péritonite, causée peut-être par cette longue et pénible contrainte, terrassait alors la jeune fille ; elle succombait promptement sous l'inexorable mal et allait recevoir au ciel la récompense de ses grandes vertus et du martyre que ses attraits lui firent endurer.

Le jour même où elle devait entrer définitivement à la Visitation de Fourvières, 3 avril 1887, son cercueil porté au cimetière de Loyasse, passait devant la porte claustrale qu'elle avait désiré si ardemment franchir.

Cette mort foudroyante était suivie, deux ans après de celle de Mlle Marie, devenue vicontesse de Calonne, et le petit être qui lui coûtait la vie ne survivait pas à sa mère : « Sans mes enfants, je ne pourrai pas vivre » s'écria M. de Saint-Bonnet frappé en plein cœur. Il disait vrai : cette dernière blessure fut pour lui mortelle. Encore quelques mois de langueur et d'invincible tristesse, et il allait rejoindre auprès de Dieu celles qu'il avait tant aimées et dont il ne put supporter l'absence. En lui s'éteignait l'espoir de perpétuer son nom et sa race.

Mlle Zénaïde restait seule, écrasée sous le poids de son immense affliction. Elle refusa longtemps toute consolation ; la terre n'était plus pour elle qu'un vaste tombeau. Mais Dieu voulait que sa douleur devînt une admirable semence ; aussi ne permit-Il pas qu'elle y succombât. Il envoya à ce cœur brisé secours et réconfort par le moyen de ce Monastère de la Visitation que Mlle Elisabeth avait élu comme le lieu de son repos.

Notre vénérée Mère Anne-Régis, Supérieure de la Communauté, pénétrée de compassion devant la grande douleur de cette âme, l'entoura de délicatesse et d'affection et gagna sa confiance. Parmi les poignants souvenirs de Mlle Zénaïde, celui de Mlle Elisabeth affectait en son cœur un caractère particulier d'angoisse, semblable à un remords. La pensée d'avoir été peut-être, par ses résistances, une des causes de la terrible maladie qui emporta la jeune fille, la torturait : « Que j'ai été personnelle ! » disait-elle à notre Mère Anne-Régis, se remémorant le passé ; surtout les derniers jours de cette nièce tant aimée qui s'en allait poursuivie jusque dans son délire de ses véhéments désirs de vie religieuse : « Mes murs, mes chers murs, l'entendait-on s'écrier, quand vous verrai-je ! »

Pour adoucir l'âpreté de ses regrets Mlle de Saint-Bonnet méditait le moyen de réparer le tort fait, craignait-elle, à sa chère petite Elisabeth. Employer sa dot à la création de quelque bonne œuvre : tel était le projet vaguement conçu. Peu à peu, au cours d'entretiens intimes que la Providence lui ménageait souvent avec sa sainte amie de la Visitation, tout se

précisa. Notre Mère lui représenta que la fondation d'un nouveau monastère atteindrait excellement le but désiré ; elle fit alors apparaître devant ses yeux des horizons merveilleux, capables d'apporter à son cœur angoissé une suprême consolation et d'offrir à la chère disparue ample et admirable compensation. Si elle a privé cette nièce bien-aimée du bonheur incomparable de la vie religieuse en ce monde, elle lui donnera pour jamais, un héritage d'épouses de Jésus. Elle la constituera fondatrice d'un asile, où, jusqu'à la fin des temps, se succédera une génération d'âmes pures, radieux diadème au front de celle qui n'ayant pu réaliser ici-bas sa sainte vocation, aura, pendant l'éternité, non seulement, la couronne des vierges, mais une immense couronne de vierges. De plus, sa race éteinte se perpétuera, voyant accroître sa gloire et ses mérites dans une postérité spirituelle. Grande et magnifique pensée qui pénétra profondément Mlle Zénaïde, et dès lors tous ses désirs convergèrent vers sa réalisation.

Où nous en sommes de la vie de notre Mère, le projet de fondation comptait déjà quinze ans d'existence, au cours desquels il n'avait cessé de s'affermir. En cette quinzième année, toutes les difficultés, tous les obstacles, qui furent si graves pendant la période de préparation, étaient levés. Longtemps nos Supérieurs écclésiastiques, tout en s'intéressant a une œuvre aussi belle, avaient suivi les conseils de la prudence ; il leur semblait plus sage, vu la persécution, de protéger les maisons existantes plutôt que d'en créer de nouvelles. Néanmoins, Mgr Caverot et après lui Mgr Foulon donnèrent, l'un et l'autre, des encouragements au projet. Sans accorder une pleine autorisation, ils permirent peu à peu les recherches et démarches nécessaires, en dépit des menaces de l'avenir. Mais ce n'était pas suffisant pour satisfaire le zèle de Mlle de Saint-Bonnet qui souffrait de ces lenteurs. Au sortir surtout d'une maladie mortelle, après s'être vue si près de sa fin, elle demanda avec instance que l'on se hâtât : elle voulait à tout prix que son œuvre s'accomplît de son vivant. Ces souhaits si légitimes furent enfin exaucés. Le 12 mars 1896, Mgr Déchelette notre Supérieur, écrivait à notre Mère Anne-Régis : « Monseigneur aprouve votre œuvre et la bénit. »

Tandis que les autorisations si désirées et sollicitées étaient accordées, une autre marque de la volonté de Dieu se manifestait d'une manière de plus en plus frappante en notre Monastère. Nous voulons parler de la prospérité de son Noviciat. Ceux qui pouvaient s'en rendre compte en étaient impressionnés. Une Supérieure de l'Institut se rendant de Clermont à Grasse où elle venait d'être élue, fit en passant une petite halte au milieu de nous. Promenant son regard sur notre nombreuse Communauté et tout à fait ignorante de ce qui se préparait : « Il y a du trop plein ici, se prit-elle à dire, cela présage une Fondation à l'heure du bon Dieu ! » Oui, on pouvait essaimer sans préjudice pour la ruche-Mère.

Bientôt, l'asile préparé par la Providence à l'humble essaim apparut clairement. Après la visite de trente immeubles, une propriété située à Vassieux obtint toutes les préférences. « *Ce nid sous la feuillée* » ainsi qu'on se plut à désigner le futur couvent, se trouvait à l'opposé de celui de Fourvières ; Mgr Coullié s'en réjouissait, pensant qu'ainsi sa ville de Lyon serait enlacée par les prières des deux Monastères. De plus, le quartier était si éloigné de toute église que sur la question : où va-t-on à la messe ici ? on avait pour toute réponse, « on n'y va pas ! » Quel motif ajouté aux autres d'élever là un sanctuaire.

La petite troupe élue devait partir sous la conduite

d'une Supérieure qui en possédait tous les cœurs,
aussi bien que toute l'estime et la confiance. Cette
Mère, alors notre honorée Sœur la Déposée, Marguerite-Agnès Chevalier, qui nous avait gouvernées, on
l'a vu, pendant six ans, était si richement douée et
par la nature et par la grâce, qu'une voix autorisée
put dire à son sujet : « C'est un des ornements de
votre Institut. »

Désignée dès le début, pour faire partie de la fondation, notre chère sœur Marie-Madeleine s'était abandonnée tout entière quoique avec une secrète répugnance à cette volonté de Dieu et de ses Supérieures,
et elle embrassait généreusement d'avance les grands
et multiples sacrifices entrevus sous bien des formes.
Suivant sa voie ordinaire, elle allait à sa nouvelle
mission, sans consolation, sans cet enthousiasme
sensible qui, en pareille circonstance, apporte souvent
aux âmes tant de force et de joie. Mais la pensée de
vivre sous la direction, dans l'intimité de son ancienne Mère — elle devait être son assistante — la
réconfortait et la tenait dans une paix profonde ; les
liens qui unissaient ces deux grandes âmes, faites
l'une pour l'autre, étaient si forts et si sacrés ! Hélas !
ce soutien allait lui être enlevé !

Nous étions à la veille du départ lorsque Notre-Seigneur frappa le coup le plus inattendu, le plus in-
compréhensible au sens humain Cette très honorée
Sœur Marguerite-Agnès qui paraissait indispensable
dans l'accomplissement de l'œuvre de Dieu, tombait
foudroyée par le mal inexorable qui la minait depuis
longtemps mais que l'on avait enrayé si souvent jusqu'à cette heure. Notre vénérée Sœur s'était disposée
avec le zèle le plus ardent à la grande tâche qui lui
incombait. Un bonheur surnaturel et profond remplissait son cœur brûlant d'amour, devant la pers-

pective d'offrir au Seigneur un temple, un autel sur lequel s'immolerait chaque jour la divine Victime. « Quelle émotion, disait-elle, lorsque pour la première fois, Notre-Seigneur prendra possession de son nouveau Tabernacle ! » Cependant, une sorte de pressentiment tempérait cette joie « Je ne suis plus d'ici, disait-elle à notre Mère Anne-Régis, au cours d'intimes épanchements, et pourtant, je ne me vois pas à Vassieux !... je ne sais pas d'où je suis !... »

Elle était du Ciel... Sa vraie Patrie la rappelait ; ses labeurs de la terre avaient pris fin. Pour la mission qu'on lui destinait, Dieu voulait un autre instrument moins brillant, plus caché, plus petit en apparence, afin que son action divine parût plus clairement aux yeux de tous. Mais on ne l'avait pas encore compris à Fourvières et la consternation était à son comble en ce poignant 17 septembre auprès du lit de notre vénérée Sœur. Une congestion cérébrale venait de lui enlever toute connaissance et les docteurs appelés en toute hâte employaient en vain toutes leurs ressources pour la tirer de sa mortelle léthargie. Ils ne conservaient du reste aucun espoir sur l'issue du terrible accident. Cependant notre Mère Anne-Régis jugeait sa chère Déposée tellement indispensable à la Fondation qu'elle disait à ce moment suprême : « Si je la voyais morte devant moi, je croirais encore que Dieu va me la ressusciter. » Puis l'illusion s'affaiblissant d'heure en heure, on l'entendait murmurer « Ma douleur est vaste comme l'océan !... »

Quant à notre Sœur Marie-Madeleine, elle crut mourir — elle le dira plus tard — à ce chevet d'agonie. Une pensée pourtant dominait son angoisse : procurer à cette âme une gloire éternelle plus grande ; dans ce but elle répétait sans cesse : « Mon Dieu, accroissez son amour, accroissez son union. »

Jusqu'au moment des funérailles, elle ne quitta presque pas la dépouille de celle qui venait d'être nommée sa Supérieure et dont elle désirait tant retracer les vertus. Puis, fidèle à ne s'arrêter, dans la souffrance, qu'à la joie de l'offrir à Notre-Seigneur, elle s'efforça d'adoucir la douleur de notre Mère Anne-Régis, que cet événement jetait dans de si grandes perplexités au sujet de l'œuvre projetée.

La question ne tarda pas à être tranchée. Mgr Coullié avait dit quelques heures avant le décès inopiné : « Si cette Supérieure meurt, il faudra en nommer une autre. » Ce qui signifiait : il faudra aller de l'avant quoi qu'il arrive, et sur cette parole, il fut décidé que le départ serait seulement différé du 29 septembre au 17 octobre. Mais à qui devait incomber le fardeau de la supériorité ? L'hésitation ne fut pas longue. La vertu et les mérites de la chère Assistante étaient évidents et les circonstances la désignaient si bien que Mgr Déchelette put dire : Le bon Dieu a substitué son choix à tous les autres. »

Lorsqu'on apprit à notre Sœur Marie-Madeleine que l'on songeait à elle pour occuper la première place à Vassieux, elle frémit intérieurement et se rappela le jour, où, quelques années auparavant, devant cette croix entrevue, elle avait dit avec effroi au divin Maître : « Oh ! plutôt vingt ans de carie des os ! »

Maintenant que sa volonté s'est écoulée dans celle de Dieu et qu'un nouveau martyre vient la broyer, elle répond simplement, avec quelques larmes révélant à la fois sa peine et sa résignation : « Je n'ai rien à dire, ma Mère, sinon ce que vous nous avez souvent répété: *Dieu crée ce qu'il appelle.* Je ne veux pas m'arrêter à ma totale insuffisance, ce serait limiter la toute-puissance de mon Dieu, de mon Père et de mon Epoux.

— *L'obéissant racontera les victoires*, ajouta la Supérieure.

— Oh ! oui, ma Mère, reprit-elle, je vous serai bien soumise, persuadée que la volonté de Dieu est que cette nouvelle maison soit très unie et très conforme à celle de Fourvières, et aussi, bien dépendante : vous serez la Mère des deux Familles. »

Le 4 octobre, en la fête de Notre-Dame du Rosaire et de saint François d'Assise, notre Sœur reçut, de la bouche de Mgr Déchelette, l'assurance de sa nomination et nous lisons dans ses notes : « Ce jour-là, Notre-Seigneur m'a ôtée à moi-même pour me donner aux autres. Il m'a dit : « *Ne suis-je pas capable de faire de toi, si tu te laisses faire, une Supérieure selon mon cœur ?* » Puis l'élue de Dieu Le supplia de la garder dans l'humilité, dans la conviction et l'amour de son néant ; elle lui promit de compter sur Lui seul, de tout Lui rapporter et de se dépenser sans un regard sur elle-même. Néanmoins, elle passa la nuit suivante à dire : « Mon Dieu, mon Dieu qu'avez-vous fait ? »

CHAPITRE VIII

Départ pour Vassieux 17 octobre 1896. — Visite à son Eminence le Cardinal. — *A qui aimera le plus!...* — Arrivée des Fondatrices. — Etablissement de la clôture et confirmation de la jeune Supérieure dans sa charge. — Elle épanche son âme dans celle de son ancienne Mère.

Mlle de Saint-Bonnet, notre fondratrice temporelle, se réjouit grandement du choix qui venait d'être fait, et écrivit à notre Mère Anne-Régis : « Ce m'est une gâterie du bon Dieu et de vous, ma bonne Mère, que notre petite sainte Marie-Madeleine soit désignée pour conduire le cher troupeau. Vous n'ignorez pas que j'ai une très pieuse sympathie pour cette âme, où je vois si bien luire l'amour divin. » Disons que cette sympathie avait une cause naturelle : Mlle de Saint-Bonnet trouvait dans la physionomie de notre Mère une certaine ressemblance avec sa nièce, Mlle Elisabeth, au nom de laquelle cette fondation se faisait. Mais il y avait mieux qu'un rapprochement physique : des attraits exceptionnels pour les vertus de pauvreté, d'humilité, de modestie, d'effacement, caractérisaient ces deux âmes. C'était donc une sorte de convenance que la première Supérieure de Vassieux représentât si bien cette religieuse de désir, dont nous sommes la génération spirituelle.

Avec un admirable esprit de foi et de générosité,

la Supérieure choisie fit au Chapitre, qui se tint le samedi 10 octobre, l'imposante cérémonie prescrite par nos saints Fondateurs. Notre Mère Anne-Régis traça avec des accents émus, maternels et virils, le programme du nouvel essaim : « Mener une vie religieuse toute livrée à l'amour et à l'exacte Observance. » Notre Sœur Marie-Madeleine reçut ensuite, avec simplicité et rabaissement, les cordialités de la Communauté et les témoignages de spécial attachement de ses Coopératrices. Mais à mesure que l'heure du sacrifice approchait, Dieu semblait augmenter sa sensibilité : « Le jour où je demandai le dernier pardon au réfectoire (1), nous avoua-t-elle, j'ai cru éclater en sanglots devant chacune de nos Sœurs, tant je sentais cruellement pour toutes, sans exception, la peine de la séparation. »

Aux grandes heures de la vie, les souvenirs se réveillent avec plus de vivacité, on se rattache au passé qui échappe, on veut en graver les détails dans la mémoire. Nous trouvons les traces de ce mouvement dans l'âme de notre Sœur. Elle dresse une liste des grâces reçues au « bien-aimé Fourvières... Première Communion — vocation — la grâce de mes treize ans — celle de l'intimité, de la confidence avec Notre-Seigneur, du recours à Lui pour tout, par la prière — Grâce de la dévotion au Sacré-Cœur, au Saint-Esprit, à la Sainte-Vierge — grâce de la prise d'Habit, de la Profession, de la formation religieuse, de la correction de mes fautes — et grâces innombrables dans l'ordre spirituel et temporel — Vœu d'abandon en 1886. » Une autre énumération est intitulée : Anniversaires bénis ; ce sont ceux des deux Mères que le bon Dieu lui a successivement données. Puis des

(1) Pratique religieuse qui consiste à s'agenouiller devant chaque table pour demander humblement pardon aux Sœurs des imperfections commises en leur présence.

fragments d'Instructions de notre très honorée Mère Anne-Régis, les précieux conseils qu'elle en reçoit. Enfin nous lisons : « O mon âme, n'oublie jamais les exemples d'humilité, d'abnégation totale, de support du prochain, de don de soi, de charité excusant tout, que tu as reçus de tes Supérieures. »

Ce fut le 17 octobre 1896 qu'elle partit avec sa petite troupe, sous l'égide de notre Vénérée Mère Anne-Régis. Cette très aimée Mère la visita dans sa cellule, le matin du départ, avant l'oraison, et la trouva bien enfiévrée, bien congestionnée, mais pleine de courage et de confiance dans le secours divin. Durant le parcours de l'ancien au nouveau Monastère, notre fervente Sœur se tenait retirée en Dieu et en son néant. Elle se consacra à la Sainte Vierge, dans son sanctuaire de Fourvières, lui remit entre les mains sa mission et ses collaboratrices. A l'Archevêché, son âme toujours prête à recevoir, parce qu'elle était vide d'elle-même, recueillit pieusement les paroles de Son Eminence Mgr Coullié, afin de les réaliser ; elle retint surtout le mot d'ordre que nous donna notre saint Cardinal : « *A qui aimera le plus !...* » et devait nous le rappeler souvent dans la suite.

A cette heure, son aspect si religieux et dévot frappa les Prêtres qui nous escortaient, et leur fit présager de grandes choses au moyen d'une Supérieure dont tout l'extérieur respirait la sainteté. Elle n'édifia pas moins les personnes admises à visiter le Monastère pendant les trois jours qui précédèrent l'établissement de la clôture. Enfin le 20 octobre, Dieu prit une nouvelle possession de cette âme en la marquant de son sceau pour tenir sa place au milieu de nous. Elle fit cette première profession de foi dans le plus profond rabaissement, le visage inondé de larmes. Après la cérémonie, elle nous dit aimablement : « *Ce n'est plus moi qui vis :* je l'ai senti en prononçant les paroles que vous venez d'entendre, *c'est Jésus qui vit en moi*, et cette vie est pour vous, mes bien-aimées Sœurs. » Notre Mère Anne-Régis lui ayant affirmé que Notre-Seigneur Lui-même gouvernerait à sa place, elle répondit, avec un accent pénétrant : « Je tâcherai de tellement m'effacer que Lui seul paraisse. »

Tant que se prolongea le séjour parmi nous de celle qui nous avait amenées dans cet asile préparé par ses soins, notre nouvelle Mère ne la quitta pas. Elle recueillait ses conseils, se faisait initier au gouvernement et prenait une plus complète connaissance de la maison. Lorsqu'il fallut enfin faire le sacrifice d'une présence qui nous donnait tant de bonheur, notre Mère Marie-Madeleine éprouva des sentiments qu'elle exprima ainsi le jour suivant :

MA TRÈS HONORÉE ET BIEN-AIMÉE MÈRE,

« Il me serait impossible de commencer notre correspondance, en écrivant à d'autres que vous. Depuis l'heure douloureuse et ineffaçable d'hier au soir, mon cœur n'a pas quitté le vôtre... Je suis Mère, je dois l'être ; mais que je suis fille, et que je le sens aussi !... Après avoir vu disparaître cette voiture qui vous emportait, nous nous sommes promis mutuellement ce dévoûment, cette union tant recommandée puis nous sommes allées auprès de Notre-Seigneur, qui seul devait remplacer ce qu'Il nous enlevait... Après votre départ, je me suis fait l'effet de ces pauvres petits oiseaux mis hors du nid pour essayer leurs ailes, je me suis sentie bien isolée, parce que ces temps-ci Notre-Seigneur se cache tout à fait. Il est vrai que je ne mérite pas qu'il se communique à moi d'une manière sensible, mais j'ai foi en Lui, malgré tout ! »

En pénétrant dans ce Vassieux, dont chacun admirait les beaux ombrages et les vertes pelouses, notre Mère s'était dit tout bas : « Il me semble que j'entre dans un cimetière ! » Cette sensation pénible devait se prolonger. Ne fallait-il pas, au grain jeté en terre, le temps de germer avant de porter ses fruits ?

Un grand fait était donc accompli ! Un nouveau centre de prière enrichissait l'Eglise, et notre saint Ordre comptait un Monastère de plus ! Mais quelle force, quel secours ce Monastère allait-il apporter à l'un et à l'autre ? quelle serait la fécondité d'un gouvernement si peu prévu, si peu préparé ? L'Esprit-Saint nous dit par les Livres Sacrés « *Où est l'humilité, là est la Sagesse...* » et « *Moi, la Sagesse, je réside dans le Conseil !* » Nous pouvons dire que notre Mère a justifié ces paroles et qu'ainsi elle s'est assuré les dons naturels et surnaturels les plus abondants. Elle a cherché lumière et appui où la divine Providence les avait placés pour elle, c'est-à-dire en son Monastère fondateur, dont elle voulait reproduire ici l'esprit, le cœur et les traditions. Rien de plus touchant ; de plus exquis que ses rapports avec notre Mère Anne-Régis qu'elle faisait vivre au milieu de nous par une correspondance à peu près quotidienne. Ces lettres, ces simples billets, sont souvent écrits au crayon, à la hâte, en style télégraphique, et touchent à une infinité de sujets concernant, soit le spirituel, soit le temporel de la Fondation. Tout y respire la déférence, tout y est débordant de confiance, d'abandon, et au travers des plus pressantes affaires, il y a des éclairs de cœur et d'âme délicieux. Nous cédons au plaisir d'en citer quelques phrases, glanées çà et là :

« Je constate le sacrifice que j'ai fait au bon Dieu par l'émotion éprouvée en recevant vos billets Oh ! que le Sauveur m'est bon ! qu'à travers mes petits.

et un peu gros soucis, Il me donne de douceurs et
de sûreté pour vous, ma Mère. Notre bon Sauveur ne
permet pas que je me fasse illusion sur mon inexpérience !... Oh ! veuillez continuer à me former,
à m'éclairer... Que j'ai compris ce que vous m'avez
dit de la responsabilité d'une Supérieure de Fondation ! c'est effrayant ! fonder la vie intérieure, fonder l'humilité, fonder la parfaite obéissance, la suave
charité, l'exacte observance, l'union à Dieu !... Je
suis résolue d'y travailler de toute mon âme, et je
n'ai rien... rien... je ne puis rien, mais je veux me
tenir en contact continuel avec Notre-Seigneur ; Il
fera pour moi... j'aime peu pouvoir et peu valoir,
pour qu'Il s'exalte Lui-même... Il me dit toujours :
« *Disparais, diminue, et plus tu disparaîtras, mieux
tout se fera !.. »*

« Plusieurs choses allaient de travers, ces jours-ci...
il m'a semblé que Notre-Seigneur me disait : « Je
veux te montrer ce que tu peux (c'est-à-dire rien),
et puis je te montrerai ce que je peux. » Alors, j'ai
remis les âmes à Notre-Seigneur et je continue... Je
me suis établie canal, canal confiant en Dieu seul.

« Oh ! que je voudrais qu'il vous vînt des joies de
Vassieux !... Figurez-vous, ma Mère, que j'ai l'audace de faire les objets de sacristie pour votre fête ,
je vous les offrirai afin de vous donner la joie de les
envoyer à Vassieux... Je vous en conjure, ne vous
fatiguez pas à notre sujet... Nous n'avons pas fini
de recourir à vous, d'user de vous, d'être à vous... »

Les circonstances exceptionnelles dans lesquelles
s'accomplit la Fondation obligèrent notre Mère
Anne-Régis à nous visiter quelquefois. Après un de
ces séjours si désirés, notre Mère Marie-Madeleine
écrit : « Ma Mère bien-aimée, mon cœur éprouve
la nécessité d'aller se jeter dans le vôtre. Et d'abord
de vous demander comment vous vous trouvez de

vos veilles, de votre voyage. Oh ! que le Sauveur vous garde, ma Mère, et que par une inondation de grâces, Il vous rende ce dont vous comblez vos enfants !... Le chœur, les corridors, le réfectoire, la communauté, notre cabinet, sans ma Mère, quelle solitude !... Mais je pense à la parole de l'Ecriture : *O mon âme, sois seule pour être possédée seule par Celui que tu as élu..* et je me fixe en haut dans le Cœur de Jésus, je vous trouve en Lui et je veux y demeurer... Ne vous inquiétez pas de ma santé. Votre séjour m'a été un repos. Quand vous êtes ici, je reçois ; quand vous n'y êtes pas, je donne, et cela use beaucoup plus... »

Une autre fois : « Vous ne saurez qu'au Ciel ce que vos départs et le vide qui les suit m'auront fait souffrir, mais on aime cette souffrance purifiante, sanctifiante et féconde. Pendant l'oraison du soir c'était on ne peut plus douloureux, alors mes yeux sont tombés sur le Crucifix qui surmonte la grille, tout seul sur le mur blanc, et j'ai compris. L'Epoux a été isolé, séparé, il faut bien que l'Epouse ressemble à son Epoux et qu'elle souffre de l'isolement extérieur. J'avais peur que Notre-Seigneur ne fût pas assez le *tout* de mon Cœur ; mais Il m'a dit : « *Moi et mon Père nous sommes Un, tant nous sommes le tout l'un de l'autre, et cependant j'ai pleuré Lazare, j'ai soupiré le jeune homme que j'avais aimé et qui s'éloignait, j'ai souffert de l'abandon de mes disciples, de l'éloignement de ma Mère...* » et j'ai été toute rassurée. »

Dans une autre circonstance : « Après vous avoir quittée, j'ai fait mon plus beau sourire à Notre-Seigneur, et je lui ai dit : *Amen !* je suis contente... Oh ! que les liens du cœur sont forts !... Je n'aurais jamais cru que ce fût à ce point... Il n'y a que Dieu qui puisse empêcher ce pauvre cœur de se briser, quand il quitte ceux qu'Il aime tant. Il n'y a que Lui aussi qui puisse le rendre heureux, comme il l'est, de souffrir pour son amour... *Amen !... Alleluia !...* Je ne veux savoir que ce chant !... »

Cette âme vibrante et transparente aime à montrer tout ce qui se passe en elle, pour faire sanctionner sa voie : « Je ne sais si c'est une imagination, ma bien-aimée Mère, mais il me semble que Notre-Seigneur veut me faire beaucoup de grâces, ces temps-ci, quoique je sois hélas ! plus sèche et froide avec Lui... Je crois qu'Il veut me remplir d'une plénitude que je répandrai ensuite autour de moi. Quand je me réveille, je n'entends que ce mot : *Une Supérieure doit se remplir de Dieu !...* Je me tiens parfois devant Lui avec nos Sœurs, et ceux que j'aime, et tout le monde, je dis : « Je suis là devant Vous avec ces âmes et je crois, et j'attends... » Souriez, ma Mère vénérée, j'ai un tel désir de suppléer à mon incapacité, en donnant à Vassieux une sainte Mère, qu'une de ces nuits, en rêvant je me disais : Je ne pourrai jamais être sainte, avec ma nature ; mais le nom de Marie est si puissant, que je le prononcerai comme invocation jusqu'à ce que je le sois devenue par l'aide de Marie ; et je me réveillais, à chaque instant disant toujours : *Ave Maria ! Ave Maria !* Cela m'a été une lumière : pour sanctifier nos Sœurs, je murmure souvent : *Jésu, Maria !* et puis je les livre à l'adorable Trinité... à l'action fécondante de l'Esprit-Saint ! Ils feront tout à ma place, n'est-ce pas ?... Je me consume du désir de faire aimer Notre-Seigneur ; volontiers je passerais mes nuits à cela. Je dis : faites-vous donc aimer, ô mon Jésus !... ma joie serait de m'immoler pour Lui, vous ne le voulez pas. *Fiat !* »

Et cet aveu de notre humble Mère n'est-il pas ravissant ? « Oh ! qu'elle vit, ma nature ! Marie m'a apporté un cahier de recettes de la maison. Il y avait de l'écriture de maman. J'en ai été si émue, que ma première pensée a été de ne pas le livrer à nos Sœurs, mais de le faire copier et de le rendre à Marie. Voyez si je suis morte, ma Mère !... »

Le souvenir de celle qui, dérobée si soudainement à la terre, lui avait laissé pour héritage sa mission à Vassieux, la poursuit. Elle s'en ouvre à sa vénérée correspondante. « Je ne sais pourquoi depuis deux jours, lui écrit-elle, je sens d'une façon très sensible le vide de notre regrettée Mère Marguerite-Agnès. C'est comme quelqu'un qui devrait être là et qui n'y est pas. Il me semble la voir au Ciel, se reposant dans la gloire, et moi être là comme une petite ombre, occupant une place qui n'est pas la mienne, pendant qu'elle a, là-haut, une gloire spéciale pour tout ce que je fais, et qu'elle eût fait, si elle eût vécu. Je me fais l'effet de quelqu'un qui n'agit pas pour soi, qui n'agit pas personnellement.

« Je sens bien l'envahissement de la pauvre petite Supérieure par Notre-Seigneur. Je ne me reconnais plus. J'ai la foi en la dignité de la charge et chaque jour, il me semble que Notre-Seigneur me dit : *Tu ne dois plus être toi, mais tu dois être Moi*. A côté, ma Mère Anne-Régis qui me soutient d'une manière incroyable... Quelle force, quelle douceur pour mon cœur ! Le Sauveur nous a unies, je le sens, et bien unies... Je suis nulle sans vous et sans Lui. Hier en me levant, je disais à Notre-Seigneur : « Mais est-ce possible que vous m'ayez prise, moi, pour Supérieure !... Qu'Il m'est bon !... Un de ces jours j'étais à bout : tous les parloirs de la veille m'avaient littéralement tuée. Arrive l'heure de l'instruction au Noviciat, je prends mes Constitutions... je parle sur ces mots : « *Demeurez ainsi en Notre-Seigneur, mes bien-aimées* » et « *Qu'Il soit lui-même votre seul*

cœur et votre seule âme. » Je ne savais ce que je disais... Et nos Sœurs me remercient ensuite, me disant que jamais entretien ne leur avait fait tant de
bien. N'est-ce pas la mâchoire d'âne d'où sort l'eau
claire ?... »

La citation qui suit est d'une date ultérieure. Notre Mère était alors à la veille de sa première Déposition en 1899, et exprimait ainsi ses sentiments
à l'occasion de cet important événement : « Si vous
saviez, ma Mère, la douce joie qui inonde mon cœur
ce soir en songeant que demain *je dirai des coulpes,*
je serai au dernier rang, je me soumettrai à ma
Sœur l'Assistante. Ah ! je voudrais m'enfoncer et
m'anéantir ! Hier à dîner, écoutant la lecture de table j'ai compris ce que devait être la vie de la Déposée dans ces paroles de l'Epître : *Jésus, quittant
ses disciples, s'éleva au Ciel et une nuée le déroba
à leurs yeux...* J'ai pensé qu'après la déposition,
l'âme plus libre de sollicitudes, ne devait être occupée
qu'à s'élever en Dieu, et à se cacher dans la nuée de
l'anéantissement... »

Elle avoue ensuite que sous l'empire de ses répugnances et de ses appréhensions devant la possibilité d'un nouveau gouvernement, elle a eu une tentation : celle d'user de petites industries pour éloigner de ses lèvres le calice redouté ; et elle s'écrie :
« N'est-ce pas indigne ?... ce manque de désappro-
priation de soi ?... J'en gémis, je m'en sers pour
m'anéantir, surtout en songeant à mon vœu d'abandon. Ce qui m'a un peu rassurée, c'est que j'ai lu
ces jours-ci que nos premières Mères faisaient une
maladie chaque fois qu'elle se voyaient menacées
de la supériorité, et que notre sainte Mère n'abon-
dait pas à remonter la Mère de Chatel pour lui faire
accepter toutes les charges possibles. On se console
de ses infirmités par la considération de celles des

autres... Oh ! dites si ces sentiments ont offensé Notre-Seigneur ? A présent tout est passé, parce que je ne regarde ni moi, ni ceci, ni cela, mais bien rien que Lui !... Ma Mère bien-aimée, que nous aurions besoin de causer ensemble des intérêts de Vassieux !

« Comme Mère Fondatrice, vous devez avoir les pouvoirs pour me renouveler la permission des deux vœux : abandon et humilité... Que je désire les faire totalement !. Je les renouvellerai le 25 et la consécration de tout moi-même au petit Vassieux. »

CHAPITRE IX

Les événements sont relativement rares dans la vie de notre Mère Marie-Madeleine, à Vassieux, et l'histoire de son âme est celle d'un holocauste qui se consume, veut consumer les autres et par sa consommation, faire éclater la gloire de Dieu. Notre-Seigneur lui avait tracé son programme. Un jour qu'elle Le suppliait de lui enseigner ce qui Le glorifierait le plus : « *Foi dans ma charité infinie*, lui avait-Il fait entendre — *Offrande de ma charité infinie* — *Livre-toi, dans ton néant, aux envahissements de l'amour et crois... Je veux me répandre selon mes libéralités divines, c'est là ma gloire... Mais tu entends : dans ton néant... Si je te le fais sentir jusqu'à l'écrasement, réjouis-toi ; cet anéantissement de tout et de toi pour l'unique regard en Dieu.* »

Ces divines insinuations de son Maître adoré venaient activer l'ardeur de ses propres désirs : « Oh ! mon Dieu, s'écriait-elle, je veux de l'amour, il me faut de l'amour. Je suis pécheresse, je viens à vous comme le Publicain, si vous le voulez comme Zachée, comme la Samaritaine, comme Madeleine... Je viens comme ces pécheurs, avec une foi semblable à la leur, plus grande que la leur, parce que je la veux plus grande. Et alors, Seigneur, qui empêchera que je m'en aille purifiée, c'est-à-dire sanctifiée et remplie d'amour, que je ne sois embrasée comme Madeleine et que j'embrase nos Sœurs et le monde ?... A force de jeter mon limon, ma boue, ma glace dans la fournaise ardente, je finirai bien par brûler et faire brûler autour de moi !... »

Ne semble-t-il pas que Dieu ait répondu à cet appel quand elle écrivait : « O mon adorable Jésus ! aujourd'hui, j'ai compris que vous m'exauciez... que mon cœur, pauvre charbon tout noir, plongé dans le vôtre devenait incandescent ; et cela sans que je le sente, sans que j'aie la joie de le voir ; j'ai compris que vous condescendiez à faire votre chose de mon être misérable... que vous consentiez à remplir cette capacité horrible, indigne qui est mon cœur, de votre divine Charité... O Seigneur, que je brûle pour Vous et pour le prochain au temps et à l'éternité !... Charité divine, remplissez mon cœur !... O mon Dieu, il n'y a que l'amour qui puisse assouvir ma faim ; c'est comme une faim toujours ardente, toujours rassasiée, toujours renaissante !... »

Notre Mère ainsi embrasée exhortait à jeter sans cesse dans la flamme sacrée le bois du sacrifice, mais du sacrifice qui plait le plus à Dieu, l'obéissance minutieuse et fidèle à nos saintes lois. La consolante mission que Dieu lui confiait : établir un monastère dans toute la perfection de la lettre et de l'esprit de l'Institut, répondait à ses plus vifs attraits, l'Observance ayant toujours été sa passion. Comme le saint roi David, elle aurait pu dire : « *Vos ordonnances font mes délices... Je méditerai vos commandements pour lesquels j'ai conçu un ardent amour... »*

Dans la vie le notre Mère, cet amour a tout dominé : les grâces, les lumières qu'elle recevait le fortifiaient sans cesse. Elle y voyait le secret de la plus parfaite union à Dieu, de la plus éminente sainteté. Pour réaliser le plan divin, atteindre le but assigné à la Fondation, répondre aux intentions de Monseigneur : *A qui aimera le plus !* elle ne connaissait pas d'autre moyen que l'Observance. Mais sa parfaite fidélité à la Règle dans ses moindres détails lui avait fait expérimenter, avec notre sainte Mère, qu'il n'y a pas peu de besogne dans cette constante et généreuse pratique. Malgré l'intelligence et la science qu'elle en possédait déjà, elle se mit, avec une nouvelle ardeur, à creuser, méditer, analyser nos écrits. Nous la trouvions quelquefois dans son cabinet, lisant, annotant, baisant avec transport notre Coutumier, livre qui, disait-elle, la ravissait, « parce qu'il contient tout ce que nous devons savoir pour accomplir, sans hésitation, le bon plaisir de Dieu. »

Il était très important d'entrer dans cette nouvelle phase de notre vie avec élan et unité ; et pour arriver à cette fin, le moyen qui parut le meilleur fut de nous remettre toutes dans l'atmosphère bienfaisante du Noviciat. Notre Mère le désirait, mais elle attendait que le mouvement vînt de nous, comme l'indique cet aveu fait à notre Mère Anne-Régis : « La raison pour laquelle je n'aurais pas convoqué nos Sœurs au Noviciat était un manque de foi en ma grâce, n'osant après les excellentes instructions du passé, leur faire entendre les pauvres miennes. Mais elles y sont toutes revenues d'elle-mêmes. J'y vois un grand avantage. Nous recommençons tout à nouveau... De plus, cela rajeunit la vie religieuse, chose nécessaire à une fondation. J'ai beau avoir mal à la tête, tomber de lassitude, je regarde le Sacré-Cœur, je parle, tout vient, et nos Sœurs le goûtent. *C'est la grâce de la charge.* » Nous pouvons dire que non seulement nous goûtions ses enseignements, mais nous en étions avides, et nous sentions que vraiment Dieu nous parlait par sa bouche.

Dans son désir de nous voir revivre les premiers jours de l'Institut, elle nous pressa de nous mettre sous la direction de notre saint Fondateur avec autant de docilité que nos premières Mères ; et prit pour sujet de ses premières instructions l'entretien du Saint avec la Sœur Claude-Simplicienne. Ce document ayant toujours fait ses délices, elle voulut le voir pratiquer à la lettre dans cette fondation ; elle nous le rappelait sans cesse, exigeait que les novices l'eussent par écrit et nous recommandait quelquefois de le lire tous les jours en préparation à la fête de notre saint Fondateur. Elle s'y appliquait elle-même avec un amour et une perfection qui se trahissent dans ces lignes : « J'éprouve un ravissement à faire un enclin de tête, à poser un objet doucement, à cause de la volonté de Dieu que ces moindres choses expriment et je comprends les Saints, entrant en extase en ce seul mot : volonté de Dieu !... La vie de la Visitation, écrivait-elle encore, est une vie de choses communes, de très petites choses, mais de choses animées d'un immense amour, de l'amour du Cœur de Jésus. Oh ! que le monde comprend peu cela, c'est la perle cachée ! » Elle voyait, dans l'assujettissement à tout ce qui nous est prescrit, le moyen d'arriver au degré d'union à Dieu auquel nous sommes appelées.

« Celle qui ne voudra pas s'assujetir à tout, nous disait-elle, ne pourra prétendre à cette union éminente ; et celle qui s'assujettira le plus parviendra le plus haut. On ne saura que dans l'Eternité le pouvoir unissant des moindres observances. »

Cette voie de l'Observance, tel était encore le moyen que notre Mère nous offrait sans cesse pour réaliser un des grands buts de notre Fondation, l'avancement du règne du Sacré-Cœur ; et Notre-Seigneur Lui-même daignait la confirmer dans cette pensée : « Lorsque je Lui demande comment nous pourrions glorifier son Cœur, disait-elle, je crois toujours entendre : « *On ne peut rien faire de plus grand que de me ravir le Cœur par l'amoureuse fidélité aux plus petites observances... Les Règles sont le vrai moyen d'étendre mon règne et de sauver les âmes. Elle sont l'instrument de votre sanctification, le moyen de votre union divine. Mais vos Règles pratiquées par amour, avec une humilité qui, visant au plus haut point, ne s'étonne pas de ses chutes ; avec une confiance qui fasse tout réparer par Moi ; avec une joie et un courage qui recommencent toujours.* »

« Oh ! s'écriait notre Mère, donnons au Sacré-Cœur de Jésus le ravissement de nos essais de fidélité... Qu'il sera doux à son amour de n'entendre jamais de notre part que des « *Rabboni !* » empressés et souriants à tous ses appels : *Marie !* »

Quant au culte intime du Sacré-Cœur, voici comment notre Mère l'envisageait : « Il me semble, écrit-elle, que tout ce qui s'écoule de Dieu dans sa créature doit passer par Notre-Seigneur : « *Je suis la voie !*» Et comme le cœur concentre la vie, le Cœur de Jésus concentre en Lui tous les trésors que la Sainte Trinité veut communiquer à sa créature : *in quo sunt thesauri ;* par conséquent, que la dévotion par excellence est la dévotion menant au Sacré-Cœur pour y puiser sagesse, lumière, force et vie. »

Cette dévotion convenait essentiellement à l'âme aimante de notre Mère. On peut dire qu'elle a passé sa vie religieuse à aspirer de ce Cœur la charité pour elle et pour le monde entier. Elle écrivait : « Puisque Notre-Seigneur crie : *Si quelqu'un a soif qu'il vienne à Moi et qu'il boive*, je veux tenir mes lèvres collées au Cœur infini de Dieu qui m'enveloppe ; aspirer l'amour, me remplir d'amour pour le monde entier, sans interruption... Notre-Seigneur m'a dit : *Baise souvent mon cœur pour ceux qui le déchirent ; si tu savais ce qui se passe entre Moi et ton âme quand tu colles tes lèvres à l'ouverture de mon Côté pour en aspirer les trésors !...* Aussi, je veux tout faire découler du Cœur de Jésus dans les autres, par l'union intime avec Lui.. »

Les résolutions de notre Mère reviennent sans cesse à cette union actuelle et continuelle au divin Cœur pour le consoler, le ravir, l'épuiser au profit du monde entier. Une année, notre très honorée Mère Anne-Régis lui écrivit de passer sa solitude « en repos sur le Cœur de Jésus. » Cette pensée lui inspira les lignes suivantes : « Merci, ma Mère bien-aimée, du bon mot de Dieu, envoyé pour la continuation de notre solitude : ce sera ma place... Cette retraite se passe dans un silence profond de mon âme devant Notre-Seigneur, et de Notre-Seigneur à mon âme... Peut-être saint Michel y est-il pour quelque chose, je n'avais pas songé à lui ; mais tous ces jours, cette parole de son Office me poursuivait, comme une continuelle redite : *Il se fit un grand silence dans le ciel...* Ce grand silence a précédé la première manifestation extérieure de la puissance divine, la victoire sur Lucifer. Et alors, j'ai compris que Dieu opère toujours *dans le silence ;* plus ses opérations sont merveilleuses, *plus le silence doit être profond.*

Il me semblait que Notre-Seigneur me disait que, s'Il parle à l'âme, c'est pour l'éclairer, l'instruire, lui adresser quelque demande ; *s'Il se tait, c'est parce qu'Il veut opérer Lui-même.* La Sainte Vierge ne dit pas : le Seigneur m'a révélé de grandes choses ; mais : *Le Tout-Puissant a fait en moi de grandes choses.* Et lorsque Dieu opère en elle ce qu'il y a de plus grand, le mystère de l'Incarnation, l'ange le lui a annoncé, mais Dieu, le Saint-Esprit, Notre-Seigneur n'ont *rien dit* et la Sainte Vierge était en *silence* et en prière. Ces pensées sont-elles justes ?... Elle m'ont fait du bien.

« Je suis tellement persuadée de mon impuissance totale, de ma misère et de mon néant ; et que tout est de Dieu et par Dieu, que cette retraite n'est pas une retraite de *considération,* mais *d'exposition.* Je tiens ce néant exposé en silence devant Notre-Seigneur pour qu'il opère en lui, en Vous, en nos Sœurs des deux nids que je tiens en moi, les merveilles de sa puissance et de son amour, pour qu'il nous remplisse de Lui et de ses grâces. Cela me sert de méditation sur le péché, sur le jugement et sur tout. Depuis que j'ai reçu votre bon mot, je tiens ce néant *en repos sur son Cœur.*

« Il me semblait, au début de la solitude, entendre Notre-Seigneur dire : « *Je veux un théâtre pour mes opérations, je veux un vase vide pour le remplir, je veux un rien sur lequel je puisse être tout...* » J'ai bien souffert les premiers jours, ma Mère ;... Je sentais un torrent de mauvaises dispositions se ruer sur moi ;... J'ai pensé que Notre-Seigneur voulait que je fusse la compagne de son agonie. *Dieu nous a prédestinées pour être conformes à son divin Fils !...* Si nous ne souffrions pas, la ressemblance n'existerait pas... Mais, vous nous avez appris à souffrir et à jouir, sans savoir si nous souffrions ou si nous jouissions. C'est bien ma voie.. m'abandonner à tout ce qu'Il voudra, supporter, recevoir tout ce qu'il lui plaira, sans regarder ce que c'est ; mais Le regarder

Lui, l'aimer et tenir mon cœur uni à son Cœur, sans rien voir, savoir, ni sentir... Je suis tellement convaincue qu'Il doit être tout, que je ne lui offre plus que de Lui : Si je m'anéantis, c'est avec les anéantissements de son Cœur ; si je me fie à Lui, si je L'adore, c'est avec la confiance, l'amour, les adorations de son Cœur... et je ne regarde pas ce qui me manque. Je suis persuadée, pendant cette retraite, que tout est dans l'abandon et l'union très simple avec Notre-Seigneur. »

Pour que ce Monastère fût vraiment le royaume du Sacré-Cœur, notre Mère nous donna, en tous ses défis, (1), un travail spirituel propre à nous faire avancer dans cette dévotion. Mais c'était toujours par le moyen de l'assujettissement à l'Observance la plus minutieuse, l'application à réparer ses fautes, à pratiquer la douceur, l'humilité, la tranquillité, le recueillement.

Le silence d'action est peut-être le point que notre Mère a poursuivi avec le plus de vigilance, de persévérance, de ténacité : « Il faut, disait-elle, donner à notre Monastère l'aspect d'une maison de prière, de recueillement, et non d'activité fiévreuse ; par conséquent mortifier l'empressement, quel qu'en soit le prétexte ; il faut nous environner de silence, à la façon des Anges. » Et pour nous faire parvenir à la plus grande perfection sur ce point, quelle peine ne s'est-elle pas donnée ! Dès l'admission d'une prétendante au Noviciat, on devait la conduire vers toutes les

(1) On appelle défi dans nos monastères un même travail spirituel présenté à toutes les religieuses, pour un temps déterminé pendant lequel chacune est invitée à s'exercer à la pratique de la vertu particulière qui a été proposée. Saint François de Sales et sainte Chantal donnaient dès le commencement de l'Institut, des défis à leurs Filles et regardaient comme très efficace ce moyen d'avancer dans la perfection. Les défis de l'Avent et du Carême sont passés à l'état d'usage à la Visitation.

portes, afin qu'elle apprît, pour chacune, le secret de l'ouvrir sans bruit. Si la leçon venait à s'oublier, notre Mère faisait recommencer elle-même ce petit exercice avec une patience inlassable. Le succès couronna si bien ses efforts, qu'une pieuse retraitante, frappée de cette tranquillité, faisait cette réflexion : « Je ne me rendais pas compte de ce que pouvait être le silence d'un cloître, mais maintenant j'en suis saisie... il m'impressionne profondément. »

Comment exprimer le zèle avec lequel notre Mère profitait de tout pour procurer notre progrès dans l'amour divin ! Chaque fête, chaque événement, se rencontrant pour la première fois, devait marquer dans notre vie et dans celle de la Fondation. Ainsi, le premier renouvellement de nos saints Vœux dut se faire avec une ferveur qui ne pût être surpassée dans la suite. Notre première fête du Sacré-Cœur fut préparée par un carême spirituel, des défis successifs et de nombreuses pratiques d'observance. Ce jour-là ayant été choisi pour la bénédiction de la grande statue du Sacré-Cœur placée dans notre clos, avant notre arrivée, le chœur de chant du Pensionnat de Fourvières nous fut envoyé par notre Mère Anne-Régis, qui avait dressé le programme de la fête. Notre Mère Marie-Madeleine nous pressa vivement d'obtenir par l'ardeur de nos prières, des grâces de choix qui, saisissant les âmes des enfants, en fissent les conquêtes de Notre-Seigneur, tandis qu'elle-même se fondait en supplications pour appeler sur nous des dons extraordinaires de sanctification.

Au premier anniversaire de notre Fondation, notre Mère nous encouragea à faire réparer par le Sacré-Cœur toutes les infidélités de l'année, et nous confirma dans l'assurance que Notre-Seigneur voulait ici, non des *Marthes, mais des Maries*, uniquement occupées de ravir son Cœur par la prière et l'oraison continuelles. La veille d'une fête, notre Mère nous dit: « Notre-Seigneur a choisi chacune de vous pour ses plaisirs intimes : laissez-Le jouir de vous, et prenez de Lui tout ce que vous pourrez prendre. Il n'est là que pour vous, usez-en largement. »

Lorsqu'un très beau Tabernacle coffre-fort, don de Mgr Déchelette, fut installé dans notre chapelle, elle nous fit réciter de nombreuses prières aux pieds de Jésus-Eucharistie, et nous dit d'arracher tout ce qu'il avait de grâces dans son Cœur, jusqu'à obtenir chacune un miracle.

Aucun événement fâcheux ou joyeux, ne pouvait surprendre cette âme hors du courant surnaturel. Un jour d'exposition du Très-Saint-Sacrement, un faux mouvement de la Sœur sacristine approcha de la flamme un voile de dentelle qui fut consumé en un instant. C'était un objet de toute beauté et un souvenir de la famille de Saint-Bonnet qui disparaissait Apprenant cela, notre Mère dit « J'en suis navrée et cependant, une infidélité à l'Observance doit me peiner bien davantage. » Elle avouait aussi qu'un seul acte de vertu, accompli par ses filles, lui donnait plus de joie que les plus riches présents.

Nous voyions notre Mère toujours calme, sereine, souriante ; cependant, malgré son parfait abandon, Dieu permettait qu'elle souffrît en son cœur d'une sensation très douloureuse.

A la fin de décembre 1896, elle écrivit : « Il me sem-
« blait, cette nuit, que nous participions à l'isolement
« de Bethléem, que Notre-Seigneur prenait pleine et
« entière possession de nos cœurs et que, dans aucune
« fête de Noël, nous n'avions été aussi bien appelées
« à partager cette première et grande souffrance du
« Cœur de Notre-Seigneur, l'exil du ciel et le froid de
« cette pauvre terre... Oh ! qu'Il a dû le sentir...Je
« comprends très bien, et j'en suis heureuse, que nous

« autres qui fondons nous ne pourrons jamais pren-
« dre pied ici, quand bien même nous y resterions
« jusqu'à la fin ; ce sera la Maison de celles qui y
« seront reçues, élevées... Pour nous, ce ne pourra
« jamais être une Cité permanente, autant qu'il peut
« y en avoir ici-bas. C'est très bon... Cela fait vivre
« En-Haut... J'ai bien compris qu'il faudrait toujours
« aussi que nous souffrions, mais d'une souffrance
« suave, aimée, joyeuse... sentie, mais pas regar-
dée... »

La fête de Noël laissait toujours des traces particulières dans cette âme bénie. En une de ces nuits
inoubliables, sa voie avait été autrefois transformée
par une parole de Notre-Seigneur. Comme elle lui
exposait sa douleur extrême de ne pouvoir L'aimer
autant qu'elle le désirait, le divin Maître l'éclaira et
la consola soudain : « *Aime-moi avec mon propre
amour* » Lui fit-Il entendre.

En 1897, au lendemain d'un nouveau 25 décembre,
notre Mère épanchait ainsi son âme dans celle de
notre Mère Anne-Régis : « Que n'étiez-vous là, ma
Mère, pour goûter le charme ineffable de cette Messe
silencieuse comme l'était Bethléem !... Les Matines
chantées en union avec les anges qui annoncent le
Mystère ! le Mystère lui-même, puis la demi-heure
d'oraison, en union avec la sainte Vierge et saint
Joseph qui, eux aussi, ont dû se taire et adorer... J'ai
pensé, cette nuit, à toutes les grâces que vous, notre
Mère Marguerite-Agnès, Mlle de Saint-Bonnet ont
reçues pour la Fondation, en une nuit de Noël... J'en
ai remercié Notre-Seigneur. Nous avons remarqué,
dans les notes de Mlle Elisabeth, que c'était aussi en
cette nuit qu'elle avait fait vœu de virginité... Et il y
a quelques années, une nuit de Noël, (serait-ce celle
où Notre-Seigneur vous parlait à vous trois?...) Il m'a
fait incroyablement souffrir et accepter des détache-

ments du cœur, auxquels je ne croyais pas pouvoir arriver. — Aussi, cette nuit passée, j'ai prié comme jamais pour vous, pour nos si aimées défuntes. »

Une autre fois, notre Mère parle ainsi : « Il a été bien bon à la petite colonie durant cette nuit, ce Jésus de nos cœurs. Je me suis rappelée une vision de Sainte-Gertrude : une nuit de Noël, pendant Matines, elle vit la sainte Vierge parcourant le chœur des Sœurs, passer un bras autour de chacune, et de l'autre serrer si fort son divin Enfant sur leur poitrine, qu'Il s'y imprimait profondément. J'ai passé les Matines et la Messe à supplier la Sainte Vierge de faire le tour de notre petit chœur, de déposer son Trésor dans les cœurs de nos Sœurs, de l'y enfoncer si avant qu'elles ne puissent jamais perdre sa divine empreinte. J'ai supposé que c'était pour cela qu'elles l'avaient senti si vivement... »

Ce fut encore une fête de Noël qu'elle prononça le vœur d'humilité « plutôt sous forme de silence sur soi, d'acceptation de tout ce qui humilie, au dedans et au dehors, que sous forme d'aller au-devant. » En sorte qu'il se confond avec celui d'abandon. Nous trouvons aussi les traces d'un vœu de charité, qui vise une donation plus complète de tout son être au service du prochain.

Mais revenons aux sentiments intimes de notre Mère, à propos de son changement de séjour. Elle écrivait : « J'ai à fermer les yeux à la terre ces temps-ci — sensation d'isolement ; — mais je ne veux m'arrêter à rien qu'à Lui seul, et je veux empêcher nos Sœurs d'avoir froid au cœur ! c'est ma mission... Un soir, j'étais oppressée, j'avais le cœur gros, Notre-Seigneur me disait : « *Mon enfant, monte au Calvaire et sois contente...* » Et le lendemain, comme une belle fleur du Calvaire, arrivaient vos notes bénies ! qu'Il me gâte ! mais Il me veut

humble, humble, petite... » En 1902, elle affirmait
encore que la sensation du vide ne l'avait pas quittée
depuis son départ de Fourvières.

Néamoins, l'action de grâces se mêlait à la douleur dans l'âme de notre Mère, comme il se voit par
son cahier de retraite, où nous lisons : « Je souffre
« inexprimablement, mais je suis ravie de cette souf-
« france... J'ai besoin de vous le dire, ô mon Sauveur,
« et j'ai besoin de vous en remercier... Vassieux
« m'est, par certains côtés, un petit Calvaire ; mais,
« à cause de cela, il m'est plus que le Thabor parce
« que je vous y trouve bien seul, mon Jésus bien-
« aimé... Souffrir pour Vous et avec Vous me ravit !... » A cet élan, Notre-Seigneur daignait répondre : « *Tu ne dois prendre pied, ni à Fourvière,*
« *ni à Vassieux : tu dois prendre pied dans mon*
Cœur. »

CHAPITRE X

Avec le temps, la lumière se fit de plus en plus sur la vocation particulière de Vassieux et son humble gloire : *la petitesse et la vie cachée en Dieu.* Notre Mère s'éprit de la beauté de sa mission et des charmes de sa solitude, si bien qu'elle disait : « Vassieux est le milieu rendu par ces paroles de ce cantique si beau : « *Dieu seul est tout, l'univers n'est plus rien !...* » Et au sortir de sa retraite annuelle : Je n'ai pas senti Dieu, mais j'ai senti qu'Il est le tout de Vassieux, par la foi nue et sûre... ce qui crée une possession de Lui indéfectible et... le paradis de la foi en attendant l'autre... Notre-Seigneur tout seul est si bien la grande fête de nos Sœurs que rien ne nous manque... Les âmes que Notre-Seigneur a réunies là sont vraiment gratifiées de l'attrait de cette vie du dedans, tout aneantie et cachée .

« Ce qui fait leur grande occupation, c'est : tout animer de l'amour... mettre l'amour partout... On a le plein partout, toujours parce qu'on essaye de mettre l'amour en tout, toujours... Un acte d'amour, c'est plus harmonieux que les concerts les plus délicatement exécutés, c'est plus beau que les œuvres les plus parfaites, c'est plus grand que tout !...

« Et nous essayons de nous tenir dans cette conviction qui n'est pas erronée, je crois, que si rien n'est grand, beau et doux comme l'amour, rien aussi n'est plus facile, quand l'on veut bien perdre de vue le pauvre petit amour qui est en soi et ne plus aimer Dieu qu'avec sa charité infinie. »

D'autre part, notre vénérée Mère s'en tenait fidèlement à la parole du jour de son élection : « Je tâcherai de tellement m'effacer que Notre-Seigneur seul paraisse. » Et son bon Maître favorisait cet attrait, d'après les lignes suivantes : « Notre-Seigneur m'a montré ce matin ma raison d'être dans la Communauté. Ma raison d'être, c'est que *je ne suis rien*.

« Il a besoin de semer çà et là des *riens* dans ses œuvres, afin que l'on puisse dire à sa gloire : c'est vous qui avez fait cela, et ce n'est nul autre que Vous-même. Ma raison d'être comme fondatrice, ma raison d'être comme directrice, et ainsi du reste, c'est *mon rien*.. Il me montre que le comble de l'humilité est dans l'effacement. Nous sommes encore en jeu dans l'humiliation volontaire ou acceptée ; dans l'effacement, c'est la disparition du moi !... Ô néant béni ! néant supérieur à l'humiliation connue des créatures, et qui peut nous faire admirer de l'élite ; néant où l'on disparaît ; néant plus précieux que tout, puisque tu donnes Notre-Seigneur plus que tout !...

« Je baise avec amour tout ce qui m'effacera, tout ce qui m'avilira au dedans et au dehors. Que rien en moi ne sorte de l'effacement... effacement effacé, je voudrais me rayer... »

D'autres fois, elle s'écriait : « Pour moi, le néant ; « pour Lui, l'amour ! Oh ! que je voudrais être le « plus profond rien qui soit au monde... Mon Dieu,

« pour être remplie de vous, il faut l'humilité. Parce
« que j'ai la passion d'être remplie de Vous, j'ai la
« passion de l'humilité. J'ai la passion d'être au-des-
« sous de tout et de tous, par amour pour Vous et
« par amour pour le prochain, afin de lui donner le
« reflet d'être au-dessous de moi !... »

C'était la réponse aux inspirations de Jésus qui lui
disait au cœur :

*« Je t'ai faite Supérieure uniquement pour que tu
me communiques aux âmes ; ce n'est pas par tes industries, tes moyens, tes efforts, tes lectures que tu
me communiqueras, mais par ton anéantissement total, ton union de foi simple et continuelle avec moi. Si
tu acceptes de bon cœur tout ce qui peut tant soit
peu t'avilir et te faire souffrir intérieurement et
extérieurement, je montrerai en toi ce que je suis capable de faire dans une âme, et par une âme qui est
totalement en ma possession... Je ferai éclater en toi
les prodiges de mon amour. »*

Ainsi éclairée, elle pouvait s'écrier :

« Je vous en conjure, ô mon Dieu, paralysez mon
propre mouvement et ne m'employez qu'à cette condition que je n'agisse que dans votre mouvement à
Vous, anéantissez mon action personnelle ! » On le
voit, notre Mère Marie-Madeleine s'est tellement
substituée Notre-Seigneur, que, selon son désir, elle
ne lui était plus qu'une apparence : « Nos Sœurs
doivent regarder Dieu en moi, écrivait-elle, je les
trompe si je ne m'identifie pas actuellement à Jésus,
si je n'aspire pas sans cesse la Charité infinie. » Cette
manière de s'unir à Dieu par l'aspiration a été pratiquée si constamment par cette âme bénie, qu'elle en
vint à dire :

« Le bon Dieu met mon cœur presque inconsciemment dans une *aspiration* continuelle de sa Charité :
la nuit, quand je me réveille, en parlant, en man-

geant, en allant et venant, à l'Office, à l'oraison, aspirant par des élans intérieurs ou par un mouvement du cœur. Il y a une grande impuissance, une grande privation et pauvreté du reste, qui fait bien souffrir.

« Je me fais l'effet d'un pauvre que l'on mettrait en face d'un trésor et auquel on dirait : Prends pour toi et pour les autres tout ce que tu voudras ; tu as tant d'années pour puiser sans t'arrêter. Après, tu pourras donner, mais tu t'arrêteras dans l'accroissement de tes richesses ; tu puiseras une béatitude infinie, mais qui sera mesurée à la fortune que tu auras faite et procurée aux autres. Oh ! que ce pauvre se hâterait jour et nuit !... Et quand cet attrait d'aspirer l'emporte quelque temps sur celui de renvoyer l'amour, et que j'en parle à Notre-Seigneur, Il semble me répondre : « *Aspire, aspire, remplis-toi ; remplis le monde pendant ta courte vie, et pendant toute l'Eternité, tu renverras la Charité dont tu seras remplie sur l'adorable Trinité, dans un acte incessant d'amour...* (1) »

« Je vois que mon aspiration de Dieu ne doit pas être comme celle d'un être différent appliqué à Celui qu'il aspire mais d'un être, plongé, submergé dans celui qu'il aspire, le Cœur de Jésus ou l'Essence divine, comme le poisson dans l'eau, l'éponge au fond de la mer, le fer dans le feu... Il me semble que, de même que le corps n'est à l'aise que lors-

(1) On rencontre souvent, au cours de cette vie, ces expressions familières à notre Mère Marie-Madeleine, comme d'ailleurs à plusieurs saints et auteurs mystiques: *aspirer et respirer Dieu*. Elle explique elle-même ici ce qu'elle entend par là : « *A l'oraison*, dit-elle, *aspirant par des élans intérieurs ou par un mouvement du cœur.* » Il ne s'agit par conséquent que de ces oraisons jaculatoires et de ces affections ardentes et continuelles auxquelles s'habituent les âmes intérieures unies à Dieu. Quand, dans un autre endroit de sa biographie, Mère Marie-Madeleine parle de « l'oraison d'aspiration », il faut voir là simplement ce qu'on appelle l'oraison affective.

que les fonctions de la respiration s'accomplissent librement, mon âme misérable n'est dans son état normal que lorsqu'elle aspire Dieu pour le monde entier. Il faut qu'il n'y ait dans ma vie que ces seules aspirations et unions, et pour cela qu'il n'y ait rien de moi ni des choses... Ces resserrements actuels d'union, ces aspirations d'amour qui se font sous l'impulsion divine ne contensionnent pas, mais dilatent, mettent l'âme en liberté comme celui qui respirerait à pleins poumons sur une haute montagne. »

Elle concluait par ces mots : « *Demander l'amour c'est tout demander, aspirer la Charité infinie, c'est tout aspirer.* »

L'amour étant insatiable de sa nature, plus cette âme s'en remplissait, plus elle en était avide. Ecoutons-la encore : « Il me semble que mon cœur voudrais s'étendre et amasser en lui tout ce qui a été, tout ce qui est et tout ce qui sera d'amour ! et avec cet amour, je voudrais embrasser mon Dieu.

« Ce n'est pas un sentiment apportant à mon âme douceur et consolation, mais une volonté énergique ; et quand une souffrance, ou une humiliation se présente, je la joins à cette somme d'amour et j'embrasse mon Dieu avec plus de joie.

« J'appelle l'amour pour moi et pour nos Sœurs, comme une affamée appelle le pain et l'eau qui doivent lui sauver la vie !

« O amour, amour, amour remplissez mon cœur !... *Il est venu apporter le feu sur la terre et son désir est qu'il brûle...* O Dieu, pourquoi serais-je froide ?... plonge, plonge ton cœur dans la fournaise ardente du Sacré-Cœur de Jésus, jusqu'à ce qu'il soit devenu lui-même charbon incandescent... »

Ses désirs ardents prennent toutes les formes pour se manifester. Elle avait été frappée un jour de cette parole : « Notre unique soin devait être d'apprendre à mendier. » Aussi s'écriait-elle : « Je voudrais me faire mendiante d'amour, mendiante d'union, mendiante sans interruption, pour tous ceux de la terre ; mendiante d'aimer autant qu'il est possible d'aimer... au lieu de Lui donner, je mendie, mais c'est Lui donner à Lui que de mendier, c'est Lui donner que de prendre ses trésors... c'est Lui donner que de le prendre Lui !... O mon Dieu, je voudrais me remplir de Vous, remplir le monde de Vous, autant qu'il est possible ! »

Et cette fonction de mendiante suppliante, incessamment elle l'exerçait selon l'instruction de son divin Maître, par son attitude même : « Mon Seigneur Jésus, écrit-elle, me fait voir que ma place, comme celle de toute religieuse, doit être entre le Ciel et la terre pour le monde, pour l'Eglise, pour la France, lui offrant sans cesse les **mérites de la Rédemption** pour le monde, non pas seulement pour chaque battement de cœur comme une convention, mais actuellement, le plus souvent possible (1). Il est venu pour sauver le monde et Il choisit les âmes religieuses pour ses aides dans le rachat du monde : « *Quand je serai élevé de terre, j'attirerai tout à moi.* »

« Une seule chose est nécessaire, c'est que la plénitude qui est Dieu se répande sur le monde, c'est que la Charité divine, la vie divine inonde le monde. C'est que nous, âmes religieuses attachées à la Croix avec Jésus-Christ, perdant toute vue personnelle, tout intérêt propre, toute recherche de nous, nous nous tenions *dans notre néant entre le Ciel et le monde, aspirant Dieu, faisant couler les trésors de Dieu sur la terre... Comprends-tu cela, ô mon*

____

(1) « *Donne-moi de moi,* entendait-elle, *inonde la France et le monde de moi.* »

âme ?... tout perdre... pour faire couler le Tout de Dieu sur le monde !... »

Ne peut-on pas le dire, cette âme était un chef-d'œuvre de l'Esprit-Saint, qui devenu son Maître au jour de la Confirmation, lui avait laissé un désir insatiable de recevoir de nouvelles effusions d'amour...

Jeune fille elle se faisait une grande joie de se rendre dans les églises où un Evêque devait imposer les mains : « J'était avide des cérémonies de confirmations, nous disait-elle, j'en suis privée à Vassieux, mais la vie cachée, séparée compense tout. »

Notre Mère se tenait, avec ce divin Esprit, dans des rapports de dirigée à Directeur, tâchant d'être « docile comme une plume, sous son souffle divin... » « *Sois ma chose* » lui dit un jour cet Esprit d'amour, et aussitôt, elle se livra ainsi à ses opérations :

« O Esprit-Saint bien-aimé, Sanctificateur de mon âme ! avec les anéantissements, avec la confiance, avec l'abandon de Notre-Seigneur Jésus-Christ à son Père, je me livre à Vous en pauvre, en pécheresse, en néant criminel. Je vous résigne toute ma volonté, afin que vous en fassiez chose vôtre, ou plutôt que vous daigniez agir en moi, comme si je n'en avais plus. »

Chaque matin, notre Mère se livrait et nous livrait avec elle aux opérations de l'Esprit-Saint ; le soir, elle le suppliait de nous faire parvenir au degré d'union qui nous est destiné.

La superbe liturgie de la Pentecôte, expliquée par Dom Guéranger et lue à haute voix pendant le repas, la faisait presque entrer en extase. Elle quittait le réfectoire comme rassasiée intérieurement des fruits de l'Esprit-Saint, elle vivait de cette lecture à l'oraison, en citait les plus beaux passages dans ses lettres, en parlait dans nos réunions de Communauté. La Pentecôte était pour elle la fête des fêtes : elle lui paraissait être le terme de toutes les autres, en attendant l'éternité. C'est la fête qui inondait son âme d'allégresse, la plus délicieuse à son cœur, celle du « *doux Hôte de l'âme* » : « Je suis éprise du désir de communiquer au monde, s'écriait-elle, la dévotion au Saint-Esprit, de lui en faire connaître les fruits, de lui en dire les effets sanctifiants, parce qu'enfin l'Esprit-Saint c'est l'Esprit de Jésus. C'est donc par Lui que Jésus est la vie, et la sainteté n'est que le règne souverain de l'Esprit-Saint sur nos âmes...

« Que notre dévotion au Saint-Esprit irradie notre vie de joie ! C'est du reste un de ses fruits, *la joie..* Je trouve tout dans ce cri : *Veni, Creator...*

« Rien ne m'effraie en fait de misère, depuis que j'ai médité le *Veni, Creator...* J'éprouve une vraie joie à n'être rien, si toutefois ce rien (pourvu qu'il ait la foi) s'expose au Créateur tout puissant, tout bon, tout sage, tout amour. Impossible de créer s'il y avait quelque chose en nous, mais quelle liberté donnée à l'action créatrice quand il n'y a rien, rien, rien ! Mettons-nous donc devant notre Esprit-Saint bien-aimé et disons-Lui : « Créez en moi !... » Nous verrons dans l'éternité tout ce que notre misère, accompagnée d'une confiance sans limites, aura produit à la gloire de notre Dieu, par nos *Veni, Creator Spiritus.* »

Et elle confiait à une âme sœur de la sienne : « Quand au commencement de l'oraison, on dit au Chœur : L'*Emitte Spiritum tuum et creabuntur*, cela me suffit. Je fais créer, j'expose à cette création divine, ou à cette rénovation divine ou à ce *reple tuorum corda fidelium.* Je vous assure que les oraisons me semblent des éclairs, et le matin, quoique je sois parfois bien lasse, le tinté (1) ne sonne pas assez vite... »

(1) Ainsi sont désignés les cent coups de cloche qui appellent le matin les Sœurs à l'oraison.

Dans une de ses dernières retraites, notre Mère a écrit : « Souvent je me demande, en lisant cette parole : la Supérieure est l'organe du Saint-Esprit : Est-ce que je suis assez Notre-Seigneur pour nos Sœurs ? Est-ce que je leur donne assez ? Est-ce que je m'efface assez ? Aussi, je dis souvent au Saint-Esprit : Unissez-vous à votre organe, remplissez votre organe ! » Et lorsqu'elle se prenait à douter d'elle-même elle se rassurait en disant : « J'ai mon Saint-Esprit ! ce qui produit en moi une assurance incroyable. »

Que de lumières, résolutions et dévotions se rapportent à ce sujet ! Du 25 mars au 25 décembre, sa coutume était de prier plus fervemment l'Esprit-Saint de former Jésus en elle. A l'Office, elle s'appliquait particulièrement à toutes les prononciations de son non, à sanctifier l'heure de sa descente sur les Apôtres. Souvent elle donnait des Messes en l'honneur du Saint-Esprit « pour obtenir à la Communauté, au nom de Notre-Seigneur Jésus-Christ, par Marie, l'esprit de ferveur, l'esprit parfait. »

« Notre-Seigneur veut que je sois avec l'Esprit-Saint dans la douce familiarité d'un Ami intime et divin » écrit-elle ; et elle répondait si ardemment à ce désir, qu'elle se demandait si, en cela, elle ne dépassait pas les bornes : « Puis-je, s'écriait-elle, criminelle comme je suis, me laisser aller à toutes ces familiarités avec mon Esprit-Saint bien-aimé ?... Oh ! que je l'aime !... »

Il n'y avait pas à craindre pour elle des excès de confiance avec son Ami divin. Elle voyait dans une lumière trop vive d'une part la sublime grandeur de ce Dieu d'amour, de l'autre, l'infirmité, l'abjection de sa propre bassesse : « O mon cher Esprit-Saint soupirait-elle, *digitus paternæ dexteræ* si vous ne dédaignez pas de mettre votre doigt divin dans cette boue infecte que je suis, d'opérer sur cette matière informe et corrompue, d'embraser ces affreuses scories, de remplir ce vase d'ignominie, je vous en prie, faites ce qui établira le plus le règne total de Dieu en moi et faites-nous parvenir ici-bas aux dernières limites possibles de l'amour. »

Vivant dans l'intimité de ce souverain Sanctificateur, plus elle était intime avec Lui, plus elle sentait grandir et se perfectionner ses divins attraits : « ce qui me fait penser, disait-elle, que l'Esprit-Saint est vraiment la *rosée céleste* qui fait germer dans l'âme tout ce qui est bon. »

CHAPITRE XI

Intelligence des Saintes Ecritures. — *Je chanterai éternelle-ment les miséricordes du Seigneur*. — *Si tu savais le don de Dieu!* — *Que les tout petits apprennent la finesse*. — *Pour être une incomparable grande, être une incomparable petite*. — *Dieu est un feu dévorant*.

Entre les dons que notre Mère a reçus de l'Esprit divin, signalons l'intelligence de la sainte Ecriture. Par exemple, cette phrase du *Benedictus : Prœibis, ante faciem Domini parare vias ejus*, lui inspire ces paroles : « Pour préparer les voies de Dieu dans les âmes, ne jamais aller à elles, sans auparavant m'être remise devant la face de Dieu ; pour les préparer en moi, présence de Dieu plus pénétrante. » Par ce mot, notre Mère veut parler d'une pénétration très vive, très intime : « O Jésus, dit-elle, vous êtes l'Aimant divin qui captive mon cœur. Faites mourir en moi tout ce qui se porterait hors de Vous. Vous êtes le Centre divin hors duquel je ne puis vivre, et dans lequel je veux prier, travailler, communiquer au dehors !

« O mon âme, comprends-tu ton bonheur ?... Tu as en toi un centre divin, au milieu de ce centre, ton Dieu qui ne te quitte pas. Plonge-toi, plonge les âmes dans cet océan. Si tu es souillée, si elles sont pécheresses, plonge-toi en Lui : *lavar quod est sordidum ;*

si tu es froide, si les âmes te semblent sans amour, plonge-les : *fove quod est frigidum ;* si elles sont malades et languissantes, plonge-les : *sana quod est saucium ;* dans la tristesse, plonge-toi dans le centre divin : *Consolator optime* dans les fatigues, plonge-toi : *in labore requies...* O mon âme, ne sors pas de ton centre divin, et vis de foi nue ! »

Nous lisons encore : « J'ai été frappée, pendant l'oraison de cette parole : *Je chanterai éternellement les miséricordes du Seigneur..* Ce que je chanterai, durant l'Eternité, ce ne seront pas les rigueurs, les justices ;... ce seront les miséricordes. Me faire, ici-bas, le chantre des miséricordes du Seigneur, pour sa pure gloire. Un porte-voix peut être vil, grossier, il n'en portera pas moins la voix... Annoncer à tous, la miséricorde qui comble, la miséricorde qui répare, qui refait, qui oublie, qui élève le pauvre de son fumier... »

Notre pieuse Mère avait une foi sans limite à Dieu opérant, sanctifiant, réparant dans l'âme qui se livre à Lui. « L'acte essentiel de Notre-Seigneur, écrivait-elle, c'est d'être Rédempteur, et Réparateur de tous sans exception. *Je vous referai !* Il ne dit pas : purifierai, acquitterai, bien que cela soit, Il dit, *referai.* Comment douter des reprises divines?... comment ne pas les croire, les invoquer, s'y livrer ? *Oh ! qu'elle sera belle dans le Ciel, l'âme pauvre et misérable qui aura toujours été réparée par Notre-Seigneur !...* L'autre jour, en prenant la pensée du lever : *O morts levez-vous et venez au Jugement,* je me disais : « Je voudrais n'apporter au Jugement, pour la gloire de mon Sauveur, que des actions sanctifiées par l'amour de son Cœur... que des actions réparées par son amour à Lui... Je voudrais être le chef-d'œuvre des réparations divines !... Il me semble toujours entendre : Si une âme anéantie pouvait *recevoir en elle toute la perfection de mon opération divine, exercée par moi, ou par les créatures* (voir Dieu en tout, sa volonté en tout et la suivre) *elle deviendrait la merveille, le chef-d'œuvre de ma puissance, de ma sagesse, de mon amour, de ma miséricorde.* »

Après une des dernières fêtes de Noël passées ici-bas, notre bien-aimée Mère a tracé ces lignes :

« J'ai été occupée d'une manière très unique, très simple et pénétrante de la génération éternelle du Verbe au sein de son Père... de cette génération qui s'opère sans cesse autour de moi, dans moi, par la toute présence... et si j'ai le bonheur d'être en état de grâce, qui s'opère en moi avec communication de la vie divine... accroissement continuel de Dieu en moi, d'une manière latente, mais certaine et proportionnée à mon degré de grâce, à mon degré de foi, d'espérance et d'amour... Quelle vie !... »

L'Evangile de la Samaritaine a fait jaillir de son âme ces paroles vibrantes : *Si tu savais le don de Dieu ;... Peut-être lui en aurais-tu demandé...* Seigneur quand j'aurais de Vous toute la connaissance des Anges et des Saints réunis, je ne pourrais point dire que je connais le *don de Dieu,* tant il est infini !

« Vous avez daigné, dans votre miséricorde, m'en donner une petite lumière que mes péchés ont obscurcie !... Et cependant c'est assez !... c'est assez, Seigneur, pour que j'occupe toute ma vie intérieure à dire, pour mes frères et pour moi : « *Seigneur don-nez-nous de cette eau !* » C'est assez pour occuper toute ma vie intérieure à aspirer pour le monde votre Charité infinie, à Vous aspirer, à crier : O Charité infinie, plénitude infinie, remplissez nos cœurs !... Et, il me semble, ô Jésus ! que la première connaissance de votre don étant éveillée en moi, il se développe beaucoup plus par l'aspiration que par l'effort... »

« *Et la vie était la lumière !...* Vous m'avez montré la source de la vie... L'aspiration de cette vie augmente la lumière. »

Dans une de ses lettres, elle nous dit qu'en lisant cette parole de saint Paul : *il n'y a qu'un seul Dieu, Père de tous les hommes*, elle a été saisie d'un vif sentiment de la paternité divine, nous enveloppant, nous pénétrant, nous suivant sans cesse : « Dieu, dit-elle se plaît à être appelé Père... à être traité en Père. Il y a des merveilles d'amour, de soins, de délicatesse, qu'Il veut exercer pour l'âme qui provoque cette paternité par sa confiance, sa familiarité respectueuse, son respect filial. » Ces lumières sur la paternité divine en appelaient nécessairement d'autres sur l'état d'enfance spirituelle. Elle écrit :

« Lumière très vive que je ne puis rendre sur la sacrée enfance, au sujet de cette parole de l'Evangile : *Celui qui se fera le plus petit sera le plus grand dans le royaume du Ciel.* Et celle du *Magnificat : Deposuit potentes... et exaltavit humiles.* Notre-Seigneur m'y fait voir toute la condition de la plus haute sainteté, la voie de la Visitation, l'état essentiel de la vie d'épouse... Plus je serai enfant avec le Père, plus je serai épouse avec le Fils et unie au Saint-Esprit...

« La sagesse, c'est l'état d'enfance qui provoque les effusions de la sagesse divine, d'après ce texte : *La sagesse a été justifiée par ses enfants.* (Matth., XI-19.)

« Mais il faut être enfant, non par les puérilités de l'enfance, mais par ses qualités ; non enfant qui pleure pour une égratignure, mais qui se laisse martyriser comme les Innocents, en jouant avec le couteau du bourreau ; enfant qui jette des cris quand on martyrise sa mère, et qui se laisse prendre par les pieds et fracasser contre une pierre (allusion au martyre de saint Cyr) ; enfant qui chante au milieu des flammes, comme sainte Agnès à treize ans...

« Vous me montrez encore, ô mon Dieu, jusqu'où doivent aller l'abandon, la confiance, la simplicité, l'amour des petits enfants. Vous me le confirmez par ces paroles : *Je créerai des genoux, des bras pour vous porter, etc...* Je pourrais ajouter : un cou, des joues, des lèvres... une oreille pour y déposer les secrets de son audace. Et Vous me faites comprendre que tout ce que les Pères laissent de liberté à leur enfant, n'est rien, comparé à ce que vous permettez, parce que vous êtes un Père infiniment Père...

« L'enfant ne regarde ni à son visage, ni à sa beauté, ni à ses vêtements ; il saute, il se tient sur les genoux de son père, il le caresse, il serre son cou, il dit à l'oreille ses audacieuses demandes, il blottit sa tête... il a une manière de baiser qui semble vouloir attirer en lui tout son père... ou, à genoux, les mains jointes, l'œil fixé sur son visage, il répète un seul mot extatique : Papa !... Ainsi, Dieu le Père veut-Il que sa créature soit avec Lui, surtout l'âme épouse, sans un regard sur sa misère... »

Cet autre texte : *Que les tout petits apprennent la finesse* provoquait en son âme cette exclamation : « Heureux les petits qui soumettront leur jugement, qui voudront croire, en se réjouissant de leur petitesse !... A eux la lumière, à eux la paix, à eux de glorifier Dieu plus que tous, et d'être dans l'Eternité les plus rapprochés de Lui !... La finesse des finesses c'est de doubler toujours son rien du tout de Dieu : *rien de moi* — c'est le *tout petit* — *tout de Lui* — c'est la finesse. L'humilité de l'enfant, c'est la plus parfaite humilité et ainsi de l'obéissance, de l'abandon, de la simplicité. » Elle ajoutait :

« La voie d'amour et la voie d'enfance me paraissent inséparables, et je vois que la pratique de simple union renferme le plus haut degré de la sacrée enfance spirituelle... Et ceci par comparaison à l'état de l'enfant dans le sein de sa mère (qui est le comble de l'état d'enfance). Il ne fait qu'un avec sa mère, il vit de la vie de sa mère, il n'a de mouvements que ceux de sa mère... il ne laisse paraître que sa mère, sans même penser qu'il est enfant. S'il était capable d'aimer, il n'aimerait que sa mère, et tout en sa mère et par sa mère. »

De cette lumière découlait naturellement un accroissement d'amour de la petitesse, de l'humilité, de l'effacement. Elle écrit : « Comme on lisait dans les Entretiens de notre saint Fondateur : « Toutes les filles de la Visitation sont appelées à une très grande sainteté, et leur entreprise est des plus hautes qui se puissent imaginer .. », je suppliais Notre-Seigneur d'amener toutes nos Sœurs à cette hauteur de sainteté, d'union à laquelle elles sont appelées par vocation. Il me semblait entendre : « *Pour être une incomparable grande, il faut être une incomparable petite. Ce qui fait la grandeur, c'est l'amour ; j'embrase ce qui est petit, je remplis ce qui est petit.* »

« O mon Sauveur, Vous me rappelez qu'étant enfant je disais à ma mère que je ne voulais jamais grandir, afin de rester sur ses genoux. Dans la maturité de l'âge, puisqu'il faut être Supérieure, faites que je sois une Supérieure très petite ; quand je serai déposée, que je sois une déposée très petite ; quand je serai inférieure, une inférieure excessivement petite. Je veux mettre ma sublimité, ma magnanimité à être extrêmement petite. Oui, du sublime en petitesse, du magnanime en petitesse... Voici pour moi la raison de l'envahissement d'une âme par la charité divine, et par là, la mesure de son degré d'union : *Parce que j'étais petite* (allusion au choix de Marie pour l'incarnation du Verbe). »

Un texte sacré très lumineux aussi pour notre Mère, était celui-ci : *Dieu est un feu dévorant :*

« Si l'âme se livre bien à Lui et se laisse faire, écrivait-elle, son amour la dévore imperceptiblement, sans qu'elle s'en rende compte... »

Avec le temps, l'action divine devenant plus vive encore, elle s'écria un jour :

« *O mon Dieu, il me semble parfois que votre amour me consume, non comme un bois odoriférant, mais comme de misérables scories. Si vous me laissiez ce sentiment dans toute sa vivacité, je ne pourrais pas vivre.* »

Quand arrivait le dimanche des Rameaux, notre Mère suppliait l'Esprit-Saint de lui enseigner à remplir son rôle de consolatrice. Elle était alors inspirée de s'occuper davantage à exploiter les souffrances de Notre-Seigneur qu'à les considérer, et cette comparaison lui venait à la pensée : un père qui, voyant un fils très cher sur le point d'expirer, entreprendrait un périlleux voyage pour aller chercher un remède efficace, serait bien peu satisfait si cet enfant ne voulait pas ensuite user du médicament procuré à grand'peine et se contentait d'exprimer vivement sa reconnaissance. « Le but de la Passion, nous disait-elle, étant de communiquer aux âmes les mérites de Notre-Seigneur, on ne peut mieux l'atteindre qu'en demandant au Saint-Esprit de nous en appliquer les fruits, et de lui rendre amour pour amour. »

Notre Mère cherchait sa lumière dans l'Evangile, dont elle avait puisé le goût au pensionnat. Dans sa famille, elle passait de longues heures, durant les absences de sa sœur, à savourer la parole du Verbe éternel, à la méditer pour la retracer fidèlement dans sa conduite. Sur une insinuation confiante d'une de ses novices qui désirait savoir si elle pensait toujours à demander la grâce avant chaque action, notre Mère répondit : « Oh ! oui, j'en ai trop besoin ! J'en avais pris l'habitude dans le monde, ayant lu ces paroles de Notre-Seigneur : « *Sans moi vous ne pouvez rien faire.. Tout a été fait par Lui, et rien de ce qui a été fait n'a été fait sans Lui !* »

De Vassieux elle écrivait un jour : « Notre-Seigneur dilate de plus en plus en moi la passion du saint Evangile qu'on m'avait si fortement inspirée à Fourvière. Instinctivement, en corrigeant nos cahiers, ma main se portait sur ce livre pour l'ouvrir. Je passais avec lui nos dimanches de vacances. A présent, je n'en ai pas le loisir, mais chaque jour il m'en faut, et je suis obligée de me vaincre pour ne pas couper sans cesse le travail par un verset de ce livre divin. J'y trouve Notre-Seigneur et sa grâce presque autant qu'au Tabernacle. »

Quelquefois, ce bon Maître lui reprochait de trop réfléchir, trop penser, trop lire, sous prétexte d'instruire les autres. « *Je t'en apprendrai davantage par mon Saint-Esprit, dans l'intime du cœur,* lui disait-il, *que tu n'en apprendras dans les livres ; puis je te le confirmerai par ce que tu liras ou entendras ensuite.* » Avec émotion, notre Mère constatait à l'occasion la réalisation de cette parole ; elle le confiait à une Sœur de Fourvières : « Notre-Seigneur semble me retenir de lire des ouvrages dont nos Sœurs sont ravies, comme me disant : *Je veux t'apprendre cela d'abord ; puis, je te permettrai de lire ensuite.* Cet été, par exemple, il me fit tomber, dans un traité de l'union à Dieu, sur ce passage de saint Jean de la Croix expliquant un attrait dans lequel le bon Dieu réduit toute mon occupation intérieure depuis quelques années : *l'aspiration de Dieu et l'offrande incessante faite à Dieu du tout qu'Il est Lui-même.* »

Nous trouvons dans une autre lettre : « J'aurais un grand attrait à lire certains auteurs ! mais je m'en prive par raison. Puisque Notre-Seigneur m'appelle à être des premières d'une Fondation, à y entourer les novices, je dois m'imprégner jusqu'à la moelle, de nos écrits... Je les lis lentement, en analysant ; quand j'ai fini, je recommence. Outre cela le saint Evangile dont je ne puis me détacher, l'attrait pour l'oraison à suivre pendant la lecture, et je n'avance guère. De sorte que, voulant savoir beaucoup de nos Saints, je finis par ne rien savoir. Mes mœurs de pauvre mendiante me suivent encore à ce moment. Quand j'ai lu une phrase comme celle-ci : *Une once d'humilité vaut mieux que tous les trésors du monde... Le prix sera donné à l'amour,* je ferme le livre et j'implore du Cœur divin les ardeurs de l'amour que je n'ai pas, ou la bénie humilité dont l'once est si loin de mon cœur. »

CHAPITRE XII

Attraction profonde vers le mystère de la Sainte Trinité.
— Dévotion à Marie. — L'élan parfait : Jésus! Marie! —
Fais-toi capacité, je me ferai torrent! — Marie est ma
Mère.

Mère Marie-Madeleine reçut un jour cette assurance : « La Sainte Trinité vous a été libérale de ses grâces : Elle les a répandues en vous avec profusion!» Aussi était-elle puissamment attirée, on a pu le constater déjà, par le profond mystère du Dieu en trois Personnes. « Ma grande dévotion au Sacré-Cœur, au Saint-Esprit, disait-elle, se perd dans une vue du Père, du Fils et du Saint-Esprit, sans presque les séparer... Je sais que mon Dieu est Tout : Père toutpuissant ; Verbe Incarné, mon Seigneur, mon Sauveur, mon Epoux ; Esprit-Saint bien-aimé, et je sais tout... Je sais sa Puissance, sa Sagesse, son Amour infinis, je sais tout... Je n'ai plus qu'à rester simplement en sa divine présence, près de Lui... en Lui (1).

(1) Au sujet de cette divine présence, recueillons au passage ces notes relevées dans un carnet : « La présence de Dieu complète, parfaite, je veux dire l'exercice de cette présence, c'est la présence du dedans et du dehors, voir Dieu en soi et se voir sous son regard; perdue en Lui... Moi en Lui et Lui en moi... enveloppée de Dieu, Père, Fils et Saint Esprit, *pénétrée de Lui à en déborder...* » Et plus loin : « Aujourd'hui, j'ai été pénétrée de l'immensité de la présence de Dieu qui partout m'enveloppe, me touche, me pénètre, me

« O mon Dieu, Trinité Bienheureuse, il me semble toujours que plongée, perdue dans l'atmosphère divine, dans l'essence divine, dans un air de feu qui est Vous-même, qui m'enveloppe, qui me remplit, je ne suis plus qu'une bouche, bouche impure, tuméfiée, ulcérée, mais bouche ouverte sur l'Infini de Dieu, bouche qui ne sent pas mais qui attend... qui aspire les flots de la vie divine qui s'échappent de Vous !... Si j'étais une bouche inerte, je l'ouvrirais et resterais inerte à recevoir... Mais cette bouche est vivante, intelligente, elle sait... elle ne peut donc moins faire après s'être ouverte dans l'essence divine, qu'aspirer de tout son être, à ce Dieu — qui va la remplir — d'une aspiration calme, paisible, tranquille mais profonde, ardente. Il semble que tous les atomes de son être intérieur, que tous ses pores aspirent. — le petit néant n'est plus qu'une aspiration de Dieu pour le monde... »

Le 27 mars 1906, elle écrit encore : « Renouvelée dans une très grande dévotion aux Trois adorables Personnes de la sainte Trinité, dans un désir ardent de leur témoigner mon amour... Mon Dieu, Père, Fils et Saint-Esprit, moi, péché, digne d'être rejetée de Vous... je voudrais m'élancer en Vous, et là, prendre cet Amour infini dont vous vous aimez Vous-même (sans vous dépouiller de votre gloire et de votre béatitude) et déposer cet amour en moi, dans nos Sœurs, dans toutes les créatures, afin qu'elles vous aiment d'un amour égal à Vous-même !... »

Et elle ajoutait : « O mon cœur, ta passion, c'est Dieu, c'est ton Dieu ; c'est ton Père tout-puissant !... c'est ton Christ et Seigneur Jésus !... c'est ton Esprit-

remplit... Immensité d'essence divine... Immensité d'amour... Immensité de feu... Immensité de Père, de Mère, d'Epoux, de Frère, d'Ami... Immensité de pardon, de miséricorde... Essence de miséricorde... de Paternité... Cette grâce doit influer sur toute l'année! »

Saint bien-aimé !... c'est Marie !... ce sont les Saints, les Anges ! Ne t'arrête que là ! va toujours là. »

Oui, cette âme si simple réunissait merveilleusement en elle sans se diviser, tous les attraits célestes, elle surabondait de dévotion pour tout ce qui en doit être l'objet. Après la Sainte Trinité, une en trois ; après le Père, le Saint-Esprit, après Jésus, son Cœur divin, tous ses mystères, Marie avait une place éminente dans son culte, ses saintes affections.

Non seulement sa tendresse d'enfant la portait, comme naturellement vers cette Reine de bonté, mais elle y était irrésistiblement entraînée par les impulsions de l'Esprit-Saint Lui-même, elle en rend souvent témoignage. Il lui inspirait d'aller à Jésus par Marie « si elle voulait que ses grâces fussent centuplées. » Il lui montrait que, soit dans sa vie spirituelle, soit pour les fonctions de ses charges, Il opérerait des prodiges, si tout se faisait avec Marie. « Ma pauvre âme pécheresse court quand elle s'unit à Jésus ; elle vole quand elle est avec Marie », disait-elle.

Depuis la mort de Mᵐᵉ Ponnet, elle regardait la Sainte Vierge comme sa vraie Mère et lui rendait avec amour les devoirs de la fille la plus tendre. Dans le monde elle aimait à l'invoquer sous le titre de Notre-Dame du Port et recevait beaucoup de grâces par son intercession. Ceci étant su à Fourvières, elle trouva dans sa cellule, le soir de son arrivée à Vassieux, cette statue entourée de lumières, ce qui la toucha vivement. Elle nous dit que cette divine Mère nous mènerait au port de l'éternité, et que lorsque nous serions sur le point de mourir, on nous la mettrait dans la main afin qu'elle nous présentât elle-même à son Fils.

Un vocable non moins cher à notre Mère était celui de Notre-Dame du Bon Conseil ; et précisément, il fut choisi pour être en spécial honneur dans notre Fondation. Une image de cette Vierge prit place sur son pupitre et resta sous ses yeux toute sa vie. Elle lui fit un petit cadre de papier, de telle sorte qu'elle pouvait y glisser les grâces qu'elle voulait obtenir.

Au-dessus de l'image il porte ce mot : *Lui seul !* en bas une devise prise à Fourvières lorsque, étant assistante du noviciat, on lui donna une obéissance qui lui coûta beaucoup, celle de rester assidûment avec les novices, afin qu'elles ne fussent dispensées d'aucun assujettissement ; la voici : « Sa gloire, son amour, son plaisir et rien autre ! » Elle ajoute encore ces mots : « Je me livre... j'aime, j'adhère... et je me laisse faire... Immensité d'amour... Perfection du oui. »

C'est ainsi que nous voyions cette modeste image dans le cabinet de notre Mère, durant sa vie. Maintenant qu'il nous est permis de l'examiner, nous lisons au verso :

« O Marie, Vierge immaculée, Mère de Dieu et ma Mère, j'ai tant de joie que vous soyez immaculée en votre conception et Mère de Dieu que si, par impossible, il m'était donné de choisir entre vous et moi pour la réception de ces privilèges incomparables, j'y renoncerais aussitôt pour que vous, ma Mère, en fussiez ornée pour l'Eternité. Voilà l'humble présent de ma bonne volonté et de mon désir ; mais, en retour, je vous demande une faveur, ne vous laissez pas vaincre en générosité... O ma Mère, Marie, obtenez-nous à toutes l'humilité la plus profonde, la confiance la plus assurée, l'abandon le plus total, l'union à Dieu la plus intime qui se puisse trouver ici-bas.

« Je vous demande, oh ! il faut absolument me l'obtenir par votre intercession, de prendre dans le Cœur de Jésus la grâce d'aimer notre Dieu autant qu'il est possible à une créature de l'aimer, d'accomplir parfaitement son divin bon plaisir, de ne servir en ce monde qu'à le faire aimer, régner et servir. »

Suivent des donations d'elle-même et de ses filles des demandes et prières, entre autres celle-ci :

« Je vous salue par le Cœur de Jésus et j'ai la volonté que chaque battement de mon cœur rende grâce, par le Cœur de Jésus, à la Très Sainte Trinité, de votre Immaculée-Conception, de votre Maternité divine et de votre glorieuse Assomption. Amen. »

Notre Mère avait fait, non seulement à Jésus, mais à Marie l'abandon complet de tout ce qu'elle pouvait leur remettre pendant sa vie et tout ce qui serait fait pour elle après sa mort. A la suite du Bienheureux Grignon de Montfort, elle comprenait la valeur et les conséquences incalculables de cet acte, les lignes suivantes en font foi : « Il me semble ô mon Dieu, que Marie est le grand moyen de notre sanctification, que la Sainte Trinité veut déployer les plus admirables merveilles de sa Puissance, de sa Sagesse, de son Amour et de sa Miséricorde sur les âmes livrées à Marie, sur les âmes qui appartiennent davantage à Celle qui leur est par excellence Fille, Mère, Epouse. Il me semble que le Père, le Fils et le Saint-Esprit sont divinement jaloux que les *nourrissons* de Marie soient dans l'Eternité les plus beaux de la Cour céleste, les plus hauts en amour et en union. »

La dévotion de notre Mère envers la très Sainte Vierge ne consistait pas en un grand nombre de prières vocales, mais en « dévotion d'intimité », d'union, de familiarité filiale. En famille, avec Marie... C'est toujours avec les lèvres de ma Mère chérie que je *suce* Dieu... Quelle occupation — *c'est l'un nécessaire...* »

« Il y a des âmes, écrivait-elle encore, qui regardent Marie comme un intermédiaire entre elles et Notre-Seigneur. Erreur, Marie n'est pas un entre-deux qui sépare, elle est avec son divin Fils une inséparable, une aide, une coadjutrice, une coopératrice. Aussi, l'élan parfait : c'est Jésus ! Marie ! il semble que Jésus veuille donner plus promptement quand on dit Jésus ! Marie ! que lorsqu'on dit simplement : Jésus ! Il peut donner autant, mais Il ne veut pas. Il faut toujours procéder comme aux noces de Cana : representer à Marie pour qu'elle porte à Jésus. Depuis l'Incarnation c'est le véhicule sacré par lequel Notre-Seigneur veut se communiquer à ses élus. »

Une année pour le 25 mars, elle fut spécialement gratifiée comme le prouvent ces lignes : « Je voudrais proclamer à la face du monde entier le mouvement reçu du Bon Dieu ; c'est que ma vie intérieure progresse en proportion de mon intimité avec Marie, de ma confiance en Marie, de mon abandon à Marie, de mon culte filial pour Marie, de ma fidélité à m'unir à Marie en même temps qu'à Jésus et à la Sainte Trinité, avant chaque acte spirituel et matériel de ma vie... *On ne peut comprendre ce que c'est que de tout faire avec Marie.* »

Lorsque nous avions des difficultés à pratiquer telle vertu, à faire tel sacrifice, notre Mère nous conseillait de prier la Sainte Vierge d'opérer en nous ce que nous ne pouvions accomplir. Elle nous assurait qu'elle avait obtenu des secours étonnants par cette pratique. Une dévotion si douce devait procurer d'intimes consolations à cette âme fidèle.

L'année du Congrès Marial de Lyon et du couronnement de Notre-Dame de Fourvières, la Reine du Ciel se déclara la nôtre dès le 6 janvier. Cette coïncidence charma notre Mère qui résolut d'inscrire, jour par jour, les grâces qu'elle recevrait de Marie durant cette année et de louer, par tous les *Gloria Patri* de l'office, la Sainte Trinité des faveurs dont elle l'avait comblée.

De plus chaque semaine, elle nous donna un défi sur les vertus de notre Reine et nous fit préparer un diadème formé de fleurs spirituelles, sacrifices et prières, surtout d'*Ave Maria*. Ce petit trésor fut envoyé à notre éminent Cardinal, Mgr Couillé, pour qu'il l'offrît à Marie au jour de son couronnement.

L'année 1904, amenant le cinquantième anniversaire de la définition du dogme de l'Immaculée-Conception, notre Mère Anne-Régis déclara que la reine de l'Epiphanie abdiquerait en faveur de la Sainte Vierge. En préparant l'acte d'abdication, notre Mère, alors déposée, se disait : « Quelle sera l'heureuse Sœur qui aura le bonheur de remettre à Marie tous les pouvoirs, titres et honneurs que le sort lui aura confiés ? »

Cette heureuse Sœur fut elle-même... Ainsi, pour les deux dates mémorables du culte Lyonnais envers Marie, à cette époque (1900-1904) ce fut notre Mère Marie-Madeleine, qui la représenta parmi nous :

« J'ai deux cœurs, s'écriait-elle, pour y déposer toutes mes sollicitudes : le Cœur de Jésus mon Epoux ; le Cœur de Marie ma Mère ; comment serais-je en souci de quelque chose ?... »

Un auteur a dit : « Chaque fois qu'on appelle Marie, Marie répond Dieu ». Notre Mère en faisait la constante expérience : « Je crois, lisons-nous dans un carnet intime, que la Sainte Vierge veut me conduire tout à fait au Cœur de Jésus ; elle me loge en Lui et Lui me prend, me livre au Père et au Saint-Esprit et je crois entendre Notre-Seigneur me dire : « On verra en toi, misérable, les merveilles de ma miséricorde ! »

Oui, par la Reine du Ciel, canal de toute grâce,

cette épouse fidèle de Jésus devait en être comblée ; nous en trouvons la preuve dans ces quelques mots :

« Ce matin en faisant ma petite dévotion devant Notre-Dame du Bon Conseil, *il me semblait voir des torrents de sainteté se répandre du Cœur de Jésus dans mon âme*. Pourquoi serait-ce une illusion ? Notre-Seigneur est la sainteté même et comme homme, Il n'est rempli de sainteté que pour la répandre sur nous. Mais Il nous veut anéanties ! »

N'était-ce pas la réalisation de la parole de son Bon Maître : « *Fais-toi capacité, je me ferai torrent !* » La promesse s'accomplissait parce que la condition était remplie.

Ainsi hautement gratifiée par son auguste Souveraine, divinement éclairée sur le rôle de cette Mère de bonté au Ciel et sur la terre, notre Mère présentait à ses novices les gracieuses pensées suivantes :

« Marie est Mère,

« Mère riche, Mère généreuse, Mère puissante, Mère savante, Mère fidèle, Mère pleine de tendresse .. Elle est ma Mère !...

« La Mère, tant que le petit enfant est remis à ses soins, c'est elle qui le nourrit, qui l'élève, qui le fait beau !...

« La Mère pare le petit enfant à son goût, et plus le goût de la Mère est délicat, plus le petit enfant est beau !...

« Mais pour que la parure soit complète, il faut que le petit enfant reste entre les bras de sa Mère, il faut qu'il ne bouge pas, il faut qu'il se laisse faire...

« Marie est ma Mère !... Marie a le goût de Dieu Et Marie veut faire ses enfants, ceux qui restent petits, entre ses mains virginales, elle veut les faire au goût de Dieu.

« O mon âme, remets-toi entre les mains de Marie ; supplie-la de t'orner, de te parer, de t'arranger au gré de l'Epoux divin !... Laisse-la faire... Ne bouge pas, laisse-toi faire... Sois l'enfant gracieux qui sourit quoiqu'il souffre, parce que sa Mère le fait bien beau.

« Quand la parure sera complète, Marie ta Mère te prendra dans ses bras, elle te conduira à ton Père, à ton Dieu, et Il s'unira à toi, dans l'éternel baiser ! »

CHAPITRE XIII

Dévotion aux Anges, aux Saints. — Dire jusqu'à la fin des
temps la miséricorde de Dieu. — « Mon Dieu, faites-vous
donc aimer!... — Oh! les richesses de l'union divine. — Je
crois avoir toujours tout baisé. »

Nous avons entendu notre Mère dans les pages
précédentes déclarer que vers les Anges se portait
une large portion des ardeurs de sa dévotion. Il n'en
pouvait être autrement. Et le commerce de cette
âme, luttant d'amour avec les purs Esprits, devait
être rempli de tendresse, de familiarité, de confiance.
Ce qu'elle en laisse deviner nous en est une preuve.

Notre-Seigneur lui avait fait connaître sa volonté
à cet égard : « Il veut, dit-elle, que je sois avec les
Anges comme une sœur... » Ces simples et courtes
paroles nous sont toute une révélation. Quel cas
Notre-Seigneur fait de la pureté, de la vertu de sa
servante, pour qu'Il lui intime l'ordre d'entrer dans
de tels rapports avec les célestes Intelligences, avec
les plus hauts Séraphins !...

Quant à ses relations avec les Bienheureux, elles
étaient pour Notre Mère une source intarissable de
joie, de consolation. Entre tous ses amis célestes, nos
saints Fondateurs tenaient le premier rang : « La
dévotion aux Fondateurs, disait-elle, est un signe de
sainteté. » Ce signe, elle l'avait excellement. « Il

me semble les avoir près de moi, écrivait-elle, me dirigeant directement. Je me sens avec eux une telle fusion que s'ils m'apparaissaient un jour, je n'en serais pas étonnée... tout en eux me ravit... Union très intime, familiarité avec mon Bienheureux Père, recours... Avec Jésus, il est mon conseiller, mon confident. Mon cœur est fondu avec celui de notre sainte Mère, chacune de ses paroles pénètre dans mon âme... » Tous les matins, elle remettait l'Institut et la Communauté dans les Cœurs de Jésus, de Marie, de Joseph et de nos Bienheureux Père et Mère.

Mais son culte à leur égard était surtout d'imitation et de fidélité à leurs intentions soigneusement recherchées dans leurs Ecrits. De cet attachement à nos bien-aimés Fondateurs et aux saintes religieuses de notre Ordre découlait une profonde affection pour le Berceau de notre Institut. « J'ai le goût d'Annecy, écrivait-elle ; moi qui ne désire rien ici-bas, j'ai cependant souhaité d'aller à Annecy du vivant de la vénérée Mère Anne-Marie Babin. » Et lorsqu'elle apprit qu'en quittant la terre, cette digne Mère n'avait laissé que ce mot au sujet de sa Communauté : « l'abandonner ! » — « Oh ! dit-elle, voilà qui me vaut tout un livre ! »

Signalons encore une grande dévotion à saint François d'Assise, à saint Jean de la Croix, et une affection toute particulière pour sœur Thérèse de l'Enfant Jésus dont la voie de simplicité la ravissait.

La vie de cette angélique religieuse, ayant été lue en Communauté, lui valut beaucoup de grâces, et lorsqu'on fut au passage suivant : « Si par impossible, il se trouvait une âme plus faible que la mienne, Jésus se plairait à la combler de faveurs plus grandes encore, pourvu qu'elle s'abandonnât

avec une entière confiance à sa miséricorde infinie. »
— « Je suis cette âme, dit notre Mère, je veux me confier, autant et plus qu'elle ne l'a fait ; aussi j'attends avec une inébranlable confiance, ô mon Dieu, que vous fassiez de moi ce qui vous glorifiera le plus, vous plaira le plus, vous sauvera le plus d'âmes. » A son tour elle pensa qu'elle « passerait son ciel à faire du bien sur la terre » et que ce serait en allant, comme un Ange, dire jusqu'à la fin des temps, à l'oreille de toutes les créatures, la charité, la bonté, la miséricorde de Dieu.

Songeant au bienheureux séjour, elle écrivait : « Il me semble que ma joie, dans le ciel, sera de voir toutes les âmes très haut, pour vous glorifier, ô mon Dieu, et que, si je pouvais y souffrir, ce serait de voir des âmes plus bas que moi et jouissant moins de Vous. Il me semble que mon ciel sera le règne absolu de votre Volonté... que ce sera d'être agenouillée devant Vous ; et là, dans une prière que la pureté de mon âme rendra plus puissante, vous dire : « Mon Dieu, faites-vous donc aimer ! »

Ecoutons encore un passage de ses notes : « Est-ce une illusion ? Aujourd'hui, après la sainte Communion, il me semblait que mon Dieu me donnait une vue très claire de ma grande misère, de mon néant physique, moral, spirituel, et qu'après cela, Il me montrait une place tout près de Lui et de Marie dans le Ciel, me disant : « *C'est là que tu seras, si tu mets toujours* LE TOUT *de Moi à la place du* RIEN DE TOI. »

La considération des dons extraordinaires accordés avec profusion à la petite sainte de Lisieux lui valut encore une grâce. « Comme je disais à Notre-Seigneur, lisons-nous au 6 novembre 1913, quelques semaines avant sa mort : « Pourquoi ne m'avoir pas créée avec les qualités naturelles, les dispositions à

la vertu d'une sœur Thérèse de l'Enfant-Jésus ?...
pourquoi n'avoir pas été élevée avec tant de perfection ?... je croyais entendre : « *C'est pour faire éclater en toi mes miséricordes... je t'ai fait une faveur
insigne, je t'ai marquée dans ton enfance et dans ta
jeunesse du sceau de la souffrance intime, douloureuse, profonde, humiliante parfois. Je t'ai fait la
grâce d'en comprendre et sentir toute l'étendue et
la profondeur, d'y adhérer d'abord, de m'en bénir
ensuite, d'en comprendre le prix. Veux-tu que ce soit
entre nous un secret éternel ?...* » O Cœur adoré, re-
prend-elle, je ne suis qu'un petit atome de putréfaction... mais je me livre... et je ne veux pas douter !...»

Entre les amis célestes auxquels notre Mère se
tenait unie, « sans regarder sa disparité » selon son
expression, sainte Gertrude tenait un bon rang. La
lecture de la vie et des révélations de cette grande
Favorisée de Dieu l'avait puissamment aidée, dès sa
jeunesse religieuse, à entrer dans la voie où la pous-
saient constamment ses Supérieures. Peu à peu, la
disposition à tout compliquer, à tout resserrer céda
sous l'influence des paroles d'inconcevable tendresse
que Notre-Seigneur faisait entendre à sa Privilégiée.
Avec une foi entière, notre Mère crut à ces accents
inouïs de l'amour du Sauveur pour sa créature, et
son âme se dilata dans la confiance et l'abandon.

Plus tard, elle trouva non moins de lumières réconfortantes dans les écrits de notre Bienheureuse Sœur
Marguerite Marie ; mais elle resta fidèle à la célèbre
vierge du monastère d'Helfa. Entre autres enseignements donnés par le divin Maître à cette illustre
Sainte, notre Mère goûtait beaucoup le suivant, et en
tirait un grand profit spirituel : « Par la bonne volonté, disait Notre-Seigneur, l'homme peut prétendre
à toutes les richesses du ciel et de la terre. Par exemple, quelqu'un veut-il, avec un désir ardent, rendre à

Dieu autant de gloire, d'actions de grâces, d'obéissance et de fidélité qu'aucun des Saints lui en a jamais rendu, la bonté immense de Dieu accepte cette bonne volonté comme parfaite et accomplie. »

En suite de cela, notre Mère a écrit : « Le Seigneur me fait comprendre que j'atteindrai presque l'infini par ce moyen... O mon Dieu, je voudrais diviser mon cœur en autant de parcelles qu'il y a eu, qu'il y a et qu'il y aura de créatures jusqu'à la fin des temps et, au nom de toutes, vous dire : « J'ai la volonté de croire, d'espérer, d'aimer, de m'abandonner, de me livrer plus qu'aucune créature, aucun Saint ne l'a jamais fait, pour votre seule gloire et au nom du monde entier. »

Elle apprenait aux novices à pratiquer cet exercice sous forme de prière, en y faisant entrer l'énumération des vertus qu'elles devaient acquérir.

Mais quel est le saint, l'ami de Dieu qui n'attirât pas notre Mère ? Il semblait que chacun eût ses préférences. Au récit de leurs vertus son âme s'élançait pour voler sur leurs traces, toujours néanmoins selon l'esprit de sa vocation. Les saints agréaient fort, sans doute, les hommages qu'elle leur rendait, car ils la favorisaient souvent de grâces précieuses. Au 15 février 1902, elle trace ces mots : « Anniversaire de la mort de la vénérable Anne-Rémuzat, reçu une grande grâce d'union avec Notre-Seigneur.»

Le 19 mars : « Saint Joseph m'a montré d'une manière saisissante le vide de tout, même de ce qui paraît le plus grand en ce monde, sans l'amour... et la grandeur immense de ce qu'il y a de plus petit par l'amour... O immensité d'amour !... ô perfection du oui !... dans ma pauvre vie qu'il y ait toujours tout cela. »

Et le 17 octobre : « Ma chère Bienheureuse m'a renouvelé la grâce du 15 février. Elle a soulevé un coin du voile et m'a montré les effets admirables de de l'union de foi, très simple et très intime de Notre-Seigneur avec l'âme qui s'unit et croit aux effets de l'union. Ce serait à entrer en extase !... Mais c'est invisible, insensible et inconnu au monde !.. Mon Sauveur Jésus, on ne saura jamais sur la terre ce que votre union met de grand dans ma vie !... Le monde ne pourrait le comprendre. Oh ! la richesse de l'union divine !... la richesse de l'union divine !... Oh ! mon Dieu, l'union à Vous, c'est tout !... Je ne veux savoir que cela !... »

Un 29 janvier c'est saint François de Sales qui la gratifie, mais en amant de la Croix, et sa vraie fille ne doute pas un instant du cœur de son saint Fondateur : « Grâce de notre Bienheureux Père : une souffrance et humiliation très intime, très piquante. Oh ! que cela unit ! Mon Dieu, donnez m'en tous les jours si cela vous plaît et m'unit plus à vous. »

Deux jours après le décès d'une vénérée et sainte amie, ancienne et éminente Supérieure d'Annecy, la bien-aimée disparue lui fait sentir du haut du Ciel sans doute, qu'ils ne sont pas rompus, les liens si purs, si forts et si doux qui les unissaient sur la terre : « Aujourd'hui, écrit notre Mère, après la sainte Communion, impression de grâce pénétrante, envahissante, telle que je ne l'avais pas éprouvée depuis des années. Attribuée à l'influence de ma vénérée Mère Anne-Marie Babin. Grâce d'impression plus profonde, plus sentie encore de ma petitesse, de mon néant, de mon imparfaite misère, mais paix, joie profonde dans ce rien misérable. »

Une page de correspondance trouve ici sa place : il s'agit encore d'un bienheureux ami de notre Mère : « J'aime aussi saint Benoît Labre, écrit-elle un jour, sa vie lue au réfectoire cette année a valu nombre de grâces à une de nos Sœurs. Ce que j'ai reçu de lui remonte plus haut ; c'était un jour où notre sœur Louise de Sales citait ce trait du saint pauvre :

« Des enfants lui lançaient des pierres ; le saint les ramassait avec son air doux et rabaissé, courait prendre celles qui roulaient plus loin que lui, sans se fâcher, sans s'éloigner, et les baisait...

« Quelle lumière pour le *tout laisser faire, tout recevoir !* Non seulement accepter ce qui arrive de pénible, de dur, de fâcheux, de douloureux, mais le baiser avec amour, sans voir jamais une main, un visage, une intention de la créature, sans se draper comme victime dans sa résignation... non. recevoir comme humble qui ne mérite rien autre, le recevoir comme de Dieu et comme *don* de Dieu, alors le couvrir des baisers de l'amour reconnaissant... Je crois, depuis cela, avoir *toujours tout baisé.* »

Enfin, la pensée que la gloire, le bonheur accidentel des saints, pouvaient être accrus par sa sanctification personnelle, ravissait notre Mère : « Se faire sainte, disait-elle pour la joie des Bienheureux, par charité pour les Bienheureux... quelle jouissance !... Je puis réparer ce que je n'ai pas donné à mon père, à ma mère, en étant sainte, en leur donnant la joie de ma sainteté !... »

La dévotion de notre Mère avait un caractère de grande naïveté. Elle parlait aux saints comme avec des familiers, saluait leurs statues ou leur envoyait des baisers. Elle leur faisait aussi les plus généreuses promesses lorsqu'elle désirait en obtenir quelque faveur, et les priait avec une persévérance admirable. Cependant si les requêtes restaient trop longtemps sans effet, elle avait recours à certains moyens tout à fait ingénus, comme le prouve la lettre suivante adressée à l'Enfant-Dieu Lui-même, et déposée dans sa main :

« O mon très cher, bien-aimé, divin petit Jésus.

« A qui irai-je, sinon à Vous qui *avez les paroles de la vie éternelle ?* à Vous qui avez dit : *Venez à moi, vous tous... Demandez et vous recevrez... Jusque-là vous n'avez rien demandé... mais demandez donc !* On s'adresse sur la terre à un cœur riche et bien fait et l'on obtient ce dont on a besoin, surtout si la supplique est puissamment appuyée. Eh bien ! mon adorable petit Jésus, c'est à Vous, bon à l'infini, riche à l'infini, puissant à l'infini, incliné vers les nécessiteux, les petits, les faibles, les publicains, les pécheurs de la terre, que je viens dans ma détresse.

« Je vous le demande, par Marie, votre Mère, veuillez, je vous en conjure, abaisser votre divin regard sur la terre, y choisir des âmes d'élite, les plus parfaitement douées pour notre genre de vie, et les diriger, sans retard, vers notre petite Communauté... sanctifiant celles qui s'y trouvent et les conservant longtemps à notre édification... Ma divine Mère Marie, je vous présente cette lettre et vous conjure d'y supprimer ce qui n'est pas bien, d'y ajouter ce qui manque et de l'appuyer si efficacement de votre crédit, que mon Sauveur Jésus, votre divin Fils, daigne y faire promptement droit.

« Mon adorable Sauveur Jésus, je veux vous aimer autant qu'il est possible de vous aimer, me donner à Vous autant qu'il est possible de se donner, vous être fidèle autant qu'il est possible, et je suis pour la vie, votre très humble et indigne, heureuse, livrée petite épouse et servante.

« Sœur Anne-Marie-Madeleine PONNET.

« Je vous adresse la même requête pour tous nos Monastères qui sont en semblable nécessité, et j'ose vous prier d'y faire droit d'ici à samedi. »

CHAPITRE XIV

Mère Marie-Madeleine marche à la lumière de ceux qui la
dirigent. — Approbation de ses vues, de ses voies d'oraison. — Son attitude intérieure et extérieure pendant ce
saint exercice.

Avant d'aller plus loin dans notre récit et de continuer à explorer les richesses spirituelles débordant
de l'âme de notre Mère, il ne sera pas sans intérêt,
nous semble-t-il, de nous arrêter un instant, à étudier ce que pensaient sur les grâces reçues, sur ses
vues, ses lumières, les guides éclairés auxquels elle
s'ouvrait.

En parcourant les notes de notre Mère, on trouve
très fréquemment ces phrases ou des semblables :
« J'ai entendu... j'ai cru entendre », ou bien : « ce
mot, ces paroles ont retenti fortement... c'était fort...
fort » ; d'autres fois : « c'était saisissant !... » En
vraie humble, elle soumettait ce qu'elle recevait à
l'autorité légitime et recueillait souvent par écrit
les solutions données. Nous avons ainsi dans les
questions et réponses de ces saints entretiens de précieuses et intéressantes instructions où nous puisons
la nouvelle certitude que l'Esprit-Saint Lui-même
conduisait cette âme dans toutes ses voies.

Elle se demandait parfois si son *aspiration* incessante de la Charité divine et ses autres actes inté-

rieurs réitérés, innombrables n'étaient pas contraires
à cet état passif dans lequel le souverain Maître place
une âme pour opérer plus librement en elle ; était
si bien décrit par sainte Chantal qui en connaissait,
par expérience, tous les secrets et toute la valeur.

« Qu'y a-t-il de plus parfait, interrogeait notre
Mère Marie-Madeleine, ou de se tenir dans la fixité
d'un seul acte d'union intime, ou de resserrer sans
cesse cette union, quand Dieu en donne le mouvement ? » Et elle recevait cette réponse : « Suivez l'attrait de multiplier les actes d'union, resserrements,
enfoncements, aspirations et offrandes continuelles
de la Charité infinie. Ne craignez pas que ce soit
contraire à l'état de repos en Dieu, à l'état passif.
L'état passif n'exclut pas de tels actes et mouvements, pourvu qu'ils soient faits dans la dépendance, le mouvement et l'attrait de Dieu et non par
un mouvement naturel. L'âme se rend passive sous
la main, sous l'action de Dieu, dans un dégagement
total d'elle-même,.. et là, Il lui imprime toujours
des actes qui sont les conditions du progrès.

Mgr Gay adresse, sur ce sujet, à une personne
qu'il dirigeait, une page que l'on croirait écrite pour
notre Mère, tellement ses attraits y sont bien repré-
sentés : « *Aspirez*, dit-il, souvent, fortement, ardemment et par des actes formels, cette dilection divine, qui ne demande qu'à tout inonder ; et par des
actes formels aussi, *versez-la* ensuite sur le monde,
le regardant et le chérissant comme Dieu Lui-même
le regarde et le chérit. L'*aspiration* à Dieu, notre fin
et notre patrie est le mouvement régulier de
l'âme (1). »

____

(1) C'est à l'école de sainte Gertrude surtout que notre Mère
avait vu confirmer ses plus chers attraits et reçu de précieuses lumières sur les mouvements imprimés à son âme.
Nous lisons dans le *Héraut de l'Amour divin* (révélations de

Au reste ce repos dont Dieu favorise ses bien-aimés à certaines heures, notre Mère ne laissait pas de le goûter à son tour. Nous le déduisons de cette nouvelle question posée à une autre date : « Quand Dieu invite par un attrait vif et fort au repos, au sommeil de l'union, ne vaut-il pas mieux suivre l'attrait et rester là que faire des actes, même sous prétexte de progrès... Ne doit-on pas croire que dans ce cas, Dieu qui agit toujours, fera Lui-même le progrès dans l'âme ?... Je parle d'état passager ?... »

« Livrez-vous à Dieu, lui donnait-on pour solution, recevez l'action de Dieu en vous, suivez docilement ses attraits ; Il vous perfectionnera, il vous sanctifiera, Il vous unira, Il vous consommera dans l'union. — Recevoir toute l'action divine suffit pour être une grande sainte, malgré la misère. »

Notre Mère ayant lu ces paroles « contempler les perfections de Dieu pour aimer » adresse l'objection suivante : « Il y a cependant des âmes — telle était éminemment la sienne — qui ne sont pas portées à exciter l'amour par la considération des motifs de l'amour, mais à se mettre aussitôt en amour, à aspirer l'amour... à s'enivrer d'amour ?... »

— « Les considérations, les lumières sont des spéculations faites pour émouvoir le cœur à produire des

la sainte) chapitre XXX pp. 220 et 221, les passages suivants soulignés par la vénérée défunte : « Elle (sainte Gertrude) se mit à prier pour ceux qui lui étaient recommandés, afin que le Seigneur les favorisât d'une grâce puissante; et elle reçut cette réponse : « *J'ai donné à chacun un tuyau d'or, d'une telle vertu qu'il peut aspirer à lui tout ce qu'il désire, du plus intime de mon divin cœur...* » Elle connut ensuite que toutes ces personnes entouraient le Seigneur, et aspiraient la grâce divine de tout leur pouvoir. Et les unes semblaient l'aspirer directement du Cœur divin, tandis que les autres la recevaient en passant par les mains du Seigneur. Mais plus elles s'éloignaient du Cœur, plus elles avaient de peine à obtenir ce qu'elles demandaient: au contraire, plus elles s'efforçaient d'aspirer au Cœur même du Seigneur, plus elles puisaient avec facilité, douceur et abondance.

actes, lui disait alors son saint guide. Si Notre-Seigneur met une âme dans ces actes, qu'elle n'en sorte pas, même pour avoir plus de connaissance de Dieu, pas même pour dire, pour donner plus aux autres, elle donnera sans parler ; et si elle parle, une seule parole d'une âme ainsi livrée et unie peut — sans qu'elle s'en doute — faire beaucoup plus de bien que de longs discours d'une âme moins unie... » Et il ajoutait : « Notre-Seigneur veut tellement vous posséder, qu'il faudrait vous arracher de ses mains pour en sortir !...»

Elle s'y tenait si fidèlement dans ces mains divines, dans le Cœur Sacré, les lèvres collées au sein de son Père adorable, comment s'en serait-elle détachée ? Et si parfois elle en descendait, s'approfondissant dans l'abîme de son néant, ce n'était pas pour longtemps ; bientôt elle reprenait son vol rapide vers le Bien-Aimé pour l'étreindre des bras de son amour.

Sur ce point encore, on la surprend cherchant la lumière, nous le comprenons par les lignes suivantes : « Il y a des âmes dont le besoin est l'adoration ; moi, c'est plutôt de l'étreinte que de l'adoration ; de l'étreinte de foi nue, insensible... mais qui agit puissamment. » Elle était confirmée dans son attrait par ces paroles : « C'est une étreinte adorante, parce que c'est l'étreinte d'une âme profondément convaincue de sa misère, de son être de péché, de son néant... celle qui étreint s'anéantit en étreignant par amour... l'adoration est le plus haut point de l'amour ; l'anéantissement, l'identification, le plus haut point de l'adoration. »

Notre-Seigneur disait un jour à une de ces âmes qu'Il gratifie hautement : « *Je viens t'offrir une fleur, je la dépose en ton âme, c'est la délicatesse pour moi !* »

Cette belle fleur si pleine de charme pour Celui

qui mérite l'amour dans ses détails les plus exquis, notre Mère Marie-Madeleine l'avait reçue aussi certainement des mains de son Epoux. N'est-ce pas par un sentiment plein de délicatesse qu'elle veut oublier toutes ses souffrances pour se concentrer uniquement dans l'acte de l'amour pur ? Ecoutons-la exposer cette disposition : « Certaines âmes abandonnées ne sont-elles pas appelées à être pauvres de souffrances ; je ne dis pas à ne pas souffrir, oh ! non ! mais à se détourner si fidèlement d'elles-mêmes pour s'étourdir en Dieu, à s'appliquer si fidèlement à le regarder pendant qu'Il opère, l'aimant, l'aspirant, qu'elles souffrent, sans savoir qu'elles souffrent, si l'on peut parler ainsi... Ces âmes arrivent à cela par l'abandon, le délaissement d'elles-mêmes, le couper-court... N'est-ce pas aussi parfait que de rester, pour Notre-Seigneur, plongé dans sa souffrance ? — « Non seulement c'est aussi parfait, lui est-il répondu, mais plus parfait. L'abandon renferme tout, donne à Dieu plus que tout... »

Notre Mère s'écrie, comme conclusion de cette réponse : « Il me semble que la fidélité à perdre de vue sa personnalité, à n'être plus occupé de soi, mais à avoir l'œil sur Dieu, peut produire au spirituel l'effet qu'éprouverait celui qui traverserait un pays glacé, sans en souffrir, parce qu'il ne regarde pas le pays qu'il traverse et se revêt de vêtements extrêmement chauds, presque en feu. »

Sans trêve, dans les pages précédentes, on a entendu notre Mère faire monter vers le Ciel le cri de ses supplications afin d'obtenir pour elle et pour le monde entier des grâces, des faveurs, des richesses spirituelles, qu'une foi invincible, une confiance héroïque seule peut oser espérer. Cette foi, cette confiance, elle la possède inébranlable, elle ne veut pas douter ; mais son humilité appelle encore la sanction de l'autorité, sur l'impulsion qu'elle croit recevoir de Dieu à ce sujet. Et elle obtient ces consolantes assurances : « Si Dieu vous donne la pensée de ces audacieuses demandes, surtout celle de l'aimer autant qu'il est possible à une créature, Il ne les provoque que pour les exaucer. Il faut les lui faire sans cesse, telles qu'Il vous les inspire, avec la foi sûre qu'Il les exaucera. » Voilà bien la confirmation de ce que lui fait entendre son bon Maître : « Un jour à la sainte Messe, écrit-elle, comme je disais à mon Dieu : j'espère tout sans savoir ! Notre-Seigneur a semblé me dire *que je devais savoir par la foi nue et que je devais attendre avec une certitude absolue, infaillible, tout ce qu'Il m'inspirerait de lui demander dans l'ordre surnaturel, que je dois l'attendre pour les autres s'ils sont dans la condition de le recevoir... et que tout ce que j'attendais ainsi, je l'aurais malgré ma misère profonde, ma vileté, parce que je l'attendais avec la propre confiance de son Cœur.»*

Si, gémissant — bien à tort certes — sur ses impossibilités à parler, à faire aimer autour d'elle, elle entendait son divin Epoux la consoler par ces mots pleins de douceur : « *Tu me feras aimer par le contact !* » ils étaient confirmés par cette assurance :

« Il ne faut pas mesurer le bien que l'on fait à ce que l'on en voit ou sait. Il n'est pas nécessaire de voir, de savoir que l'on fait aimer. Il suffit, pour répandre le feu d'être un foyer incandescent et plus le foyer est caché, couvert, plus il brûle, plus il est capable d'embraser. »

Et lorsqu'elle croyait entendre Notre-Seigneur lui demander de mortifier l'empressement à lire beaucoup dans les traités mystiques et qu'Il ajoutait : « *Je t'en apprendrai moi-même plus que tout ce que tu pourras lire et entendre* » ; les paroles suivantes venaient certifier la vérité de la promesse divine : « Un mot de Dieu à l'âme unie veut mieux que des milliers dans les livres. »

« Il est bien possible, lui fut-il dit un jour, que l'âme la plus sainte ne soit pas la moins tombée, mais soit la mieux refaite... parce que Notre-Seigneur est le grand Réparateur de la gloire de son Père ; Lui seul peut réparer, refaire la nature humaine au gré de la Sainte Trinité. » N'était-ce pas sanctionner la grâce signalée, décrite ainsi : « Aujourd'hui, sans doute à cause des prières de nos Sœurs, Notre-Seigneur a daigné percer le lourd nuage qui m'enveloppe depuis longtemps, et à côté de ces péchés, défauts, imperfections, misères qui me couvrent, Il a daigné faire luire d'une manière saisissante le : *reficiam vos*, je vous referai..., m'en donner une intelligence plus parfaite, me faire mieux saisir ce qu'il y a de gloire pour Lui, de sanctification pour les âmes,dans ce divin : *reficiam vos*. C'est plus encore que les réparations divines si splendides cependant.

« O mon Dieu ! mon Dieu ! je livre mon âme pécheresse, je livre la Communauté, nos Sœurs mes filles bien-aimées à votre : *reficiam vos*, à vos recréations, et je les crois, refaites-nous !... recréez-nous !... »

Au sujet des actes de la volonté que notre Mère multipliait avec tant d'ardeur et dont elle attendait de si merveilleux suppléments à son impuissance, elle reçoit cette belle instruction : « L'impossible de la créature est toujours possible à Dieu, c'est-à-dire que ce que vous ne pouvez lui offrir et que vous avez la volonté de lui donner si vous le pouviez, Dieu le prend en Lui-même et se l'offre si l'on peut dire ainsi, à l'intention de l'âme ! »

On peut conclure cette série de décisions données

à notre Mère par celles-ci qui résument tous ses attraits : « Que votre travail spirituel se simplifie dans l'union et dans l'amour. Perdre toute préoccupation, tout intérêt, tout empressement pour ne vous employer qu'au progrès dans l'union et dans l'amour. Ce qui fait la perfection, c'est la charité ; ce qui fait le degré plus ou moins haut de perfection, c'est le degré plus ou moins grand de charité. Une âme qui n'aura eu aucune grâce ou épreuve extraordinaire, qui n'aura pas fait de grandes œuvres, qui aura mené une vie très commune en elle-même, pourra être beaucoup plus grande en sainteté, plus unie à Dieu, plus près de Lui que celles qui ont passé par des états extraordinaires, si elle a mis plus d'amour dans les actes très ordinaires de sa vie très commune. »

Cette âme bienheureuse, voyant ainsi sanctionner tous ses attraits, pouvait donc marcher sans crainte, dans ces sentiers que le Saint-Esprit Lui-même lui traçait. Et suivant toujours plus fidèlement ses voies d'oraison, elle devait avancer en pleine eau dans l'Océan de l'Amour divin, et jusqu'à la fin réaliser le désir ardent qu'elle exprimait en ces termes : « O mon Dieu ! vous ne pouvez empêcher ma boue, mon limon de s'enfoncer en Vous puisque vous êtes ouvert à tous ; et tant que je ne trouverais pas en Vous quelque chose qui me soit fermé, je veux passer ma vie à m'y enfoncer ! »

Et Notre-Seigneur Lui-même avivait encore la flamme de ses ardents désirs par ces pressantes invitations : « *Demande l'amour !. demande l'amour ! demande l'amour, à l'Office, à la Messe, dans les allées et venues... au réfectoire, partout et toujours Demande l'amour pour toi et pour les autres... plus encore pour les autres que pour toi... Demander l'amour, c'est tout demander !... »*

Nous venons de parler des voies intérieures de notre Mère, n'est-ce pas l'occasion d'envisager maintenant son attitude dans l'exercice propre de l'oraison. Nous pouvons dire qu'elle s'y consumait de toutes manières. Et d'abord pour l'extérieur. Sa seule tenue devait attirer les regards de Dieu. Ayant lu que, pour arriver à la sainteté il faut pousser l'effort jusqu'à l'héroïsme, elle se demanda où trouver le moyen d'atteindre ce degré. Elle crut le découvrir dans le maintien exact qui nous est marqué pour la prière : à genoux, les mains jointes, sans appui, sans faire le plus léger mouvement durant l'heure entière d'oraison. Vu sa faiblesse extrême, sa frêle constitution, cette position lui était un petit martyre , malgré cela, elle s'y tenait invariablement. Sa nature frémissait, avouait-elle un jour en confiance en commençant cette heure de crucifiante immobilité, mais lassitude et souffrance ne furent jamais pour elle un prétexte de se relâcher dans cette mortification, et nous l'avons vue, jusqu'au jour où elle dut s'aliter pour ne plus se relever, droite et ferme devant l'accoudoir de sa stalle sans jamais se permettre de s'y appuyer.

Son visage souvent empourpré à l'excès à la fin de l'exercice ne révélait pas moins l'intensité de la ferveur que celle de la fatigue. Pendant c[illegible] si on avait quelque chose à lui dire, on hésitait à l'aborder, tant elle paraissait absorbée et comme engloutie en Dieu. On attendait un moment devant son siège avant d'oser la tirer de son sommeil amoureux.

Parfois elle semblait enveloppée d'un rayonnement divin, même en dehors de la prière. Une personne du monde qui ne l'avait encore jamais vue, l'aperçut un jour traversant le parloir : « Oh ! s'écria-t-elle très émue, cette religieuse a une auréole. » Et dès lors, elle lui voua une vénération sincère et profonde.

« Je vais à l'Oraison, disait notre Mère, pour me plonger, m'enfoncer, me perdre en Dieu. » Nous avons sous les yeux une note qui résume bien semble-t-il, son occupation la plus ordinaire en ce saint temps, occupation qui du reste, ne diffère pas de celle qu'elle conservait constamment devant Dieu :

« Oraison, écrit-elle : Il est là, je suis là !... et j'aspire... J'aspire une immense charité, j'aspire ce qu'il veut mettre et voir en nous. J'aspire des cœurs épris de Lui... Il me semble être une capacité qui a un besoin de Dieu toujours inassouvi.

« J'ai été confirmée dans l'oraison d'aspiration de Dieu, ajoute-t-elle plus loin, par la parole du saint Evangile : *Si quelqu'un a soif, qu'il vienne à moi et qu'il boive...* Non pas : qu'il regarde, qu'il considère ; mais qu'il boive... Boire pour le monde sans interruption, si possible ; la bouche appliquée à la source ou à la bouche divine pour aspirer son souffle ; ou à l'ouverture de son Cœur pour en aspirer tous les trésors ; ou bien ouverte dans l'immensité de Dieu et respirer la divinité avec Marie ; ou comme l'éponge qui aspire par tous ses pores, perdue dans l'essence infinie de Dieu. »

En aspirant ainsi, il lui semble que par chacune de ses aspirations, le Saint-Esprit dit en elle au nom du monde entier avec une ardeur incroyable : « Charité infinie, plénitude infinie remplissez nos cœurs ! »

« Attrait consumant et captivant, note-t-elle, de cette aspiration actuelle. Je me rends compte que j'aspire, c'est comme un acte incessant. »

Entre ces aspirations, ces respirations et les resserrements d'union, elle fait une différence. Quand elle est ainsi plongée en Dieu, son union avec Lui est telle, qu'elle peut dire : « Ces resserrements d'union ne se font pas pendant l'oraison mais avant les actions. Pendant l'oraison, c'est l'enfoncement simple, l'indentification, la coquille ouverte qui reçoit, la respiration en Dieu !... car, ô mon Dieu ! quand je m'assimile profondément au commencement, je reste souvent dans l'assimilation sans pouvoir produire aucun acte. L'acte du commencement en est un... Il y a des êtres inférieurs, concluait-t-elle, qui sont et qui respirent, c'est tout !... Je suis ainsi au spirituel : je suis unie, j'aspire, et je respire en Dieu, c'est toute ma vie !... »

Cependant cette situation intérieure change parfois ; elle décrit ainsi celle qui lui est imprimée à certaines heures : « Je ne vois rien, je ne sens rien je ne puis rien... Silence absolu de Notre-Seigneur avec mon âme et de mon âme avec Notre-Seigneur... Mais foi nue, confiance aveugle... Silence de Dieu à l'égard de l'âme... Silence de l'âme impuissante, humiliée et anéantie devant Dieu... Et dans lequel Dieu opère des merveilles si l'âme a foi et si elle aime !... »

Bien que dans toutes ses oraisons, il y ait une admirable unité dont elle ne se départ pas, notre Mère pourtant faisait usage de sa richesse étonnante de conception pour accroître sa ferveur et mieux préparer ses divins colloques. Ainsi se disposait-elle à son oraison du 14 septembre 1902 par ces pensées :

« Présenter mon cœur à Celui qui a créé les cœurs des Séraphins et lui dire : « Seigneur, par votre puissance créatrice, agissez ainsi sur moi. Il y a moins de difficulté car les Séraphins n'étaient pas, vous étiez seul à agir. Et moi, je presse votre action divine par un désir ardent, par une prière suppliante !...

« Présenter les cœurs de nos Sœurs comme on lui présentait aux noces de Cana les vases qu'Il remplissait divinement ; qu'Il les remplisse de son amour !. »

S'approchant de Dieu, notre Mère n'y venait jamais sans son immense cortège d'âmes à sauver et elle était ingénieuse à les présenter au Seigneur en se présentant elle-même à Lui. Voici ce qu'elle faisait parfois : elle entend Notre-Seigneur lui dire : *J'ai soif !* et elle lui répond : « O Jésus, contentez en moi votre soif ardente !... absorbez jusqu'au dernier atome cette petite goutte d'eau croupie qui est moi, remplie comme de myriades d'animalcules, de tous les pécheurs de la terre. Petite goutte d'eau croupie pleine de tous les pécheurs de la terre, je me livre à votre pouvoir purifiant, à votre pouvoir transformant, à votre pouvoir consumant, à votre pouvoir absorbant ! »—« Pendant que je mettrai les noms de mes frères sous les yeux de mon Père, disait-elle encore gracieusement, je lui chanterai : je vous aime !... »

Pour suivre le mouvement de son âme renvoyant à Dieu sa charité infinie ou lui offrant les mérites de la vie et de la mort de son divin Fils, elle fait cette comparaison : « Comme ces petits instruments ternes, cachés, imperceptibles qui, mis en mouvement, suffisent pour faire entendre un mélodieux concert ou pour rendre incandescents plusieurs hauts fourneaux, faire marcher une usine, ainsi, ô mon Dieu ! ce pauvre petit être, chétif, misérable, imparfait, caché au fond d'un cloître, mais plongé en son Dieu, rempli de son Dieu, peut en un instant, par un acte de foi, de volonté, d'union très simple, faire retentir à votre oreille divine, au nom du monde entier, le concert de votre propre louange ; il peut présenter à vos yeux divins votre Sainteté infinie ; il peut faire brûler devant Vous l'ardeur, l'incandescence de votre charité infinie !...

« Ou encore, ô mon Dieu ! comme ce mystérieux petit bouton qui, touché, déroule et éclaire une toile splendide, ainsi je puis dérouler en votre présence le tableau admirable de la vie de Notre-Seigneur Jésus Christ. »

La fin de l'oraison, elle l'enseignait, c'est l'abandon. Aussi, Notre-Seigneur lui avait-Il dit de ne jamais sortir de cette divine occupation sans s'être abandonnée plus totalement que jamais, sans s'être livrée à sa merci, pour qu'Il fasse en elle et d'elle selon ses vouloirs, désirs, caprices, s'Il pouvait en avoir. Et cette âme ardente et généreuse donnait à tout un consentement entier, plénier, sans réserve, concluant toujours par une détermination énergique d'accueillir tout ce qui allait s'offrir à elle par un « *oui fidèle, brûlant, illuminé d'un sourire !* »

L'esprit d'oraison l'accompagnait partout. Dès que le sommeil la quittait, elle se retrouvait plongée dans l'atmosphère de cette vie spirituelle intense qui animait même son repos physique. Souvent, à l'instant le sillon qu'elle devait parcourir en cette journée pour aller à son Dieu s'illuminait de célestes clartés, par une parole brève et forte entendue au fond de son cœur : « Il me semble que notre Bienheureux Père m'attend au réveil, jette-t-elle au haut d'un feuillet pour me dire : « *ce n'est pas à la grandeur, ce n'est pas à la multiplicité, c'est à l'amour !...* »

On pourra de plus en plus le constater, du commencement à la fin de cette vie religieuse, les résolutions, directions, manières d'aller à Dieu, à l'oraison, dans ses retraites, comme en tout autre temps, tout se résume en ces mots : abandon total, absolu à Dieu ; union toujours plus étroite à sa volonté, à son Cœur. En un mot : extension de l'Etre divin au détriment du sien ; mais avec un rayon de lumière plus intense, plus étendu d'un jour à l'autre pour ainsi dire : ce qui prouve la docilité de l'âme à le suivre.

CHAPITRE XV

Maladie et mort de la première Novice de Vassieux. — Angoisses et déchirement du cœur maternel. — « Mon Dieu n'épargnez rien, donnez-lui au ciel la place destinée à vos plus chères Filles de la Visitation. » — « Je n'aurais jamais cru qu'une Mère pût tant souffrir. » — Acte de total abandon. — Construction de la chapelle.

Nous avons entendu notre Mère, dans sa lettre à l'Enfant-Jésus, lui demander instamment des sujets pour notre Noviciat. Notre recrutement qu'on avait lieu d'espérer prompt et facile, se faisait, en effet, avec une lenteur fort pénible à notre Mère. Dévorée du zèle de communiquer à d'autres âmes le trop-plein dont la sienne débordait et de procurer la gloire de Dieu, en lui offrant de nouvelles et ferventes épouses, elle multipliait les prières pour obtenir de bons sujets à sa chère Fondation. La première prétendante pour le chœur n'entra pourtant qu'un an après notre établissement. Notre Mère l'accueillit avec joie. Les meilleures espérances reposaient sur la nouvelle venue que Mgr Déchelette, notre Supérieur, avait appelée une charmante petite fleur de la Visitation. Hélas ! le divin Jardinier la convoitait pour son parterre du Paradis.

Ce fut une rude épreuve pour notre Mère lorsqu' elle dut envisager la perspective de perdre promptement cette chère première Fille. L'attention, l'ardeur, le soin apportés à sa formation religieuse ne peuvent se dire. Considérant que notre jeune Sœur devait être un des fondements de l'avenir, la fervente Directrice n'avait rien épargné pour l'établir dans la vraie vertu, la suivant pas à pas, ne laissant aucun défaut, aucune imperfection sans les combattre par une répréhension, une humiliation. Elle tendait, en effet à faire de sa petite novice l'humble de cœur qui ravit le Cœur de Jésus : « Ma Mère, lui dit un jour une Sœur ancienne, émue de compassion, voilà la sixième fois depuis ce matin que je vois ma Sœur Marie, à genoux à vos pieds pour une correction. » — « Ma chère Sœur, lui répondit notre Mère, quand elle est à genoux le Saint-Esprit descend sur elle et sur nous. »

La jeune Sœur avait compris le cœur maternel, et se laissait façonner avec autant de générosité que de confiance : « Oh ! ma Mère, que je suis reconnaissante au Bon Dieu, disait-elle, de m'avoir envoyée ici la première... Vous ne pourrez faire pour les autres tout ce que vous avez fait pour moi ! » Le pain amer de la correction ne la rebutait point ; elle expérimentait cette parole de son saint Fondateur : « *L'amour à l'abjection est la racine de la paix et de la joie...* » Toujours joyeuse, elle aimait à exhaler en de pieux cantiques les élans de son âme. Aussi l'avait-on nommée le rossignol de Vassieux. Ce surnom lui plaisait. Un jour, notre Mère, absente un moment de son cabinet, trouvait, en revenant, sur son bureau, ce quatrain :

Le petit rossignol dépose sans mystère
Un filial baiser sur la main de sa Mère
Et puis, à son travail, il retourne joyeux
En pensant au bonheur d'être oiseau de Vassieux.

La chère enfant était en effet éprise de sa vocation et on lui entendait dire parfois : « Ce que le Bon Dieu m'a découvert de beautés depuis que je suis ici, c'est incroyable !... Si l'on connaissait le bonheur dont nous jouissons, il n'y a pas une jeune fille qui ne voulût en goûter. » Ce propos fut rapporté à Mgr Couillé au cours d'une de ses visites à Vassieux. Son Éminence sourit finement et regardant la novice d'un air paternel : « Il faut, dit-il qu'on mette cela dans le journal !... »

Sœur Marguerite-Marie poursuivait ainsi son Noviciat dans une joyeuse ferveur, lorsque, peu après son admission à la sainte Profession, sa santé fléchit tout à coup et dut être attentivement surveillée ; elle se rétablit cependant assez pour prononcer ses vœux au temps marqué, le 21 mars 1899. Mais le soir de ce grand jour, remettant sa couronne de roses à sa Supérieure, elle lui dit avec un mystérieux sourire : « C'est celle que j'aurai sur mon lit de mort !... »

Il faudrait connaître plus à fond les trésors de tendresse de notre Mère, pour comprendre sa souffrance pendant les deux années qu'elle eut à lutter, essayant d'arracher à la mort cette jeune existence. Une parole sortie spontanément de son cœur pourra un peu montrer ses sentiments à notre égard : « Ma Mère, lui avouait un jour une bonne et confiante amie, que je suis misérable ! un rien m'inquiète, me trouble, me fait souffrir !.. »

— « Ah ! reprit-elle humblement, je suis bien comme vous. Ainsi, lorsqu'une de mes filles est un peu fatiguée, j'en éprouve tant d'inquiétude que je ne peux pas dormir la nuit et que je me lève pour aller écouter à la porte de sa cellule... »

Aussi sans rien perdre de son amoureux abandon au bon plaisir divin, les soins, les sollicitudes dont elle entoura la malade, les inquiétudes, les tourments qu'elle eut à endurer à son sujet, les supplications adressées au Ciel pour obtenir une guérison miraculeuse, les sacrifices offerts à cet effet, c'est chose inexprimable. Que de procédés naïvement ingénieux n'employait-elle pas, pour toucher le Cœur de Jésus !

Se rappelant que Notre-Seigneur avait dit à ses disciples qu'ils guériraient les malades par l'imposition des mains, elle attirait souvent sa chère enfant auprès d'elle, et sous prétexte d'une caresse, faisait le geste des Apôtres en conjurant le divin Maître de vérifier sa parole.

Dans une lettre à notre Mère Anne-Régis, nous lisons : « Le lendemain de la fameuse déclaration du Docteur, j'avais communié et non ma Sœur Marguerite-Marie. Après avoir reçu Notre-Seigneur, je lui dis : « Mon Jésus, si la femme de l'Evangile croyait qu'en touchant seulement le bord de votre robe, elle pourrait être guérie, moi, je crois fermement qu'en touchant la nôtre qui est devenue la vôtre, puisque je vous porte, ma sœur Marguerite-Marie peut être guérie et qu'une vertu divine peut s'échapper de vous pour cela. » Et puis je m'arrangeai pour frôler légèrement ma Sœur avec notre robe en passant près d'elle. Deux jours après, à son entretien du mois, elle me dit : « Ma Mère, vous m'avez envoyé Notre-Seigneur, lundi après la communion ?

— Pourquoi ?

— Oh ! ma Mère, je l'ai senti, mais avec une force... une force... je n'ai jamais éprouvé cela... »

« J'étais bien émue, ajoute notre Mère, et de la bonté de Notre-Seigneur et de la pureté de cette âme. »

L'inutilité de ses efforts pour enrayer le mal lui fut un petit martyre : « En ces occasions, pouvait-elle dire avec notre Bienheureux Père, je suis, tant homme que rien plus. » Il lui était bien douloureux d'entendre la chère enfant lui exprimer, sous bien des formes ses désirs ardents de la bienheureuse éternité : « Ma Mère, disait-elle si vous m'annonciez que je suis perdue ! Oh ! quelle joie ! je n'aurais plus un regard pour les choses de la terre, je ne parlerais plus que du ciel, nos Sœurs viendraient me donner leurs commissions, ce serait délicieux !... »

Mais, notre Mère, pour garder à cette âme le mérite de l'abandon, n'encourageait jamais ses désirs de la mort et lui laissa longtemps ignorer la gravité de son état.

Sœur Marguerite-Marie suivait docilement l'impulsion maternelle et s'écriait parfois, avec un accent de tristesse résignée : « Oh ! je ne mourrai pas maintenant, ce serait une trop grande joie ; je vivrai jusqu'à 70 ans... » Ajoutant toujours : « Mon Dieu, je veux tout ce que vous voulez, comme vous le voulez, autant que vous le voulez. »

Notre-Seigneur, pour lui rendre l'attente moins dure, se montrait plein de tendresse envers sa petite épouse, l'attirait à une union très intime :

« Il se rend présent disait-elle à sa Supérieure, après la sainte Communion, à l'oraison, le jour, la nuit, quand je me réveille... Sans me permettre jamais de perdre de vue mon néant, Il m'excite à lui prodiguer mes caresses et m'invite à être avec lui ce qu'est le petit enfant le plus tendre avec sa mère, l'épouse la plus abandonnée avec son époux. »

Un matin, elle dit à notre Mère : « Cette nuit, en rêve, j'étais au pied d'un grand Crucifix. Tout à coup, Notre-Seigneur détacha son bras de la croix, puis Il me saisit, me serra !... c'était ineffable. Je ne sais ce que cela veut dire, est-ce qu'Il va m'envoyer quelque croix ? » Ce baiser du Crucifix allait se réaliser par les douleurs croissantes de la maladie et surtout au moment suprême de l'agonie où le cachet de la souffrance fut imprimé si fortement sur la chère enfant, qu'elle nous apparut comme l'image de Jésus mourant. Ne se plaignant jamais après les plus fortes crises du mal, elle faisait cette confidence à notre Mère : « Je dis toujours à Notre-Seigneur : encore plus mon Dieu ! encore plus !... C'est singulier... ajoutait-elle humblement, je ne puis m'empêcher de parler ainsi et pourtant je sais si mal souffrir ! »

On lui entendit aussi murmurer : « Souffrir c'est une satisfaction... une joie... c'est bon, c'est doux de souffrir !... souffrir, c'est pour moi une jouissance... Je ne comprends pas la vie sans la souffrance... La vie sans la souffrance, c'est une lâcheté... Si l'on n'avait pas la souffrance, il faudrait la chercher... Mais qu'importe la souffrance ou la jouissance, si on est dans le Cœur de Jésus ?... »

Et elle répétait avec ardeur : « J'aime le Christ et je saurai mourir ! » Puis cédant à ses véhéments désirs : « Mon cher Jésus, s'écriait-elle, emmenez-moi, vite... vite... vite !... » Elle s'écriait parfois : « Oh ! que j'aime mon nom ! qu'il est beau mon nom... que je suis heureuse ! Toute l'éternité je serai la petite Marguerite du Cœur de Jésus !... »

Enfin vint le moment où notre Mère reçut l'inspiration de déclarer à la mourante que ses souhaits allaient être comblés. Sœur Marguerite-Marie semblait avoir perdu connaissance et l'usage de la parole : l'agonie commençait... Notre Mère s'approchant de son enfant bien-aimée : « Ma sœur Marguerite-Marie, lui dit-elle, je viens vous annoncer la grande, l'heureuse nouvelle, c'est une chose assurée, vous allez au Ciel ! » Cette déclaration fait tressaillir notre petite sœur : « Ah ! répond-elle d'une voix éteinte et entrecoupée : quel bonheur !... mais c'est trop beau pour moi... Je n'aurai pas ce bonheur... — Si... vous l'aurez bientôt ; dans quelques heures, ce soir peut-être ! — Oh ! quel bonheur !... que je vous remercie,... que vous êtes bonne !... »

Puis, comme se reprochant de prendre le repos pour elle et de nous laisser la peine : « Mais, dit-elle, il faut que je travaille à la Fondation !... »

— Vous ferez l'œuvre de la Fondation du haut du Ciel.

— « Oui, acheva-t-elle, je ferai l'œuvre de la Fondation... au Ciel !... » Ce furent ses dernières paroles.

Cependant trois jours de la plus cruelle agonie devaient consommer la purification de la victime. Notre Mère unissait son cœur brisé à celui de Marie au pied de la Croix. Elle ne quitta le chevet de sa Fille mourante ni jour, ni nuit... Mais malgré le martyre que lui faisait endurer celui de son enfant, elle ne voulait et ne pouvait demander à Notre-Seigneur de l'abréger, ni d'en diminuer l'intensité. Au contraire renchérissant encore, elle ne se lassait pas de pousser vers la divine Miséricorde ce cri d'une sainte audace et d'une foi illimitée : « Mon Dieu sanctifiez-la !... n'épargnez rien ! mais donnez-lui dans le ciel la place destinée aux Filles de la Visitation les plus aimées de votre Cœur !... »

Notre ange quitta la terre, la nuit du 24 au 25 mars. Laissons parler notre Mère sur ses dispositions à cette heure douloureuse, rapportant sa réponse à une lettre de condoléances. Elle commence par rappeler un souvenir des derniers jours de la chère disparue : « Le 4 mars, dit-elle, le bon Père R... était venu nous confesser ; je lui avait parlé de l'état grave de notre sœur Marguerite-Marie, sans lui dire le moins du monde de l'en avertir. En sortant d'auprès d'elle, le Révérend Père me raconta qu'il l'avait disposée à la mort : « Mon Père, lui dis-je, je ne comptais pas que vous lui parleriez ainsi ; c'est peut-être trop tôt ! — Oh ! non, il faut tenir les âmes religieuses dans ces horizons. »

« Puis, quand le soir je retournai vers notre petite malade, elle s'écria en riant : « Ma Mère, le Révérend Père R... est un saint, n'est-ce pas ? — Oh ! oui, c'est un saint religieux. — Est-il prophète ? parce qu'il m'a dit ces trois choses : « Soyez heureuse, ma Fille, Notre-Seigneur vous appelle à suivre le cortège de l'Agneau, si votre couronne n'est pas tout à fait prête, il saura bien l'achever. Et ne vous inquiétez pas de votre famille, Il la consolera ! » Voyez, ma Mère, le Père m'a prédit ma mort ; oh ! mais je n'aurai pas cette chance...

« Dès lors, nous parlions souvent de la mort, du Ciel, et surtout je laissais cette chère petite âme dans la perfection de l'abandon, ne voulant, par la partie supérieure, ni vie ni mort, mais le seul vouloir divin, au moment présent...

« Voilà donc notre Vassieux fondé au Ciel ! Voilà la voie ouverte pour s'acheminer du Vassieux terrestre au Paradis ! Elle a été virginalement, joyeusement ouverte... Et comme les prémices des martyrs furent les saints Innocents, Notre-Seigneur avait donné à notre petite Sœur, quelque chose de la naïveté des enfants voleurs du Paradis, pendant sa dernière maladie, comme pour réaliser en sa personne « la sacrée enfance spirituelle » qui doit enrichir le paradis de la Visitation.

« Puis est venue la terrible agonie de trois jours ; alors, l'expression du visage changea totalement, Notre-Seigneur achevait ce qui pouvait manquer à la couronne, Il marquait son épouse du sceau grave, mystérieux, sévère de la Croix. Ce n'était plus Bethléem, où elle se tenait toujours unie au saint Enfant-Jésus, sa grande dévotion ; c'était le Calvaire où la victime s'indentifiait à Jésus crucifié. Aussi après sa mort, notre chère première Fille avait quarante ans.

« Il l'avait bien gâtée, cette chère première ! Elle me disait : « Il se rend à tous mes désirs !... » Il devait, malgré nos prières, nos vœux se rendre à celui de mourir entre mes bras... d'être la première de Vassieux au Ciel ; de mourir en confiance, sans aucune frayeur des jugements divins... »

Notre Mère termine ainsi sa lettre : « Je n'aurais jamais cru qu'une Mère pût tant souffrir et il me semble que désormais j'aurai quelques participations plus intimes aux dispositions de Marie au pied de la Croix... Je me sentais si peu la force d'affronter de tels sacrifices qu'il me paraissait impossible que Dieu me les demandât. Mais quand le mot fatal du Docteur fut prononcé : « Il n'y a plus d'espoir » un acte d'amoureuse et totale adhésion est devenu mon état. Il me semblait entendre Notre-Seigneur me dire au fond du cœur : « *Je ne veux pas que dans ta supériorité, tu aies échappé à une des douleurs des Mères.* » Que vous dirai-je de l'émotion saisissante qui s'empare de l'âme quand on voit son enfant à la porte du Ciel, et qu'on a la certitude, que bientôt, elle n'aura plus un seul degré d'amour à atteindre ?

« Oh ! alors, on devient prière le jour et la nuit, on a le courage de voir tout souffrir pourvu que le mérite augmente,... on comprend la Mère des Macchabées... Si vous saviez ce que c'est que poser ses doigts sur les paupières de sa Fille et les fermer pour qu'elles ne s'ouvrent qu'au jour où les yeux du corps contempleront à jamais la divinité !... Priez notre Epoux pour que je sache aller droit à Lui où notre enfant me tire, car un jour, me prenant la main, elle me disait : « Ma Mère, au Ciel, je vous tiendrai toujours comme cela ! »

La mort de notre jeune Sœur fut le plus douloureux événement des commencements de la Fondation, l'érection de notre église, le plus consolant. C'est au cours de la deuxième année de notre séjour ici que notre Mère Marie-Madeleine eut la lumière très particulière de construire sans retard, — à la place de l'insuffisante chapelle que nous avions trouvée — un sanctuaire plus en rapport avec les besoins de la population et moins indigne de la divine Majesté.

Mais les temps étaient si peu favorables à l'accomplissement d'une telle œuvre qu'elle a dû être conçue, autorisée et réalisée dans la plus pure foi. L'entreprise rencontra, en effet, des difficultés qu'une confiance sans bornes en la Providence pouvait seule surmonter.

Celle de notre Mère triompha des oppositions et obstacles de tous genres opposés à son zèle. « O femme, que votre foi est grande ! » s'écriait un jour notre Mère Anne-Régis, pénétrée d'admiration pour cette sûreté en Dieu de son ancienne Fille.

Notre-Seigneur la soutenait, il est vrai, quand tout se réunissait pour ébranler sa constance. Il lui dit, en une circonstance où le projet était plus gravement traversé : « *Je te donnerai l'église, je te ferai ce cadeau...* » Forte de cette assurance, elle ne sentit jamais défaillir son courage, et elle écrivait au sujet des délais qu'elle eut à subir : « Ces refus me ravissent ; ce sont ces petits mécomptes de la terre qui annoncent de grands succès d'ailleurs. »

Et encore : « Ma confiance est tellement en Dieu, en dehors des ressources humaines que je crois et attends quelques petits miracles. N'est-ce pas audacieux ! Mais en somme les Apôtres, encore tous pécheurs, en ont fait et en ont obtenu parce qu'ils ont cru, pourquoi n'en obtiendrions-nous pas ?...

Que j'aime cette parole : « Pour nous, nous croyons ! »

Malgré son extrême désir d'offrir à Notre-Seigneur cette église qui devait être entièrement consacrée au Cœur adorable, notre Mère se tenait dans l'abandon, en attendant les décisions des Supérieurs ; et lorsqu'elle reçut la lettre qui les contenait, elle la déposa pendant plusieurs heures au pied de son Crucifix, avant de l'ouvrir. Puis elle se mit à genoux, s'offrit à Notre-Seigneur, et lui dit : « Vous savez que tout mon attrait est de demeurer auprès de Vous dans la prière et l'oraison, mais s'il est de votre gloire et bon plaisir que je vous donne mon temps et mes forces pour cette œuvre, me voici, je suis prête à l'accomplir. »

Après la réception de la bonne nouvelle, notre Mère nous dit : « A mesure que se creuseront les
« fondations, que s'élèveront les murs du temple
« matériel, édifions en notre âme un monument
« autrement beau et précieux aux yeux de Dieu. Il
« faudra que chaque pierre qui entrera dans la cons-
« truction de l'Eglise soit cimentée et consolidée par
« un acte de vertu qui fasse du même coup grandir
« nos âmes en sainteté et en union avec le divin
« Cœur. »

Un point toujours anxieux, pour quiconque a la responsabilité d'une telle entreprise, est celui de solder les mémoires. Sans échapper tout à fait à cette épreuve, notre Mère reçut la grâce d'une confiance illimitée dans le secours divin : « *Ne t'inquiète pas, c'est mon affaire* », entendit-elle au fond du cœur, dans un moment de préoccupation au sujet des dépenses qui s'ajoutaient au devis, pour la construction de sous-sols, calorifère et autres accessoires. Une sollicitude de cette nature se présentant une autre fois, Notre-Seigneur daigna encore la rassurer, lui faisant comprendre « *qu'on n'a pas besoin d'argent quand on n'a pas encore à payer.* »

Toutefois, notre Mère savait que Dieu veut notre coopération dans les œuvres qu'Il nous confie ; et surmontant sa timidité et ses répugnances, elle sollicitait des secours : « Je deviens hardie pour demander, avouait-elle, mais de loin, par lettre, et encore je rougis en écrivant, et je dis : « Si ce n'était pas pour Vous, mon Jésus !... » Les réponses, hélas ! trompaient souvent son espérance, mais si elles ne concouraient pas à élever les murs, elles approfondissaient l'âme en humilité, en abnégation, et attiraient ainsi sur l'entreprise les bénédictions de Dieu.

Notre-Seigneur eut en effet toutes les délicatesses d'amour pendant la période de travaux parfois si périlleux. Pas un accident, pas une égratignure ne vint arrêter les ouvriers ; si bien qu'ils en éprouvaient un profond étonnement : « Nous n'avons jamais vu cela, disaient-ils, c'est extraordinaire !... » Notre Mère priait, se sacrifiait, se confiait, tel était le nœud du mystère.

L'édifice achevé put être solennement livré au culte, le 17 octobre 1901. Notre Mère nous confia qu'en cet heureux jour, ce qui la réjouissait beaucoup c'était d'offrir au Cœur divin les diverses petites humiliations récoltées pendant cette construction. Cette offrande lui paraissait non moins précieuse aux yeux de Dieu que celle du temple matériel.

Parmi les décorations du nouveau sanctuaire, se remarque une grande verrière — forme oculus — qui ravissait notre fervente Mère. Elle représente le Cœur de Jésus entouré d'épines et rempli entièrement par le mot : *Charitas.* « J'y trouve, disait-elle, toute la révélation du Sacré-Cœur, le résumé de l'Evangile, un traité de spiritualité, l'industrie de la sainteté... la charité infinie, l'amour du Sacré-Cœur à la place du nôtre, amour qui comprend tout, satisfait à tout donne la mesure de tout... »

Notre église ne laissait plus rien à désirer, sinon un autel qui s'harmonisât avec l'ensemble de l'édifice. L'absence. de ressources et l'incertitude des événements semblaient imposer un retard illimité à son exécution. Mais les prières persévérantes de notre Mère eurent raison de toutes les entraves, et quelques mois avant sa mort, elle eut la consolation de voir consacrer cet autel si désiré.

CHAPITRE XVI

Déposition de notre Mère Marie-Madeleine. — Election de notre très honorée Mère Anne-Régis. — Vertus de l'humble Déposée. — Ses sentiments et sa conduite en face de la persécution. — « *Il faut qu'une partie de la France vive à genoux, pour remettre un jour la France entière debout!* »

Après deux triennaux bien remplis, notre Mère Marie-Madeleine voyait approcher avec bonheur sa déposition. Un jour, cependant, elle fut saisie d'effroi à la pensée de la responsabilité encourue pendant ces six années. Son bon Maître daigna la rassurer : « Il m'a pénétrée, au moment de la sainte Communion, de l'infini de l'Hostie, lisons-nous dans ses notes. Tout est réparé... J'ai confiance ! » Aussi lorsque le 5 janvier, la royauté échut à Notre-Seigneur, elle s'écria : « Je n'ai plus aucune inquiétude, aucun souci. Il est Roi. A Lui reviennent toutes les sollicitudes, je m'en décharge entièrement. Il payera son église, nous défendra contre nos ennemis, nous conservera dans ses Etats, portera nos âmes et les sanctifiera. » Elle nous donna pour mot d'ordre : « Prends ce que le Sacré-Cœur de Jésus t'envoie », et nous fixa pour l'année 1902, les lois d'amour suivantes : « Ravir le Sacré-Cœur, se livrer à son amour être un vrai Cœur de Jésus, se demander souvent : suis-je l'image fidèle de Jésus doux, suave, humilié, soumis, dépendant, sacrifié ? »

Plus tard, notre Mère pria le R. P. R... de demander au Sauveur d'accomplir dans les âmes le bien qu'elle avait empêché inconsciemment pendant sa supériorité : « Ma Mère, lui fut-il répondu, il est évident que Dieu a fait son œuvre. Mon impression est qu'Il plane sur cette communauté. »

Pouvait-il en être autrement après tant d'efforts et de si parfaites dispositions de la part de celle qui nous gouvernait ? Nous lisons dans une lettre à notre Mère Anne-Régis : « Ah ! que je voudrais faire couler en nos Sœurs des surabondances de grâces ! Je m'efforce de m'appliquer à tout : aux génuflexions pour que le Cœur de Jésus leur donne l'esprit de religion, d'adoration ; aux enclins, pour leur obtenir la soumission du jugement ; aux pensées du Directoire pour qu'elles ne les oublient pas. Chaque fois que j'ouvre une porte, que je rencontre un brin de fil, ou un peu de poussière à terre, je fais les petites pratiques en usage, en disant à Notre-Seigneur : « Quand elles passeront là, dites-leur, comme Vous me le dites, de Vous ravir le Cœur par ces petites choses. La sanctification de nos Sœurs par l'action directe de Notre-Seigneur et ma pauvre coopération me devient une idée fixe. Il me semble que je serais un monstre de Supérieure, si je ne m'efforçais pas de leur obtenir cette grâce ; je dis : obtenir, parce que ma nullité n'est capable de rien. »

Et dans une autre lettre :

« Une lumière m'est venue ce matin, pendant l'action de grâces... Quand les Supérieures sont incapables physiquement ou moralement, on les décharge et on en élit une autre ; j'ai donc résolu de me décharger chaque matin de la Supériorité dans le Cœur de Jésus et puis de l'élire, Lui, pour Supérieur de la Communauté de Vassieux. »

Quand arriva la déposition effective, notre humble

Mère éprouva une double joie : quitter la charge et
la remettre à notre très honorée Mère Anne-Régis.
C'était le comble de ses vœux.

Notre-Seigneur l'attendait là pour la dédommager
des sacrifices passés : « Le bon Dieu aime bien le
dernier rang, put-elle confier plus tard : quand je
suis Supérieure, Il ne se fait pas sentir, quand je
suis Déposée, Il recommence ; après ma déposition
Il m'a comblée, pendant quelques jours, de grâces
telles que je n'aurais pas pu vivre, me semble-t-il, si
elles avaient continué. »

Elle écrivait à ce sujet :

« Je compte beaucoup sur vous pour que vous m'ai-
diez par vos prières, à profiter de toutes les grâces
de la déposition. Vous ne saurez peut-être jamais
ce que c'est que d'être déposée ; pour moi j'y trouve
tant de délices, que je ferais tout pour demeurer
ainsi à jamais, si le plus désirable, le seul désirable
n'était toujours le choix divin. Ce soir je me prenais
à songer à la grotte de saint Bruno, et à me dire :
vraiment si j'avais été homme, je me serais fait Char-
treux. Vous le voyez, l'aimable solitude de Vassieux
n'est pas trop solitaire, puisque, loin de s'en lasser,
on en voudrait encore davantage : c'est que l'on y
peut faire la chose la plus utile et la plus grande du
monde : on peut se recueillir et prier pour les âmes. »
Mais, comment exprimer l'édification que nous
avons reçue devant l'attitude de notre vénérée Sœur
à sa place d'inférieure. Ravie de n'avoir plus qu'à
obéir, elle prodiguait les témoignages de sa soumission, de son profond respect, de son dévouement à
celle qui lui était rendue comme Supérieure et pour
laquelle elle conserva toujours les sentiments de la
plus reconnaissante, de la plus aimante des Filles.
De son côté, notre très honorée Mère Anne-Régis tenait en telle estime sa vertueuse Déposée, qu'elle

pouvait dire à ses Novices : « C'est une marque de prédestination d'avoir une telle Maîtresse. » Et entendant dans une circulaire l'éloge d'une Supérieure qui venait de se démettre de la charge : « Et moi, s'écria-t-elle, si je savais inventer des expressions qui dépeignent mieux ce que je ressens envers la nôtre, je m'empresserais de le faire ! »

Assurément, notre bien-aimée Sœur se trouvait plus que jamais dans son centre pour exercer toutes les vertus, spécialement celles que Notre-Seigneur a choisies comme caractéristiques de son Cœur : l'humilité et la douceur. Elle s'assujettissait avec amour et comme ses novices à toutes les pratiques de mortification qui tendent à tenir l'âme dans le sentiment de la petitesse. En ce profond rabaissement, elle recevait aussi les remontrances que sa Supérieure lui ménageait pour faire reluire sa vertu et assouvir sa soif d'humiliations ; dans ces occasions on la voyait tomber à genoux, les mains jointes, les yeux baissés, ne s'excusant jamais, quand bien même le manquement qu'on lui imputait était le fait de quelque Sœur du noviciat. Puis elle se relevait calme, souriante, joyeuse et reprenait avec une douce sérénité la conversation interrompue.

Notre-Seigneur disant, sur la Montagne : *bienheureux les doux car ils posséderont la terre*, dut avoir un regard particulier pour cette âme qui assaisonnait ainsi son humilité de tant de douceur. Tout son extérieur rayonnait cette vertu ; elle en portait comme le reflet ; l'ayant si bien établie en son intérieur, elle en faisait jouir tous ceux qui l'approchaient en gagnant leurs cœurs.

Après sa mort, une pieuse amie, agrégée à la Communauté, nous envoyait son impression à ce sujet ; les quelques lignes que nous allons citer et que nous relevons de ce témoignage montrent notre chère Sœur au naturel et son attitude en toutes circonstances, rencontres mortifiantes, exerçantes :

« Par une condescendance touchante, la douce Mère Marie-Madeleine avait consenti à m'aider dans la correction d'un travail préparé pour l'imprimerie : aide précieuse, en raison de son intelligence et de son instruction remarquables. Ceci, pour mon bonheur, m'amenait souvent au béni Vassieux. Je m'y trouvais depuis quelques jours y jouissant — sans savoir assez en profiter, hélas ! — du contact sanctifiant de sa vénérée Supérieure, et je devais en repartir le lendemain. Je désirais vivement voir avec elle, avant mon départ, quelques pages qui me restaient à lui soumettre. Entrant dans mon désir, elle avait décidé de me consacrer tout son temps libre, entre les exercices réguliers. Elle m'arriva en effet, après l'Office du matin... Au bout de quelques minutes, elle fut appelée pour une chose urgente qui la retint en Communauté jusqu'au dîner. Mais en me quittant, — avec sa charité habituelle, — elle me promit de me dédommager en revenant aussitôt après l'instruction du noviciat qui avait lieu à midi et demie. A une heure, elle était là... A peine avions-nous commencé la lecture des pages à revoir qu'on vint l'appeler pour le parloir... Elle comprit et partagea ma vive contrariété, ma déception... Alors, avec son calme angélique et son ineffable sourire : « Eh ! bien ma chère Sœur, puisque Notre-Seigneur n'a pas permis que je sois à vous, durant le temps que je vous avais destiné, je vous donnerai celui de l'Assemblée (1), Il en sera content ! » Et

____

(1) Réunion générale et quotidienne des religieuses, au cours de laquelle, tout en travaillant, chacune doit rapporter à haute voix un passage plus ou moins long de sa lecture spirituelle. C'est un temps de profond recueillement et de saintes conversations en préparation à l'oraison du soir qui doit suivre.

elle s'éloigna doucement... Quand elle eut disparu, je ne pus retenir ce cri d'admiration : Non ! saint François de Sales ne pouvait avoir plus de douceur, plus de charité ! »

Mais, rejoignons-la, à sa chère dernière place : elle allait avec une admirable fidélité et confiance, chercher lumière et direction auprès de sa Supérieure. On retrouve la trace de ses vues à ce sujet ; après avoir relevé un conseil reçu des lèvres maternelles, elle ajoute : « le garder précieusement, le mot de notre Mère, c'est un trésor, c'est le mot du « Bon Dieu ! »

Elle avouait simplement n'avoir jamais fait une objection à l'obéissance durant sa vie religieuse et nous savons qu'il lui avait fallu pour cela de l'héroïsme en diverses occurrences. A cette heure, elle était grandement vigilante pour suivre, au plus près possible, les intentions de notre Mère et se tenir partout la dernière : « Aidez-moi, écrit-elle, à ne me souvenir que j'ai été Supérieure que pour me rendre la plus humble et la plus obéissante de la troupe. Hélas ! il y a des habitudes prises. Je me suis rendue fatigante autrefois pour mes Supérieures, à force de leur soumettre le détail de mes actions, je crains bien de ne pas assez peser à cette heure sur notre bien-aimée Mère ! »

En une autre circonstance :

« Ne pensez-vous pas que, pour certaines natures, les charges sont plutôt une nouvelle occasion de s'anéantir que de s'élever, en les mettant plus à même d'être reconnues pour peu de chose ? La petitesse du lumignon disparaît quand il est sous le boisseau ; mais lorsqu'il est sur le chandelier, c'est à qui pourra sourire de son impuissante lumière ; et si le lumignon en a conscience, mon Dieu, que c'est bon pour lui !... Je vous parle par expérience personnelle... »

Elle avait vraiment la passion de se ravaler. Ecoutons encore : « Lorsque j'entends les paroles plus qu'excellentes et surabondantes qui sortent des lèvres de notre Mère à l'Assemblée, à la récréation, je constate qu'un mot d'elle en dit plus que cent de moi ; c'est le fonds qui manque. » Nous croyons que c'était ce qui manquait le moins...

Tels sentiments, dont la sincérité n'est pas douteuse, provoquaient cette déclaration : « Je vous avouerai qu'il y a une volonté de Dieu qui me fait toujours frissonner des pieds à la tête : c'est celle d'être peut-être encore un jour Supérieure... Je ne quitte jamais le parloir sans dire à Notre-Segneur : « Mon Sauveur Jésus, je suis faite pour le Ciel, non pour la terre. »

Notre Mère Anne-Régis aurait bien désiré ménager sa chère Déposée sur un point, celui de sa frêle santé. Mais pour exiger des soins, il aurait fallu imposer un tel sacrifice, qu'elle se laissa vaincre par tant de générosité. Le peu qu'elle put obtenir fit écrire à notre bien-aimée Sœur : « Priez pour moi, je suis fort lâche. Ma grande et unique préoccupation de mettre le plus d'amour possible partout me fait user sans y faire attention, de tous les petits soulagements qu'on me présente, sous le couvert d'une trop bonne Mère, de sorte que ma vie est très immortifiée. Le Sauveur doit m'excuser parce que je me crois plus attentive à l'amour qu'à autre chose, même qu'à la mortification. Cependant, je devrais plus « prendre garde. »

La terre hélas ! offrait à cette époque un triste spectacle par la proscription des Communautés religieuses. Notre chère Sœur ressentait en son cœur une douleur profonde de cet état de choses et eût voulu se fondre pour remédier à tant de maux. Pleine de compassion pour les religieux directement frappés, elle s'identifiait à leurs épreuves : « L'iniquité de nos ennemis est donc consommée sur votre chère Communauté, écrivait-elle alors à une Sœur de la Visitation de V..., rayée de la liste des Maisons existantes. Mais la providence du Sacré-Cœur n'a pas fini d'étendre sur elle ses délicates, ses ineffables tendresses ; la confiance de votre bien-aimée Mère me fait toujours attendre quelque miracle à votre endroit, et je suis portée à prier spécialement pour vous parce que j'ai toujours éprouvé un immense besoin de faire éclater aux yeux du monde le fruit de la confiance sûre et inébranlable en Notre-Seigneur. Ayons-la toujours, cette confiance, dans nos rapports intimes avec Lui. La défiance serait une injure entre un époux et une épouse ; quel nom, quel qualificatif faudrait-il lui donner quand l'Epoux s'appelle l'Infini ?...

« Vous allez donc partir, ma bien chère Sœur !... Vous allez par ce sacrifice jeter un germe de **résurrection** dans notre pauvre et chère France, et vous dites joyeusement : *Je possède en tout temps et je garde en tous lieux et le Dieu de mon cœur et le Cœur de mon Dieu !...* Celui que ni les Cieux ni la terre ne peuvent contenir, Il est à moi !... Vous emportez le trésor de vos saintes Règles, par lequel, partout, vous pourrez ravir le Cœur de votre Epoux ; et enfin, vous ne vous séparez pas des Mères et Sœurs bien aimées auxquelles Notre-Seigneur vous a unie pour l'Eternité : voilà l'adoucissement au sacrifice.

« En lisant ce matin l'Epître de la fête de saint Matthieu, je ne pouvais m'empêcher de penser à vous. Il y est dit des quatre animaux : « *Ils avaient la face tournée vers le Ciel... ils se tenaient unis par les ailes... ils allaient devant eux, où les portait l'impétuosité de l'Esprit... ils ne se retournaient jamais en arrière... Ils étaient pleins de feu et de lumière...* » N'est-ce pas le feu de la Charité qui doit échauffer la terre ?...

« Pour nous, nous sommes prêtes à voler où le souffle de la Volonté divine nous poussera... et quand Il le fera sentir. Peut-être le Sauveur a-t-Il le dessein de ne pas ôter de la France toutes les Visitandines... c'est son secret... Toujours est-il qu'il faut du sacrifice, parce que, dit-on, cela manque encore plus que la prière. Demandez donc à Notre-Seigneur que nous lui en donnions notre part bien large et que si nous ne sommes pas exilées, nous sachions rester inébranlablement attachées sur le Mont du Calvaire. »

A une Sœur de Fourvières, bien affligée devant les menaces de proscription imminente, notre Mère écrivait encore : « C'est par vous que je vais commencer mes réponses aux bons souhaits venus de notre Fourvières, d'abord parce que vous êtes ma Fille bien chère ; et puis parce que c'est aussi votre fête !... Des fêtes !... il y en a toujours n'est-il pas vrai, même sur la frontière de l'exil, parce que notre grande fête, que nous portons sans interruption dans notre cœur, c'est notre titre de *chrétienne*, notre qualité de *vierge*, d'épouse, de *visitandine* ; c'est *Notre-Seigneur Jésus-Christ* habitant en nous par son Saint-Esprit : *Le royaume de Dieu est paix et joie au Saint-Esprit... Il est un festin perpétuel.* Un festin c'est une fête !...

« Pour cela, il faut bien fermer ses deux yeux aux choses de la terre ; il faut manier les objets extérieurs le cœur et le regard en haut ; car, ainsi que les lettres nous le disent si bien : « Tout n'est que dévastation ! »

« Ma bien-aimée Sœur, je vous parle de fête pour

parler le langage d'en haut ; mais que je comprends et sens avec vous les souffrances d'en bas !... Oui, le Monastère, le clocher de Fourvières, le grand reliquaire de notre vieux Lyon, tout cela tient au cœur ; et on éprouve à cette heure tout ce que le mot Patrie a de force, surtout pour une Française, surtout pour une Lyonnaise !... On éprouve encore ce qu'est la moindre observance, quand, en la pratiquant, on se dit : sera-t-elle possible dans la maison de là-bas ?...

« Tout cela, c'est déjà du sang dont on arrose sa France ; cette France qu'on voudrait si glorieuse, si belle, si sainte. Et l'on fait ainsi plus pour elle que les penseurs, les économistes et les autres !... »

Cependant, dès le mois de septembre 1902, Mgr Déchelette assurait à notre Mère Anne-Régis que, sans un miracle, nous allions être dissoutes très prochainement. « A mesure que notre vénéré Supérieur tâchait de faire pénétrer ses appréhensions dans nos cœurs, nous dit ensuite notre très honorée Sœur Marie-Madeleine, je sentais le mien qui se dilatait, qui s'élargissait dans ma sûreté au Sacré-Cœur de Jésus. »

Néanmoins la prudence exigeait qu'on prît des mesures. Nos amis devenaient de plus en plus anxieux à notre sujet et craignaient que nous nous laissions surprendre par le liquidateur. Après de douloureux mécomptes à propos d'un abri offert à notre petite famille, notre Mère Anne-Régis dut partir hâtivement pour l'Italie, avec la mission de choisir un asile pour la Communauté de Fourvières et un autre pour celle de Vassieux. Notre bien aimée Sœur fut sa compagne de voyage, et en partagea les excessives fatigues. Cependant, l'accueil si débordant de cordiale charité reçu au cher Turin les dédommagea de toutes leurs peines et laissa dans leur mémoire un impérissable souvenir.

Au mois de juillet suivant, notre cher Monastère de Fourvières était porté sur la liste de proscription. L'espérance du salut ne fut pas pour cela anéantie dans les âmes, surtout dans celle de notre bien aimée Sœur : « Le dernier mot n'est pas dit, assurait-elle ; Marie-Madeleine a obtenu, par sa foi, que son frère, enterré depuis quatre jours sortît vivant du tombeau. Soyons Madeleine par la foi et ressuscitons la vie religieuse, au moins la vie contemplative, dans le Royaume de Marie et du Cœur de Jésus. »

Une Sœur lui ayant écrit qu'elle perdait confiance d'échapper au danger, tant elle voyait la situation désespérée, elle répondit : « N'est-ce pas, au contraire, le cas de presser notre prière ? N'a-t-on pas dit que les heures désespérées sont les heures de Dieu ? Pour faire sonner cette heure, il faut tirer le cordon et c'est la prière qui le tire. Je ne puis croire que le bon Dieu châtie la France de son Cœur, au point de lui retirer toutes ses contemplatives. Je crois que celles qui resteront ramèneront un temps meilleur, si, fidèles à leur mission, elles vivent vraiment de supplications et de sacrifices. *Il faut qu'une partie de la France vive à genoux pour mettre un jour la France entière debout !* »

Qu'elle l'aimait cette France ! et qu'elle souffrait en apprenant le départ pour l'étranger de quelques Monastères le notre Ordre ! A la nouvelle de l'autorisation obtenue par les Révérends Pères Trappistes, elle s'écria avec émotion : « En voilà donc quelques-uns qui rempliront sur place l'office de médiateurs entre la Patrie et le Ciel ! »

L'ardeur de sa prière et la fermeté de sa confiance méritaient bien une intervention particulière de Notre-Seigneur. Aussi, entendit-elle un jour, au plus fort des préparatifs de départ, son bon Maître lui dire de l'ostensoir où elle l'adorait : « *Maintenant que j'y suis, j'y resterai.* » Forte de cette parole, elle demeura inébranlable devant tous les raisonnements et jugements humains. Un jour, un saint Prêtre, ami du Monastère, vient la voir pour lui apporter des paroles de sympathie. Elle essaie de lui faire partager sa confiance d'obtenir la préservation de la Communauté : « Ce que vous demandez est un miracle, lui est-il répondu ; Dieu peut le faire certes, je le crois, mais voudra-t-il le faire ? c'est ce que je ne crois pas, et, ma conviction — puissé-je me tromper — est que dans six mois vous ne serez plus là.

— Monsieur l'Abbé, dans six mois, nous serons là, reprend notre Sœur, avec une sereine fermeté.

— Vous n'y serez plus, je vous le répète.

— Vous le verrez, monsieur l'Abbé, nous y serons. » Les trois témoins de ce dialogue furent non moins impressionnés que l'interlocuteur.

Déjà lorsqu'il s'était agi de la construction de l'église, à la veille de l'orage, des ecclésiastiques sages et prudents, arrivaient, l'esprit plein d'arguments irréfutables pour démontrer la folie de jeter les fondements d'un édifice qu'on n'aurait pas même le temps d'achever. Mais entendant les raisons surnaturelles d'agir qu'exposait, avec modestie, cette Supérieure, si remplie de confiance et de paix, ils s'en retournaient disant : « Il faut croire que Dieu lui parle et l'anime Lui-même de tels sentiments. »

Voilà où en était cette âme qui avait écrit : « La confiance me sera bien méritoire, parce que ma nature craintive y a beaucoup de peine ! »

Quelle que soit la hauteur des degrés gravis sur ce point, elle ne devait pas y stationner mais monter,

monter toujours sans reprendre haleine. A cette époque 1903, nouvelles impulsions qui la relancent dans l'incessant progrès : « Notre-Seigneur me presse d'entrer dans une voie d'abandon et de confiance encore plus entière. Abandon et confiance non de spéculations, mais de pratique ; abandon si sûr qu'il n'ait point de limites. Il m'a dit : « *Ne mets, par ma grâce, pas de bornes à ton anéantissement, je n'en mettrai pas à mes épanchements en toi ; ne mets pas de bornes à ta confiance, je n'en mettrai pas à mes libéralités ; ne mets pas de bornes à ton abandon, je n'en mettrai pas à mes opérations : et c'est la joie de mon Cœur !...* »

En réponse à ces divines et pressantes invitations, elle s'écrie : « Je veux rendre ma confiance plus audacieuse et plus naïve ; qu'il n'y ait rien qu'elle n'atteigne, qu'elle n'attende ; rien dont elle ne soit sûre sans voir, ni savoir, ni sentir ; être sûre quand on n'aurait rien connu jusqu'à son dernier soupir, en dépit de sa misère, de ses chutes, de ses fautes présentes... Je veux, pour votre gloire, que ma confiance résiste à mes péchés, à mes défauts, à mes impossibilités, incapacités, à vos retards, ô mon Dieu ! à vos silences, à vos refus !... »

« Tout ce qu'il y a de plus parfait, de bon, de tendre, de suave, de délicat, de soigneux, d'aimant, je l'attends à l'infini pour glorifier mon Dieu... Enivrée d'espérance... Se confier à la folie !... »

Qui dira les grâces, les faveurs sans nombre attirées du Ciel sur notre famille religieuse par la foi, les prières, les ardeurs de l'humble Déposée. Car, devant Dieu, elle ne se regardait pas déchargée de nos intérêts et les avait sans cesse devant ses yeux et dans son cœur. Ce qu'elle écrivait à un anniversaire de sa profession nous le prouve suffisamment : « J'ai livré mes années écoulées et celles de nos

Sœurs aux purifications, aux réparations de l'Amour. J'ai cru qu'un baptême de feu avait purifié toute la Communauté, parce que toutes les âmes étaient en état de le recevoir. J'ai livré cette nouvelle année de vie religieuse et celle de nos Sœurs aux envahissements, aux opérations de l'Amour ; je crois que toutes les recevront parce qu'elles sont toutes de bonne volonté ! »

Puis son zèle s'étend au loin : « Je désire ardemment cet amour dans tous les cœurs... Si j'avais un tison et que je puisse en embraser le monde, je suivrais le monde entier...

S'enfonçant toujours plus en avant dans le brasier divin : « Parfois, je me sens comme sous un globe de charité divine... Je ne vais pas aspirer la Charité, le Cœur de Jésus : il me semble être enveloppée de la Charité, comme le corps l'est de l'atmosphère et j'aspire cet air divin qui m'enveloppe... Alors le bon Dieu me donne les plus belles lumières... Cela arrive souvent après quelque humiliation. »

CHAPITRE XVII

Dans les chapitres qui vont suivre, nous étudierons Sœur Marie-Madeleine dans ses fonctions de maîtresse des novices, charge qui lui convenait si bien et qu'elle a exercée constamment à Vassieux. Mais avant d'entrer dans le développement de ce sujet, voyons comment Dieu l'avait disposée admirablement à cette mission de guider et d'entraîner les âmes dans la voie tracée par saint François de Sales à ses filles.

Elle écrivait un jour : « Mon Dieu, je vous en conjure, n'oubliez pas pourquoi vous m'avez faite : vous m'avez faite pour le rien, vous m'avez faite pour la vie anéantie, plus que cachée, solitaire avec vous, inconnue au monde, connue de vous seul, ensevelie avec vous, loin des créatures, vous parlant de mon amour et vous présentant nos chères âmes. La Visitation, telle qu'elle est sortie de la main et du cœur de nos saints Fondateurs et dans cette Visitation la dernière place, la plus oubliée, voilà ma vocation !... »

Il en était vraiment ainsi et on pouvait lui appliquer la parole qui fut dite un jour au sujet de notre Bienheureuse Sœur Marguerite-Marie : « Elle était faite pour la Visitation et la Visitation semblait créée pour elle. » L'amour, l'estime de son Institut allaient toujours croissant et Notre-Seigneur se plaisait à lui donner mille lumières pour fortifier en elle ces sentiments.

Nous avons sous les yeux un petit manuscrit trouvé dans ses notes intimes. Tout est soigné dans ce feuillet : papier, caractères, disposition des phrases ; certains mots sont écrits en grandes lettres faisant saillie sur tout le reste ; en un mot il semble que notre Mère ait eu à cœur de fixer l'attention de ceux sous les yeux desquels tomberaient ces lignes. Nous les retraçons ici, dans l'ordre adopté par leur auteur ; on ne les lira pas sans profit et sans qu'une clarté nouvelle se projette sur la sainteté de notre vocation :

« Vive Jésus !

« Absorbée par la pensée de la somme de prières et d'expiations que Notre-Seignur Jésus-Christ réclame en ces temps pour hâter le salut du monde et de la France, je pensais combien est faible dans notre saint Ordre la part faite aux macérations corporelles, combien plus faible encore est celle qui m'est faite à moi, indigne.

« Et le lendemain, après la sainte communion et à l'Office, il me semblait entendre : *Ce n'est pas du sang qu'il me faut, c'est de l'amour !...* En même temps, il me revenait à la mémoire ces paroles de notre Bienheureux Père : *Dieu récompense toujours l'amour par l'amour...* et il me semblait que la fidélité à animer chacune de nos actions de la ferveur de la charité, de l'amour du Cœur de Jésus, attirerait bien plus sur le monde l'expansion des flots d'amour contenus dans le Cœur de Jésus, que toutes les pratiques extérieures.

« J'ai compris, avec une reconnaissance indicible, la grandeur, l'étendue, la totalité de la part faite à la réparation, à l'expiation dans l'Ordre de la Visitation par notre Bienheureux Père, me rappelant son but : « J'ai voulu donner à Dieu des hosties de sacrifice, des holocaustes vivants... âmes si intérieures (1), filles d'oraison... fondées spirituellement sur le Mont de Calvaire pour le service de Jésus crucifié à l'imitation duquel toutes les Sœurs doivent crucifier, etc... (2). Etre crucifiées...

« Il y a le sacrifice sanglant.....

« Il y a le sacrifice intérieur, brûlant, ardent, et c'est le nôtre.

« Les uns versent du sang.

« Les autres brisent la volonté et brûlent comme un encens.

« Vu la grandeur de cette expiation tracée par notre Bienheureux Père et qui se réalise 1° par l'amour, me rappelant ces paroles de Notre-Seigneur à la bienheureuse Marguerite-Marie, après son vœu si complet de perfection : *Sache que tu satisferas à tout, en m'aimant sans réserve et sans interruption.*

(1) « J'ai voulu donner à Dieu des filles d'oraison et des âmes si intérieures qu'elles soient trouvées dignes de servir sa Majesté Infinie et de l'adorer en esprit et e nvérité, laissant les grands ordres déjà établis dans l'Eglise honorer Notre-Seigneur par d'excellents exercices et des vertus éclatantes... Je veux que mes filles n'aient d'autre prétention que de le glorifier par leur abaissement, que ce petit institut soit comme un pauvre colombier d'innocentes colombes dont le soin et l'emploi est de méditer la loi du Seigneur, sans se faire voir ni entendre dans le monde, qu'elles demeurent cachées dans le trou de la pierre et dans le secret des masures, pour y donner à leur Bien Aimé vivant et mourant des preuves de la douleur et de l'amour de leur cœur, par leurs bas et humbles gémissements. » (Lettre de saint François de Sales à Monseigneur de Marquemont.)

(2) *Constitutions.*

*Ne pense et ne t'applique qu'à m'aimer parfaitement,
à me plaire en toutes choses et en toute occasion...
tu en feras encore plus par l'exercice du saint
amour que tu n'en as promis par ton vœu...*

« Et ces autres de Jeanne Bénigne (1) Nos saints
Fondateurs m'apprirent que par un seul acte de pur
amour de Dieu, formé par leurs Filles, ils sont tous
deux plus glorifiés que par toutes les austérités
qu'elles pourront pratiquer... parce que l'amour est
ce qui plaît le plus au Cœur de Jésus, au cœur de
Dieu même.

« Et celles-ci de saint Jean de la Croix : Le plus
petit mouvement de pur amour est plus utile à
l'Eglise que toutes les autres œuvres réunies ensemble.

« Et encore celle de Mgr Gay : Tout ce qui dit
l'amour, blesse Satan... ruine son empire, etc...

« Vu la grandeur, l'étendue de l'expiation, de la
réparation, de l'immolation qui se fait à la Visitation.

« 2° Par le renoncement continuel de sa volonté
en celle de Dieu au moyen du 3e article (2).

(1) Sœur Jeanne Bénigne Gojoz, religieuse de la Visitation
de Turin, morte en odeur de sainteté en 1692, et dont la **vie**
a été publiée sous le titre : *Le Charme du divin Amour.*

(2) Les sœurs qui voudront prospérer et faire progrès, en la
voie de Notre-Seigenur doivent au commencement de toutes
leurs actions, tant intérieures qu'extérieures, demander sa
grâce et offrir à sa divine Bonté tout ce qu'elles feront de
bien, se préparant ainsi à supporter toute la peine et mortification qui s'y rencontrera, avec paix et douceur d'esprit,
comme provenante de la main paternelle de notre bon Dieu
et Sauveur, duquel la très sainte intention est de les faire
mériter par tels moyens, pour par après, les récompenser de
l'abondance de son amour. Et qu'elles ne négligent point
ceci, ès choses petites et qui leur semblent de petite importance, voire même si on les emploie à des choses qui leur
soient du tout agréables et conformes à leur volonté et nécessités comme de boire, manger, se reposer et récréer et
choses semblables, afin que, suivant le conseil de l'Apôtre,
tout ce qu'elles feront soit fait au nom de Dieu et pour son
seul plaisir. (*Directoire spirituel.*)

« Vu sa conformité à la Réparation infinie de Notre-Seigneur Jésus-Christ (sauf les quinze heures de sa Passion) dans ces paroles :

« *Vous n'avez plus voulu d'holocauste et de sacrifice, alors j'ai pris un corps et j'ai dit : me voici, ô mon Père, pour faire votre volonté.* »

« Et dans celles-ci : *Je ne suis pas venu en ce monde pour faire ma volonté mais celle de mon Père qui m'a envoyé.*

« Vu encore la grandeur, la sublimité, l'efficacité de l'expiation dans la Visitation,

3° Par l'humilité... l'application à la vie humble cachée, anéantie, inconnue au monde, connue de Dieu seul, à la plus profonde humilité qui se puisse trouver ici-bas... *Il faut qu'il croisse et que je diminue...* Pour qu'Il croisse, c'est-à-dire pour que son règne s'étende dans les âmes... que je diminue.

« Plus je diminue, plus Il croît... Donc plus il y a d'humilité, plus il y a de réparation.... »

Et on a lu au chœur : « Entre toutes les œuvres de Dieu, celles qui ont été les plus excellentes et les plus admirables n'ont pas été faites dans l'éclat de sa divinité mais dans l'abaissement de son humilité... Le monde a été créé par la puissance de Dieu... il a été racheté plus miraculeusement par l'anéantissement de l'Homme-Dieu... et c'est par le moyen de ce qu'il y a eu de plus bas et de plus infirme en Lui, qu'il a terrassé l'orgueil du démon, réprimé son audace, détruit son empire.

« *Je ne cherche point d'autre bouclier à opposer aux traits des ennemis de mon salut que vos anéantissements.* »

« Enfin, j'ai vu surtout la continuité ininterrompue de notre état de sacrifice... d'expiatrices... de réparatrices obtenue :

4° Par le premier article de notre Directoire fidèlement pratiqué : Que toute leur vie et exercices soient pour s'unir à Dieu... Puisqu'il est dit que : Tout acte constitue un sacrifice, dès qu'il a pour but de nous unir avec Dieu, suprême béatitude. »

Et que « le moindre des actes de l'Homme-Dieu faisait plus que compenser aux yeux de la Trinité sainte, je ne dis pas nos fautes et nos crimes, mais la malice impie et desespérée des démons !... »

« Donc plus il y a d'amour, plus il y a de réparation .

« Plus il y a de renoncement de sa volonté en celle de Dieu par l'obéissance, plus il y a de réparation.

« Plus il y a d'humilité, plus il y a de réparation.

« Plus il y a d'union à Dieu, plus il y a de réparation.

« Mais l'humilité, mais l'obéissance, mais l'amour selon la Règle. Et j'ai compris, ô mon Dieu, l'humble gloire des Filles de la Visitation !... la prédilection de votre Cœur sacré pour ce petit Institut caché au monde, connu de Dieu seul et dont la manifestation sera pour l'éternité (1). »

De telles convictions arrachaient souvent à notre

(1) Notre Bienheureux Père, sous l'inspiration divine, nous a mises, par le seul fait de notre vocation, dans le cas de participer aux promesses les plus sublimes du Sacré-Cœur de Jésus... Promesses admirables pour les âmes qui offriront à l'intention du monde entier, leurs prières, œuvres et sacrifices.

Et notre Bienheureux Père nous a destinées exclusivement à ce grand dessein : « *Aider par prières et bons exemples la sainte Eglise et le salut du prochain.* » (*Directoire spirituel.*)

Mère cet élan vers le Ciel : « Mon Dieu inspirez à beaucoup d'âmes de se sanctifier par les moyens que nos Saints nous ont donnés ! »

Et Notre-Seigneur devait confirmer peu après ce que nous venons d'entendre émettre à son humble servante. Ne disait-Il pas à Sœur Bénigna Consolata (1), *sa petite secrétaire d'amour : « Je veux te parler de l'excellence de ta vocation, pour te la faire toujours mieux connaître, toujours plus aimer, toujours mieux pratiquer. Ta vocation est une vocation divine, un appel divin. Tu n'en as pas encore toute l'intelligence... Ta vocation est une des plus sublimes de l'Eglise universelle parce qu'elle conduit les âmes directement à l'union avec Dieu, par voie d'amour. »* Si notre Mère avait pu, avant sa mort, être instruite de ces adorables confidences, n'aurait-elle pas tressailli de bonheur, en percevant ainsi l'écho de ce qui se disait si fortement en son propre cœur ?

Au reste, le don du Cœur de Jésus à notre petit Institut eût suffi pour lui faire apprécier et aimer son appel à la Visitation et jeter en son âme une inondation de joie et d'humble reconnaissance. Parmi les documents de l'Ordre, il en est un qui faisait palpiter son cœur d'une immense consolation. Nous voulons parler de la vision dont fut favorisée notre bienheureuse Sœur Marguerite-Marie le 2 juillet 1688 (2). Chaque mot de la révélation la jetait

---

(1) Sœur Bénigna Consolata, religieuse de la Visitation de Côme (Italie) morte en odeur de sainteté le 1ᵉʳ septembre 1916 à l'âge de 33 ans, après avoir reçu la mission d'annoncer au monde les miséricordes du Seigneur.

(2) « Je vous dirai donc qu'ayant eu le bonheur de passer tout le jour de la Visitation devant le Très Saint Sacrement, mon Souverain daigna bien gratifier sa chétive esclave de plusieurs grâces particulières de son Cœur amoureux, lequel me retirant tout au-dedans de Lui-même, me fit goûter ce que je ne puis exprimer. Il me fut, ce me semble, représenté un lieu fort éminent, spacieux et admirable en sa beauté, au centre duquel il y avait un trône de flammes dans

dans le ravissement, mais surtout excitait en elle des désirs ardents de faire valoir les trésors du Cœur adorable mis à la disposition de la Visitation « pour en enrichir le monde. »

Un incident l'amena, un jour, à dévoiler comment elle savait exploiter cette mine inépuisable. Dans une lettre de l'un de nos monastères, il était raconté que la Supérieure de la Communauté avait engagé ses Filles à se poser cette question : au jour du jugement, quand Notre-Seigneur nous demandera ce que nous avons fait de son Cœur, qu'aurons-nous à répondre ?

Ce fut comme un trait de feu qui pénétra au plus intime de notre Mère : « Oh ! s'écria-t-elle, quelle belle et lumineuse poésie n'y aurait-il pas à composer en réponse à une telle demande !... qui voudra s'en charger ?... » Nulle comme elle n'en était capable. Aussi, laissant déborder le trop-plein de son

lequel était l'aimable Cœur de Jésus, avec sa plaie, laquelle jetait des rayons si ardents et lumineux que tout ce lieu en était éclairé et échauffé. La Très Sainte Vierge était d'un côté, notre Père saint François de l'autre avec le saint Père de la Colombière; et les filles de la Visitation, paraissaient en ce lieu, leurs bons anges à leur côté, qui tenaient chacun un cœur en main. La Sainte Vierge nous invitait par ces paroles maternelles : « Venez mes filles bien-aimées; approchez-vous, car je veux vous rendre dépositaires de ce précieux trésor que le Divin Soleil de justice a formé dans la terre vierge de mon cœur, où il a été caché neuf mois, après lesquels il s'est manifesté aux hommes... »

Cette Reine de bonté, continuant de parler aux Filles de la Visitation, leur dit, en leur montrant ce divin Cœur : « Voilà ce divin Trésor qui vous est particulièrement manifesté, par le tendre amour que mon Fils a pour votre Institut, qu'Il regarde et aime comme son cher Benjamin, et pour cela le veut avantager de cette possession par-dessus tous les autres. Et il faut non seulement que celles qui le composent s'enrichissent de ce Trésor inépuisable, mais encore qu'elles distribuent cette précieuse monnaie de tout leur pouvoir avec abondance, en tâchant d'en enrichir tout le monde sans craindre qu'il défaille; car plus elles y prendront plus il y aura à prendre. » (Extrait d'une lettre de la Bienheureuse Marguerite Marie à la Mère de Saumaise.)

propre cœur, cette chère Mère chanta en vingt-cinq couplets toutes ses industries, tout son zèle, tout son travail, pour qu'à l'heure de la mort, elle pût, non seulement sans trembler, mais avec une joie ineffable, soutenir la divine rigueur de cette question : Fille de la Visitation qu'as-tu fait de mon Cœur ?

Cette pieuse improvisation fut répandue de tous côtés sous le titre de : Jugement d'une Fille de la Visitation. Notre Mère se prêtait simplement à cette diffusion, tout en exigeant qu'on gardât l'anonymat : « Ce n'est pas moi assurait-elle qui ai conçu ce que j'ai dit ; Notre-Seigneur Lui-même me l'a donné. » Et elle ajoutait volontiers, parlant à ses Filles : « Vivez le jugement ! » (Voir à la fin du volume.)

Enfin, elle nous exhortait à être jalouses de rester dignes a jamais des prédilections du Sacré-Cœur : « Quand Notre-Seigneur veut révéler quelque chose de son Cœur, disait-elle, c'est presque toujours à notre Institut qu'Il s'adresse. Pourquoi ? Parce que la Visitation a été créée dans les conditions les plus propres pour recevoir les manifestations de son amour ! Par manifestations, nous n'entendons pas les grâces extraordinaires, les missions.. Il y en a et il y en aura encore, mais ce n'est pas le général ; tandis que toutes nous sommes appelées, si nous sommes fidèles, à recevoir un écoulement extraordinaire du Sacré-Cœur pour nous et pour le monde. » Et elle conclut sous forme d'incisif avertissement : « S'il y avait dans l'Eglise des Ordres qui réalisent mieux que nous les conditions des manifestations du Sacré-Cœur de Jésus, ce serait à eux que le Sacré-Cœur s'adresserait et notre Institut cesserait de répondre au choix divin... Ne soyons pas jalouses des faveurs accordées aux autres, mais soyons jalouses de ne pas perdre ce qui est pour nous !... »

CHAPITRE XVIII

Mère Marie-Madeleine considérée dans sa charge de Maîtresse des Novices à Vassieux. — Nécessité de la prière et du sacrifice dans la direction des âmes. — Une seule question importe : la grâce ici-bas, la gloire là-haut... Faire des Novices des *sûres de Dieu*. — On chante toujours le *Magnificat* à la Visitation.

Supérieure ou Déposée notre Sœur Marie-Madeleine a exercé constamment à Vassieux des fonctions qui lui convenaient éminemment, celles de Maîtresse des Novices. Tout en se faisant la plus haute idée de la responsabilité d'une Directrice, surtout dans une Fondation, elle ne la redoutait pas, comme le prouvent ces lignes écrites au sujet de la Supériorité : « La charge est un peu contre ma nature — pas celle des âmes — mais les autres actes de la charge. »

Loin de s'appuyer toutefois sur ses aptitudes naturelles, elle se consumait d'ardeur pour façonner au gré de l'Epoux divin les sujets que la Providence lui envoyait. Les six années de sa déposition lui donnant des loisirs, elle les employa consciencieusement à étudier encore ce qu'elle devait enseigner et faire pratiquer. Ses notes, nous l'avons vu précédemment, donnent la mesure de la perfection qu'elle découvrait dans les enseignements de nos saints Fondateurs. « J'ai la passion de nos Ecrits, disait-elle, je souffre de tant y trouver et d'être impuissante à le communiquer. »

Les livres à son usage portent encore, dans les marges surchargées d'indications, la trace de la recherche inlassable des moindres intentions de nos Bienheureux Père et Mère. Elle a extrait de leurs Lettres, des Entretiens, des Exhortations, des Règles, Constitutions, Directoire, Coutumier, Petites Coutumes, Réponses, tout ce qui se rapporte à un même sujet : clôture, parloirs, prédications, chapitre, etc. ; de même pour les exercices quotidiens : Office, récréation, réfection ; pour les vertus : humilité, charité, abandon. Nous trouvons aussi l'ébauche d'un travail de concordance entre nos Ecrits et les Psaumes, les Epîtres et les Evangiles. Celui de saint Jean surtout lui était une source inépuisable de lumières ; et seulement pour le troisième article de notre Directoire, elle note une vingtaine de textes le confirmant. Un bon moyen qu'elle employait encore pour buriner dans la mémoire les sujets de son étude, c'était de les réduire en questionnaire.

Par-dessus tout, on le devine, notre Sœur se pénétrait de la nécessité de la prière, de l'esprit de sacrifice pour quiconque a charge d'âmes ; et, afin de fortifier sa conviction, elle recueillait les textes sacrés prouvant qu'il faut donner sa vie, si l'on veut acquérir la puissance sur les ennemis du salut : *Il vaincra parce qu'il a livré son âme à la mort... Je meurs tous les jours, afin que je puisse me glorifier devant Notre-Seigneur Jésus-Christ de vous avoir acquis..., etc.*

Quelques principes généraux pour la formation des Novices, notés par notre bien-aimée Sœur, nous paraissent encore à signaler : « Faire prendre la vie religieuse de très haut, dans une humilité profonde... Rien n'est si grand que la vie religieuse, rien n'est si fécond que les actes de cette vie qui rend le religieux supplément du monde... Tenir les âmes dans le vrai, c'est-à-dire dans l'Evangile, les Épîtres, le Catéchisme, la doctrine de nos saints Fondateurs.

« Les tenir dans la joie en les tenant dans le vrai sur les plus petites pratiques de la vie religieuse ordinaire, leur en montrant la beauté, les effets, les fruits. De même pour l'Office, l'oraison, la présence de Dieu, afin qu'elles ne prennent ni le goût ni le désir de l'extraordinaire. Que leur extraordinaire soit de creuser chaque jour la beauté de leur ordinaire. Que les extraordinaires, quand il y en aura, leur soient plutôt une petite mortification qui les ramène à leur ordinaire avec plus de joie. »

« Notre-Seigneur me montre si sensiblement les effets merveilleux de la consécration religieuse, pouvait dire encore la fervente Directrice, que je donnerais toutes les choses de la terre, santé, vie, et que je ferais tous les sacrifices pour avoir le prix d'un seul *Domine exaudi orationem meam*, prononcé au milieu du chœur, en consacrée, dans une intime union à Dieu, de cœur, d'amour, de volonté. »

Arrivant au Noviciat pour donner son instruction, notre vénérée Sœur nous paraissait un composé d'humilité, de dignité, d'ardente charité. Elle était visiblement pénétrée de l'importance du mandat qui lui était confié par Celui qu'elle venait faire connaître et aimer. Quel enseignement déjà que la préparation à l'exercice ! Comme elle pratiquait son axiome : « Non seulement il faut prier, mais il faut être la prière même. »

« Notre-Seigneur m'a fait comprendre, a-t-elle écrit, que le *Sub tuum*, dit fervemment, fait plus de bien que ma parole. Que chaque mot du *Salve*

Regina peut produire plus d'effets que l'instruction la mieux préparée. »

On le sentait, notre fervente Sœur se déchargeait en parlant de Dieu, et son âme aurait voulu s'écouler dans celles des novices pour mieux les imprégner des vérités qu'elle annonçait. Les qualités et les aptitudes du professeur lui étaient naturelles : elle approfondissait d'abord son sujet, puis en l'expliquant, elle appuyait sur chaque mot, chaque phrase, les répétait sous toutes les formes, les tournait et retournait sous toutes les faces, y revenait sans se lasser jusqu'à ce que la leçon fût gravée dans la mémoire pour la vie.

Se instructions étaient simples, claires, sans recherche aucune, à la portée de tous les esprits ; et quoique très mystique elle-même, elle se tenait invariablement à l'enseignement des vertus pratiques. « Toute notre mysticité, disait-elle, devrait consister à bien connaître et observer la Règle. Dieu nous a prédestinées... pour obéir. »

Les inclinations que nous avons remarquées en notre Sœur ne l'exposaient pas à s'arrêter aux conditions attrayantes des Novices, ou même à faire trop de cas des âmes soi-disant favorisées : « Je crois, disait-elle, que nous sommes toutes gratifiées, que nous le sentions ou non, et que ce qui peut seul apporter de la différence, c'est la mesure de notre humilité, de notre néant connu, aimé, accepté, et de notre confiance aveugle, immense et sûre... »

Le chemin de la perfection va de soi à Dieu, et la vigueur de l'effort pour sortir du moi détermine la durée de la course. Il importe donc de commencer avec élan afin de poursuivre et atteindre le terme rapidement et sûrement. Le but de la direction est d'éclaircir la route, d'en montrer la beauté et les avantages, puis d'aider puissamment l'âme à se dégager d'elle-même ; aussi, notre Sœur apprenait à briser les entraves, à rejeter l'accessoire :

« Une seule question importe, disait-elle, la grâce ici-bas, la gloire là-haut. La mesure de la gloire qu'on donnera à Dieu étant la mesure de la grâce, une seule chose doit nous occuper : accroître la grâce par la fidélité, par les élans vers Dieu, par le couper-court. Notre vocation, c'est de nous dégager, c'est de monter, monter plus haut dans l'amour, monter plus haut dans l'union et de faire monter les âmes avec nous. O mon Dieu, s'écriait-elle, savoir que l'on a à sa disposition les richesses du ciel et de la terre, que le moyen de s'en emparer est si simple ; savoir que l'on peut, à chaque seconde de sa vie se remplir de l'infini de Dieu ; savoir qu'après la mort on jouira de cet infini dans le degré où on l'aura possédé à son dernier soupir ; savoir cela et ne pas consacrer tous les moments de sa vie à se remplir de Dieu, à en remplir le monde ; s'en distraire pour retourner sur soi, sur une contrariété, c'est être insensé ! »

Aussi lorsqu'une novice venait lui parler de quelque mécompte ou difficulté, elle répondait avec un accent inoubliable : « Qu'est-ce que cela fait ! mais qu'est-ce que cela fait ! Est-ce que cela vous empêche de vous unir à Dieu ? » et bien souvent ces simples mots suffisaient pour rendre la paix.

Sachant que « toutes les formes de sainteté ont à leur base une confiance héroïque qui dépasse tout » notre bien-aimée Sœur désirait ardemment fonder ses novices dans cette vertu : « Je voudrais en faire, dès le début, des *sûres de Dieu*, disait-elle. Je voudrais les établir dans la défiance absolue d'elles-mêmes et dans une confiance sans limite en Notre-Seigneur. »

Sur ce sujet, elle n'avait qu'à laisser déborder son cœur.

« Je voudrais donner à toutes les âmes ce don de confiance pratique, éclairée, indépendante du sentiment, de la vue, du goût ; cette sécurité prise en Dieu par la foi nue et la volonté, malgré la misère. Je voudrais leur faire comprendre que la misère et le néant, loin d'entraver l'œuvre divine, la facilitent dans une âme, si elle s'humilie, se confie en Dieu, se livre à ses opérations. Par conséquent leur donner l'horreur des moindres fautes, et en même temps la passion de n'être rien, et une confiance au Cœur de Jésus proportionnée à leur rien.

« Nous ne comprendrons jamais assez, ajoutait-elle l'importance de cette parole de notre Bienheureux Père : *Et, parce que l'entreprise est grande, elle leur apprendra à ne point se confier en elles-mêmes, mais à jeter toute leur confiance en Dieu.* » Notre Sœur faisait de cette vertu son exercice continuel : « Ne pouvant glorifier Dieu par ma sainteté, disait-elle, je veux le glorifier par la grandeur de ma confiance et la profondeur de mon néant ; au soir de mes mauvaises journées, j'aime à dire : « Je crois, mon Dieu, que vous ferez néanmoins de moi une sainte, puisque je vous en ai chargé. J'ai confiance en vous jusqu'au miracle, à cause de ma misère. » Elle appuyait ce sentiment sur quantité de textes de l'Evangile, entre autres celui-ci : « *Il apparut d'abord à Marie-Madeleine de laquelle Il avait chassé sept démons...* Voilà ma confiance s'écriait-elle. » Aussi, ne fallait-il pas donner le change à la lâcheté par telles paroles : « Je suis indigne, incapable... c'est trop parfait pour moi. » L'une de ses Novices lui ayant dit : « Je suis un monstre. — Eh bien ! répondit-elle, vous ferez tous les jours cette prière : Je suis un monstre, mais j'en suis ravie de joie, parce que je sais, ô Jésus, que vous voulez et pouvez en faire une sainte. Je dépose tout le passé dans votre Cœur, afin qu'il le purifie. »

A toutes, elle recommandait de dire souvent : « Je ne suis rien, je ne puis rien, je ne vaux rien, je ne mérite rien : *Gloria Patri...* » ou bien : « Mon Dieu, nonobstant ma grande fragilité, je crois fermement que vous me ferez parvenir au plus haut degré d'union et de sainteté que vous avez promis aux Filles de la Visitation ; que vous me donnerez telle vertu (celle qui manquait le plus) à un degré héroïque. J'attends de vous ce qu'il y a de plus grand et je vous en rends grâce. »

Que de fois la chère Directrice répétait : « Où ira la plus grande miséricorde sinon à la plus grande misère ! Qu'est-ce qui glorifiera le plus cette grande miséricorde, sinon ses opérations, ses effusions dans la plus grande misère ! Si une âme pouvait recevoir la grâce de voir le fond de sa misère et avoir avec cela une confiance inébranlable, Dieu en ferait une sainte, une grande sainte. »

Elle rappelait sans cesse cette parole de l'Evangile qui l'avait beaucoup frappée : *Pouvez-vous croire ? Tout est possible à celui qui croit.*

« Ah ! disait-elle, que jamais Notre-Seigneur n'ait à nous dire : *Pourquoi avez-vous douté ?* ou : *Vous avez cru parce que vous avez vu ;* mais plutôt qu'Il ait toujours à s'écrier : *Bienheureux ceux qui n'ont pas vu et qui ont cru ;* ou : *Je n'ai pas encore trouvé tant de foi dans l'Eglise !* » Elle aurait voulu que cette vertu fût assez vive en ses novices pour obtenir des miracles. L'une d'elles ayant dû se servir de béquilles pendant quelque temps, la fervente Directrice l'excitait à beaucoup prier, puis à se risquer sans autre appui que sa foi. Une autre, chargée d'une certaine partie du jardin, jugeait nécessaire de couvrir le terrain d'engrais pour le rendre apte à telle production : « Si je vous disais de planter sans engrais, répondit-elle, n'auriez-vous pas la foi et l'obéissance aveugles qui obtiennent des miracles ? »

Elle pressait ces chères âmes de passer souvent leurs oraisons à demander cette foi héroïque, qui s'élève à ce qu'il y a de plus grand, de plus saint. Après chaque faute, elle désirait que la délinquante dît : « Mon Dieu, malgré cette chute, malgré mes misères présentes et ma vie passée toute criminelle, je crois, sans hésiter, que vous me conduirez à la plus haute perfection qui se puisse trouver ici-bas.

« Si vous êtes fidèle à cette pratique, je vous attendrai à la porte du Paradis pour vous en demander des nouvelles. Mais il faut en venir à ne plus voir sa misère personnelle, pour contempler uniquement la miséricorde et la bonté infinies de Dieu... Que nous sommes heureuses dans notre petite Visitation ! Le moyen de regagner le temps perdu par les chutes nous est si facile, les chemins rapides et raccourcis sont si bien tracés ; il n'y a qu'à les prendre. Vraiment, si nous le voulons, rien ne peut nous arrêter et tout nous pousse. Avec le Cœur de Jésus et celui de Marie, avec l'humilité, la confiance, l'abandon, les réparations divines, les vertus de supplément que nous manque-t-il ? »

La connaissance de ce qu'on appelle « vertus de supplément » avait été une révélation pour cette âme qui s'empressa de la réduire en pratique, jusque dans ses moindres actions. Par exemple, en faisant une génuflexion, elle disait : « Profondes adorations du Cœur de Jésus, je m'unis à vous ! » Allant à la récréation, elle ajoutait aux pensées du Directoire: « Amabilité, charité du Cœur de Jésus, je m'unis à vous ! »

Ecoutons encore ces paroles consolantes : « Ce

ne sont pas les âmes qui tombent le moins qui arrivent le plus haut dans la perfection de l'amour ; ce sont celles qui perdent le moins de temps après être tombées, qui, au lieu de s'arrêter, gémir, retourner sur elles-mêmes savent s'anéantir et aller à Celui qui a dit : *Venez à Moi et je vous referai...* puis se remettent en la volonté de bien faire. N'oublions jamais cette parole de notre sainte Mère : « Dieu se plaît à travailler sur les âmes anéanties. » Comment être une âme anéantie, si l'on ne touche du doigt son néant ? Croyoss donc sans hésiter que le Cœur tout-puissant de notre Epoux divin fera des merveilles pour sa gloire sur les néants qui se livreront à Lui et qui croiront sans chercher à voir ce qu'Il aura fait...

« Et puis pensons à tout ce que nous avons dans le Sacré-Cœur. Si nous sommes lâches, distraites, unissons-nous à la générosité, au recueillement profond de ce Cœur divin ; répétons, sans nous lasser : recueillement du Cœur de Jésus, esprit de sacrifice du Cœur de Jésus, je m'unis à vous. Le contact du Cœur de Jésus ne peut moins faire que de transformer une âme, mais spécialement veut-Il transformer les Filles de la Visitation. »

Connaissant cela, il n'y avait plus de place pour le découragement qu'elle nommait « la peste de la vie spirituelle » et, ajoutait-elle, si l'on aime Notre-Seigneur d'un amour désintéressé, on est ravie de penser qu'Il aura dans l'Eternité la gloire de nous avoir refaite. »

Le ravissement ! la joie !... elle voulait cela pour caractère distinctif du Noviciat de Vassieux. Elle disait : « Quand une âme ne veut que ce que Dieu veut, ne désire être que comme le bon Dieu veut, elle est toujours consolée. » Et partant il fallait que le *Magnificat* fût la réponse à tout événement : « On le chante toujours à la Visitation, ce sacré cantique, poursuivait-elle, parce que l'esprit y est toujours ravi en Dieu, c'est-à-dire, hors de lui-même ; et parce que, dans ce cher Institut, on apprend aux âmes à ne pas se regarder, à ne pas se savoir, à ne pas se rechercher. En effet, qu'est-ce qui peut troubler la joie quand on ne vit plus d'après ce que l'on sent mais d'après ce que l'on sait ? »

Elle notait dans son programme : Amener les âmes à être dans la froideur, l'insensibilité, les sécheresses sans même savoir qu'elles y sont, à force de leur apprendre à ne pas retourner sur soi, à ne pas prendre garde à la voie par laquelle on chemine, mais à tenir les yeux fixés sur Celui pour lequel on chemine.

Qu'elle a été pressante sur ce sujet ! « Ne faut-il pas, disait-elle, servir Dieu à ses dépens, purement pour l'amour de Lui-même, mettant sa joie ici-bas à croire qu'Il est content, parce qu'on a la volonté de le contenter ; à croire qu'on l'aime parce qu'on a la volonté de l'aimer et qu'on l'aime autant qu'on veut l'aimer ; à croire qu'on lui est unie, parce qu'on a la volonté de lui être unie, et ainsi du reste. »

Elle apprenait encore à formuler de la manière suivante ce qu'elle appelait *les actes de la volonté* : « Mon Dieu, j'ai la volonté, si je le pouvais, de vous donner plus de gloire, plus d'amour, plus de louange, plus de compassion de vos douleurs, plus de contrition de mes péchés qu'aucun Saint ne vous en jamais donné. J'ai la volonté, si je le pouvais, de pratiquer toutes les vertus au degré le plus héroïque ; j'ai la volonté d'être la plus humble, la plus petite, la plus charitable, et je vous rends grâce de la bonne volonté que vous me donnez. » Elle engageait ses novices à réciter cette prière trois fois par jour, en énumérant les vertus qui leur manquaient. Elle ajoutait beaucoup d'importance à cet exercice parce que, disait-elle, outre la grâce que cette prière attire, on se forme des convictions pour le bien, on le met pour ainsi dire en soi, à force de répéter : Je veux, j'ai la volonté. »

Elle tirait encore des enseignements de Notre-Seigneur à sainte Gertrude, un autre moyen d'avancement et en recommandait la fréquente pratique : c'était d'exhaler ses défauts, (disons comme elle, sans ménagement pour l'amour-propre), ses vices et d'aspirer du Cœur de Jésus la vertu contraire. Par exemple, l'humilité, après avoir exhalé l'orgueil (1).

---

(1) « Exhale en ce moment tous les vices et toutes les négligences dont tu désires la mort en ton âme; et aspire en toi de mon esprit tout ce que tu désires avoir de mes vertus et de ma perfection. Ce que tu auras exhalé, tiens pour certain que tu en as reçu la pleine rémission, et que tu obtiendras l'effet salutaire de ce que tu auras aspiré de mon dernier souffle. » (Livre IV, chap. XXIII.)

CHAPITRE XIX

On le sent dans les pages précédentes, un grand esprit de générosité, un ardent amour du sacrifice devait animer le Noviciat : « La fin de la Congrégation, expliquait la Directrice, est, d'après la première Constitution, de recevoir les infirmes, mais lesquelles ? les âmes généreuses. C'est donc pour être des âmes généreuses qu'on nous a reçues, et nous avons la grâce pour l'être. C'est pourquoi il faut dire : Je puis, je veux être une âme généreuse. Je puis, je veux me faire un tempérament vigoureux par le sacrifice... Aimez à aller à la peine, à ce qui coûte, à ce qui fait souffrir, à ce qui fait mourir, et dites comme l'Apôtre : *J'assiste ravie à la destruction de mon corps.* Ne craignez pas d'excéder vos forces pour bien servir la Communauté. Le Cœur de Jésus a des énergies qu'Il donne à ceux qui ne se ménagent pas. Ce ne sont pas des jouissances, un certain bien-être physique soulageant la nature ; mais c'est le courage d'aller quand même on n'en peut plus, et sans laisser voir au prochain qu'on n'en peut plus, (secret d'épouse à Époux). Et, au lieu de dire : Que je suis lasse ! dites : que je suis contente !

« Souvenons-nous que le sang des martyrs était une semence de chrétiens, il faut donc que nous ensemencions Vassieux de notre sang, de nos souffrances ; que nous soyons des martyres de la Fondation. Il faut le sang de la vierge, le sang de ses immolations, uni au sang d'un Dieu pour sauver les pécheurs. Les jeunes filles du monde, considérant le portrait de leur fiancé, pensent : Oh ! si je pouvais lui ressembler, avoir son noble caractère ! Ayons constamment devant les yeux l'image de notre Époux crucifié, et disons-nous : Si je pouvais lui ressembler, donner mon sang pour Lui, comme il a donné le sien pour moi et Le suivre jusqu'à la mort ! Baisez ferventment votre crucifix en vous écriant : *Je suis attachée à la croix avec Jésus-Christ.* Aimer, c'est se sacrifier. Quand l'amour embrasera nos cœurs, nous volerons au sacrifice, nous dévorerons les difficultés, nous nous délecterons dans l'humiliation, nous appellerons gâteries du bon Dieu, les occasions qu'Il nous envoie de nous immoler...

« Si notre nature a besoin de jouissances, nous ne pensons pas assez à celles dont Dieu fait suivre le sacrifice. *C'est une consolation non pareille de mortifier l'amour de nous-mêmes...* Nous ne pensons pas assez au témoignage d'amour qu'est le sacrifice : *souffrir patiemment pour Dieu est un acte signalé d'amour :* à la force que donne à l'âme le sacrifice : *tout ce qui gêne l'homme le fortifie :* aux effets du sacrifice : il y a des intimités avec Notre-Seigneur dont nous ne jouirons qu'au prix du sacrifice. Et quand nous aurons goûté ces intimités, nous deviendrons affamées du sacrifice...

« Plus l'objet qu'on immole se rapproche de Dieu, plus le sacrifice en est noble et précieux. Donc, le sacrifice de notre esprit, de notre amour-propre, de notre jugement propre, vaut infiniment plus que l'immolation de notre chair. Imitons la grande sainte Madeleine, qui s'étant jetée aux pieds de son Maître adoré, après la Résurrection, entend Celui-ci lui dire, en arrêtant son élan : *Va à tes frères*, et elle part aussitôt. Voilà l'amour vrai : Madeleine brise toutes ses affections. Soyons des âmes de sacrifice, comptons nos joies par nos sacrifices. Le sacrifice répand dans les Communautés un parfum qu'aucune odeur spirituelle ne peut remplacer. »

Notre-Seigneur, par des touches secrètes, fortifiait en l'âme de la fervente Maîtresse les sentiments qu'elle suggérait à ses enfants : un jour sortant du parloir, elle aborde une de ses novices. Une vive émotion se lisait sur ses traits : « Mon enfant, quelle douleur ! s'écrie-t-elle avec véhémence en pressant la jeune sœur sur son cœur : un missionnaire vient de me dire qu'à son retour de l'étranger, sa peine avait été grande, en remarquant une notable diminution de l'esprit de sacrifice dans notre patrie !... Oh ! ma chère petite Sœur, que cet esprit se trouve parmi nous !... soyons des âmes immolées... *si le sel perd de sa force, avec quoi salera-t-on ?*... A nous d'être ce sel de la terre qui empêche la masse de se corrompre... A nous d'être des âmes sacrifiées faisant revivre en France l'esprit de générosité, d'oubli de soi qui s'éteint, qui s'en va !... » La Novice écoutait ces paroles pénétrée d'un profond respect ; il était facile de le constater, notre Mère venait d'être favorisée d'une grande grâce. A la voir, à l'entendre, on comprenait aisément qu'un souffle apostolique puissant avait envahi son âme brûlante de communiquer cette ardente flamme, de faire à l'instant porter des fruits à cette grâce.

Les vibrantes exhortations de notre Sœur Marie-

Madeleine portaient leurs fruits comme le prouvent ces lignes : « Je vais vous amuser un peu en vous racontant qu'hier nous avons fait une campagne d'orties, notre vénérée Mère en tête. On nous avait donné à sarcler un immense champ de cardons étouffés par les mauvaises herbes. Or, ces mauvaises herbes n'étaient que des orties, mais piquantes, mais méchantes, comme point de semblables. Que faire ? Il n'y a que le premier pas qui coûte. Notre Mère donne l'exemple, on se lance tête baissée... Il faut bien dire que sortant de là, la main droite était enflée comme par de grosses engelures. Aussi, notre Mère a dit que c'était bon pour une fois, que désormais on aviserait à un autre procédé. Ce que je constatai avec plaisir, c'est qu'on imitait la Mère, et qu'il n'y avait pas un clignement d'œil, ni un oh ! ni un ah !... Cela pour l'amour de Dieu a bien valu quelques petites grâces... »

Dans une autre lettre, la Directrice, laisse percer quelques craintes pour l'avenir : « Il faut, dit-elle, donner à la jeunesse l'exemple d'aller toujours et quand même, l'exemple de la fidélité à la maxime de notre sainte Mère : *Nous ne devons pas chercher à tout prix la santé de nos corps, mais la sainteté de nos âmes par l'exacte Observance.* Que de prétextes, que d'interprétations la nature nous fournira pour agir autrement ! La doctrine de la croix, telle qu'une fille de la Visitation *fondée sur le mont Calvaire* doit la pratiquer, sera peut-être, un jour, une folie à des âmes consacrées. J'en ai peur !... Cependant la lecture des circulaires reçues cette année, de celle d'Annecy entre autres, nous apprend que, dans notre petite Visitation, on sait encore *souffrir et mourir avec Lui.* »

Nous lisons ailleurs ces paroles encourageantes adressées à une jeune sœur délicate : « La pratique de la Règle demande de l'effort pour une santé faible et maladive, mais je crois que Dieu bénit tellement cet effort que l'on trouve la vie dans la Règle... *Joignons donc à la fleur de la virginité la palme du martyre !* »

Notre bien-aimée Sœur était uniforme, égale, ferme dans le travail de la réformation extérieure. Elle ne portait pas de grands coups, mais ne lâchait jamais prise, elle poursuivait avec ténacité les défauts, petits ou grands, jusqu'à ce que le sujet fût arrivé au pli qu'elle voulait imprimer. Il fallait en venir à dominer le corps ; et l'on n'était jamais tenté de trouver la Maîtresse exigeante, tant on comprenait que l'effort demandé était surpassé par celui qu'elle soutenait constamment. Elle ne souffrait pas un laisser-aller dans la tenue, un air triste et langoureux, une parole qui sentît la tendreté sur soi. En cas de maladie, elle faisait violence à son cœur pour ne procurer que le soulagement nécessaire, et dès que l'énergie pouvait suffire, le soulagement était retranché.

Elle désirait qu'on allât toujours jusqu'à l'extrémité de ses forces. Une migraine devait être bien violente pour justifier la dispense de Matines, et ce n'était pas pour tel malaise qu'elle permettait de s'appuyer sur l'accoudoir de la stalle pendant l'oraison. On la vit se déranger, au chœur, pour aller réveille l'attention d'une novice qui négligeait son maintien, ou mettre au point des mains qui n'étaient pas exactement dans la position prescrite pour la prière.

Elle poursuivait jusqu'au bout, dans tous les détails, la formation des sujets, ne tolérant pas de distraction dans l'accomplissement du devoir. Une novice ayant avoué qu'elle n'avait pas écouté les recommandations de l'Obéissance, dut, pendant trois jours, entendre les paroles de la Supérieure à genoux, les bras en croix, au milieu de la Salle des Assemblées.

Une autre, sujette à prendre superficiellement les pensées du Directoire indiquées pour l'exercice de la réfection, reçut l'ordre de racheter chaque oubli au repas suivant, en dressant son intention au milieu de l'appartement. L'empressement à monter un escalier était puni par la répétition à genoux du même exercice, et quelquefois on devait réciter une invocation à chaque marche. Notre vaillante Directrice ne souffrait pas qu'on se plaignît du froid ou de la chaleur. Elle redoutait si fort la tendreté sur soi-même, qu'elle eut soin de glisser, dans les Constitutions d'une nouvelle venue, un petit billet où se trouvaient réunis les passages de nos Ecrits tendant à saper toute prétention de se dispenser de quelque point de la Règle. Malgré son grand désir d'accroître notre nombre, elle n'aurait jamais admis un sujet incapable de se fondre avec notre Communauté ; et quand elle priait pour obtenir des prétendantes, elle suppliait plus instamment encore le Ciel d'écarter celles qui n'entreraient pas pleinement dans notre genre de vie.

L'ardente Maîtresse montrait à ses novices la doctrine de la prière résumée dans ces paroles de la Règle : *Soyez soigneuses des oraisons... Que vos prières soient d'autant plus saintes qu'elles sont plus fréquentes.* « Donc, ajoutait-elle, que la prière suivante soit plus fervente que la précédente. Oh ! nous serions bien vites saintes si nous ne faisions pas même un signe de croix sans application d'esprit !

« Surtout, que notre prière soit humble. Toute prière monte vers le Ciel, mais il me semble qu'il n'y a que celle de l'humble qui en soit agréée, d'après ce texte : *La prière de l'humble pénètre les Cieux.*

« Rappelons-nous encore que « ce n'est pas par la multiplicité de nos actions que nous plaisons à Dieu, mais par l'amour avec lequel nous les faisons. » Aussi, lorsque le temps nous manque, suppléons à la prière par le sacrifice. Par exemple, remplaçons le Chemin de la Croix par quatorze renoncements, les six *Pater*, les prières en l'honneur des sept douleurs et des sept allégresses de saint Joseph, par autant de sacrifices. »

La pratique de l'oraison étant une des plus importantes qui soient en la vie spirituelle, notre zélée Directrice ne ménageait rien pour rendre les Sœurs du Noviciat appliquées à cette action. Elle mettait par écrit, à leur disposition, ce que le Saint-Esprit lui inspirait de faire en ce saint temps (1).

Entre tous les moyens d'occupation spirituelle qu'elle leur proposait, les suivants étaient particulièrement goûtés par ses chères enfants : Se pénétrer vivement de la présence de Dieu, puis aspirer du Cœur divin les trésors de grâce et de vertu dont Il est la source inépuisable. — Comme la terre stérile, l'atmosphère malsaine, s'exposer à l'action miraculeuse du Soleil de justice, croyant qu'il n'est pas de terre stérile où il ne puisse faire germer un saint. — S'exposer devant Notre-Seigneur pour recevoir en soi toutes les communications de la Divinité. — Se plonger en Lui, comme l'éponge dans l'eau. — Boire à longs traits l'amour pour soi, pour le monde, les âmes. — Se baigner dans le Cœur divin, prendre des bains de Dieu — Unir son néant criminel au Tout

______

(1) Un choix de ces pieuses considérations précieusement conservées a été offert à notre Institut en 1916. La petite édition du livret a eu un écoulement rapide, avec tant de profit pour les âmes que de tous les côtés on en demanda la nouvelle impression. Le volume est sous presse.

divin. — Se noyer dans l'océan, dans l'air divin. — Unir sa prière à celle de Notre-Seigneur et répéter lentement : *Que votre nom soit sanctifié... que votre règne arrive... que votre volonté soit faite sur la terre comme au ciel..* — S'enfoncer, malgré sa misère, dans le cœur de Dieu, comme la plante mise en terre, ne cesse insensiblement de pousser plus avant ses racines.

Sœur Marie-Madeleine exhortait ses Novices à préparer leurs oraisons, non seulement par le choix précis du sujet, mais par élans, aspirations, invocations au Saint-Esprit, et leur disait que la perfection du saint exercice dépendait de l'énergie avec laquelle, dès le commencement elles se séparaient de tout pour tomber en Dieu. En ce point comme en tout autre, la Maîtresse déjouait l'illusion, assurant que l'oraison ne peut bien se faire sans peine. Une novice, empêchée une fois d'accomplir cet acte, avoua que la nature en avait éprouvé un petit soulagement. « Ce n'est que dans la partie inférieure, répondit-elle, et il ne faut pas s'en étonner : l'oraison faite consciencieusement est un vrai labeur qui use peut-être plus qu'un travail corporel. » Notre fervente Sœur en parlait par expérience : elle ressentait parfois ce travail de destruction avec une telle force qu'elle pouvait écrire : « Quand je me livre aux envahissements de l'amour, je me sens usée... »

Nous ne croyons pas que les distractions aient beaucoup exercé cette âme pendant les saints colloques. Elle indiquait cependant un moyen très efficace, assurait-elle, de les combattre : c'était de passer le temps à répéter simplement, avec grande suavité et tranquillité, le mot *Jésus*. « Quand je veux faire revenir Notre-Seigneur jusqu'à m'inonder, disait encore notre chère sœur à ce sujet, je commence mes oraisons à la façon du Publicain, mais d'un publicain dont la confiance est sans limite. Il renouvelle alors les grâces de la déposition... »

A cette dernière place de Déposée, Sœur Marie-Madeleine recevait en effet, nous l'avons dit, des faveurs particulières. Il lui semblait souvent entendre : *Retirez-vous dans Jérusalem jusqu'à ce que vous soyez revêtue de la force d'en-Haut.*

Nous ne sommes par surprises de ces gratifications divines, ayant vu avec quelle perfection notre vénérée Sœur se tenait à cet humble rang. Ses enseignements sur nos devoirs envers la Supérieure étaient lumineusement confirmés par ses exemples. « Je n'ai pu soumettre mon jugement en telle circonstance, lui avouait un jour une de ses Novices, et j'ai fini par dire à Notre-Seigneur : Mon bon Maître, je pense de cela ce que vous en pensez. « — Pour moi, répondit la Maîtresse, en portant sur elle un regard long et pénétrant, je n'ai jamais distingué entre Notre-Seigneur et ma Supérieure. »

Mais une si grande abnégation exige, en certaines rencontres, beaucoup de générosité, et il faut alors un levier puissant pour accomplir tout le devoir. Ce levier, c'est l'amour. Notre Sœur le savait et demandait la grâce pour que tous les sujets d'instruction servissent à provoquer cet amour dans les âmes.

Elle avait aussi la lumière de ne jamais parler d'une vertu sans montrer le Cœur de Jésus comme modèle, perfection, source de cette vertu, et enfin comme réparateur des fautes commises dans sa pratique.

Les principes suivants revenaient souvent sur ses lèvres : *Répondre à l'amour par l'amour. Tout se réduit à l'amour et à l'accomplissement du bon plaisir divin.* L'occupation d'une fille de la Visitation est celle du Verbe incarné : *renoncer à sa volonté pour faire celle de Dieu,* et elle est sainte dans la mesure de cette volonté en elle. « Ah ! s'écriait-elle, si nous avions la foi bien vive, l'esprit profond, chaque observance nous apparaîtrait comme une inspiration du Saint-Esprit ! nous la pratiquerions avec respect, dignité, comme quelque chose de sacré, de divin, qui ferait de nous, non plus une créature ordinaire, mais une créature angélique, déjà divinisée, *l'apparition de Jésus continuée sur la terre.* » Et qu'on ne dise pas : Ce n'est qu'un acte extérieur : cet extérieur renforce l'intérieur, ainsi que l'hostie communique Dieu à l'âme.

« Donc l'œuvre la plus glorieuse à Dieu, la plus désirée de son Cœur, la plus profitable à notre âme, à la Communauté, à l'Institut, c'est de nous unir à Dieu par l'exacte observance. L'étude la plus importante, c'est d'apprendre à fond nos Écrits, nos usages, afin de tout réaliser. Le sujet le plus utile, le plus édifiant n'est pas le plus capable, le mieux doué, mais celui qui anime sa vie par le Directoire, exerce ses emplois conformément à ce qui nous est prescrit et observe le plus parfaitement la Règle dans les points importants comme dans les moindres détails, avec esprit d'amour pour Dieu, de douceur, d'indulgence pour le prochain. »

Elle montrait chaque point d'Observance comme un échelon pour monter à l'union divine, et faisait remarquer la multitude de degrés qui se trouvent dans les articles du Directoire. Il en était un surtout qui lui paraissait inépuisable en lumières et en fruits de sanctification, celui de la direction d'intention. Nous résumons ainsi ses enseignements sur ce sujet :

« Tous les moyens de parvenir à la perfection sont renfermés dans le troisième article, parce qu'il nous donne la force de faire mourir notre volonté pour adhérer pleinement à celle de Dieu. Les actes faits en suite de cette direction sont des actes d'amour parfait, il est donc impossible qu'ils ne soient pas saints. Par cet article bien pratiqué se trouve réalisée cette parole : *Le Christ est ma vie*, et cette autre : *Toutes choses ont été faites par Lui, et rien de ce qui a été fait n'a été fait sans Lui.* Par cet article encore, nous sommes en conformité avec le Verbe divin, tel que saint Jean nous l'a révélé : *Au commencement Il était en Dieu ;* ainsi nous mettons nos actions en Dieu dès leur commencement. On peut dire aussi que ces actes viennent de Dieu et retournent à Dieu, en leur appliquant ce texte : *Je vis la Cité sainte... qui descendait du Ciel, ornée comme une épouse parée pour son Epoux.* L'âme qui entre dans chacune de ses actions, venant de Dieu et descendant du Ciel, c'est-à-dire après avoir demandé la grâce, s'avance vraiment dans ses actes « ornée comme une épouse »... et cette âme est en quelque sorte le tabernacle de Dieu parmi les hommes. Ainsi sa vie devient pleine de Dieu, toutes ses actions sont consacrées, et la puissance divine lui est communiquée. Les Juifs disaient en parlant du Sauveur : *Si celui-ci ne venait de la part de Dieu, Il ne pourrait accomplir les œuvres qu'Il fait.* Or, par le troisième article, tous nos actes viennent de Dieu ; donc nous pouvons tout faire.

« Enfin, puisque chaque grâce actuelle met en activité les sept énergies déposées en nous par le baptême, quel n'est pas l'effet de cette pratique : demander la grâce pour tout ?... Oui je l'ai compris : la vie est envahie par Dieu. »

Un jour, notre Sœur dit à ses Novices : « Pendant mon oraison, j'ai eu la lumière que vous n'étiez pas saintes, parce que vous ne preniez pas assez intimement les pensées du Directoire. Il est regrettable que si peu d'âmes veuillent s'assujettir à pratiquer le troisième article dans toute son étendue, toute sa profondeur. On se contente de prendre ces pensées à la volée, superficiellement ; on cherche des simplifications avant d'avoir atteint le degré où il doit nous amener. Voilà pourquoi on végète si longtemps, et cependant la fidélité sur ce point, pendant trois mois, vous transformerait. »

Notre vénérée Sœur exigeait cette multiplicité d'actes inférieurs pour obtenir la sortie de soi-même, mais son travail, comme Directrice, consistait à conduire les âmes à une union très simple avec Dieu. Elle désirait réduire leur spiritualité à ces trois points : *s'unir* avant chaque action, *dire*, *oui* pendant, c'est-à-dire resserrer l'union, *faire réparer* après Notre-Seigneur. De sorte que tout le Directoire se trouvait résumé dans le premier article, conformément à cette parole adressée à la Bienheureuse Marguerite-Marie : « *L'unité de mon très pur amour supléera à tout...* »

Notre chère Sœur disait : « Si je sais apprendre aux âmes à s'unir, et ce que l'on gagne à cet exercice, je leur aurai tout appris. » Elle recevait à ce sujet des lumières qu'elle aurait souhaité communiquer au monde entier : « Je voudrais faire connaître toutes les grâces que l'âme reçoit, et toute la gloire qu'elle donne à Dieu, par la pratique de s'unir intimement à Notre-Seigneur, à son Cœur, à Marie, avant chaque action, mais avant chacune, même la plus petite, même avant la récitation d'un *Pater*, cela par un simple mouvement du cœur. C'est simple, mais c'est grand. C'est le but de l'Incarnation. C'est détremper de la sève divine toute la vie de l'homme ! C'est l'écoulement donné au Cœur de Jésus. Mon Dieu, je voudrais en raconter les merveilles ! »

Un jour, pénétrée plus vivement encore des effets admirables de cette union, elle écrivait : « Si l'on pouvait comprendre tout ce qu'il y a de sainteté dans cette parole : *Que toute leur vie et exercices soient pour s'unir avec Dieu*, on entrerait en extase. Je remercie le Sauveur de nous faire vivre à une époque où cette lumière est placée sur le chandelier.

« Quand je considère bien des âmes qui autrefois se sont dépensées, ont lutté, bataillé, souffert, et qui ne sont peut-être pas très saintes, il me vient en pensée qu'il leur manquait sans doute quelque chose : *la doublure divine*. Dieu me remet en mémoire cette parole d'un célèbre auteur : « Vers la fin des temps, il y aura des âmes qui seront des géants de sainteté et qui seront d'incomparables pauvres. » « J'ai compris que ces saints ne seraient pas tant d'incomparables pauvres au point de vue matériel, mais des âmes qui reconnaîtraient leur pauvreté, leur faiblesse, leur imperfection, leur néant ; et qui, comprenant cela, s'appliqueraient à mettre à tous les actes de leur vie, même les moindres, le plein de Dieu par l'union actuelle... Pour moi, pouvait-elle ajouter, Notre-Seigneur me fait la grâce de l'union continuelle avec Lui, non union sensible, mais de foi... »

CHAPITRE XX

Notre fervente Directrice disait à ses Novices qu'il fallait faire le plus souvent possible des *recharges d'union* comme on fait des recharges de combustible pour amener un foyer à une intensité de chaleur capable de fondre les plus durs métaux.

C'était la communication d'une lumière personnelle, qui nous est révélée par les lignes suivantes : « O mon Dieu, il me semble que Vous voulez que je voie sans cesse devant moi une fournaise incandescente et infinie, comme un océan de feu (et c'est vrai, puisque Vous êtes *Charité infinie, Feu consumant*) et qu'à chaque heure, après chaque action, je jette les heures et les actions écoulées dans ce brasier infini pour y être consommées. Qu'au commencement de chaque action et de chaque heure, je les identifie à cette fournaise afin qu'il ne s'élève devant Vous que la flamme très pure de votre Charité infinie...

« On ne saura qu'au ciel, écrivait-elle, ce que j'aurai gagné à confier ma vie de péché, acte par acte, heure par heure, aux réparations de l'amour miséricordieux ; à doubler, acte par acte, mon rien pécheur du Tout de Dieu. »

S'abandonner, se livrer, s'unir et, pour mieux attirer Dieu en soi, s'anéantir, c'est ce qu'elle ne cessait de recommander : « Dieu vous perfectionnera, disait-elle, à proportion de la conviction que vous aurez de votre néant, de la persistance de votre confiance, de l'étendue, de la totalité de votre abandon. Si vous voulez arriver à la hauteur de votre vocation, enfoncez-vous dans l'humilité, et plus vous êtes appelées à monter haut dans la sainteté, plus vous aurez d'humiliations. Ce qu'il y a de plus grand, c'est la petitesse ; de plus beau, c'est le mépris bien accepté. Quand on pense que l'âme la plus unie à Dieu dans l'éternité, ce sera la plus humble, la plus anéantie, il y a de quoi donner la passion de l'humilité et de l'abjection.

Elle travaillait à tenir la jeunesse dans le rien, selon son expression, ajoutant : « Il faut à Vassieux *des riens ravis de n'être rien.* » Ce mot du Directoire : *moindres et dernières de toutes*, était rappelé aux novices à chaque instant : « Tenez-vous à cette place qui est la vôtre et que vous devez toujours garder, même si vous viviez un siècle. Songez à vous tenir dans la disposition de *poudre et cendre*, comme nous le proclamons à notre Profession, et s'il vous vient une pensée d'orgueil, dites : Pardon, mon Dieu, j'oubliais que je ne suis que poudre et cendre. »

Un jour, elle prit pour sujet de son instruction le texte suivant : « *Quand vous serez invités à des noces... allez vous mettre à la dernière place...* Voilà l'Evangile de l'Institut, dit-elle. Notre Bienheureux Père a voulu, en établissant la Visitation, mettre cet Evangile en action dans la sainte Eglise. Les noces signifient l'union de l'âme avec Dieu. La première place aux noces, c'est le plus haut degré d'union ; si nous avons la passion de l'union, nous aurons donc la passion de la dernière place. Etant appelées à la Visitation, nous sommes toutes appelées à la plus haute perfection qui se puisse trouver parce que nos Règles portent les âmes à la plus profonde humilité et au plus profond anéantissement qui se puissent pratiquer... Ce moyen de perfection : *nous humilier*, est indispensable pour répondre à notre vocation

« Notre saint Fondateur, aspirant à la première place pour son Institut, a voulu qu'il prît le dernier rang et le gardât. Pour que l'Institut ait la dernière place, il faut que chaque sujet s'y tienne. Sa conservation viendra de la fidélité que toutes en général, et chacune en particulier, auront à l'Observance. On peut dire que le sujet qui contribue le plus à la gloire de son Ordre, c'est celui qui se tient intérieurement toujours plus bas qu'on ne saurait le mettre, toujours sous les pieds de tout le monde. La conséquence de cette attitude sera de nous faire monter. Chaque fois que nous nous abaisserons par humilité, Notre-Seigneur dira à notre âme : *Montez plus haut*, et Il l'élèvera à l'union divine. Humiliez-vous donc fort, apetissez-vous tous les jours. « Aux plus petits la première place dans le Cœur de Jésus. »

« Ayez la ferme croyance que nous avons en nous le principe de l'abjection, et vous trouverez raisonnable d'être tenues pour viles et abjectes... N'ayez pas honte de vous humilier vous-mêmes et parez-vous des humiliations que vous recevrez comme d'autant de joyaux. »

Pour notre fervente Directrice, l'humilité se confondait avec la charité envers le prochain, vertu qu'elle désirait souverainement voir enracinée ici, et dont le plus léger défaut lui causait une peine excessive.

Une Sœur du noviciat lui ayant avoué un petit manquement sur ce point, elle lui répondit : « Je pleure quelquefois pendant la nuit, en pensant qu'il se commet des fautes contre la charité, parce que je crois que ce sont mes péchés qui en sont la cause. » Et elle lui demanda de faire souvent cette prière : « Mon Dieu, consommez-nous dans l'unité et dans la charité, renversez tous les obstacles qui s'opposent à ces vertus » Par un principe d'humilité, elle ne voulait pas que l'on portât sur le prochain le moindre jugement défavorable : « C'est le mettre au-dessous de soi que de le juger, disait-elle, il faut se convaincre qu'on a tort, qu'on ne comprend pas, qu'on ne sait pas, qu'on ne voit pas juste... L'âme charitable, l'esprit large crée des perfections dans le prochain pour s'y complaire. » Et encore : « L'humilité a l'avantage de rendre heureux autour de soi : il n'y a que le vrai humble qui ne choque personne, parce que lui seul s'efface, se préoccupe du bonheur des autres. Il ne s'arrête pas aux mortifications reçues du prochain, mais il s'applique à lui faire oublier ses propres torts, il montre à ce prochain un visage souriant, lui donnant à supposer qu'il n'a rien senti. »

Elle apprenait encore à ne pas laisser paraître qu'on nous dérange, qu'on nous gêne, qu'on nous contrarie en nous demandant un service, mais à être heureuse de pouvoir dire à la fin de la journée : « J'ai vécu de dérangements, de plans renversés, de temps décousu à force de le laisser morceler par nos Sœurs. » Avec cela, il ne fallait jamais se blesser d'un refus, mais le recevoir en toute humilité intérieure et extérieure, en excusant le prochain.

Oh ! qu'elle tenait à ce point : couvrir les fautes d'autrui ; et pour le graver dans la mémoire, elle prenait quelquefois un tour de phrase frappant, par exemple : « Rappelez-vous ce que je vous dis ce soir : c'est la charité qui l'emporte sur tout. Si vous couvrez le tort du prochain, Notre-Seigneur couvrira les vôtres. et quand vous aurez commis tous les crimes du bon larron, vous serez pardonnées, vous n'irez même pas au Purgatoire et vous serez de grandes saintes dans le Ciel. »

Être sainte, faire des saintes, telle était son ambition, on pourrait dire son idée fixe. Que de fois, en entrant au noviciat, elle s'écriait : « Oh ! mes enfants faisons-nous saintes ; il n'y a que cela d'important, et nous ne savons pas combien de temps nous avons pour le réaliser. » Ou bien : « Oh ! qu'il est facile d'être sainte, mais il faut être petite pour le comprendre. » A quelque prix que ce fût, on devait poursuivre cette fin, une haute sainteté, aspirer même à la canonisation, mais dans l'intention la plus pure : parce que la gloire de Dieu est dans ses Saints.

Elle disait pour elle-même : « Je voudrais être si sainte que je sois une puissance sur le Cœur de Dieu pour les autres... Je veux atteindre ce qu'il y a de plus grand, de plus magnifique en fait de sainteté. J'attends, je suis sûre, je crois que je recevrai cette faveur à cause de ma petitesse, de ma misère profonde, uniquement pour glorifier Dieu dans l'éternité et pour sauver les âmes. » Quand elle poussait les novices à cette noble ambition, elle était véhémente : « Qu'importe de mourir dix ans plus tôt, pourvu que nous arrivions à notre but ! Et pour cela, il ne faut que du courage et de la confiance. Ces mots : *Immensité d'amour et perfection du oui*, résument toute la sainteté. L'amour doit tellement nous unir à la volonté de Dieu que nous lui répondions toujours par le *oui* le plus radieux, le plus empressé. Et comme toute la volonté de Dieu est exprimée pour nous dans nos Règles, Constitutions et Directoires, nous sommes saintes, dans la mesure où nous sommes observantes. »

On comprend l'insistance de notre Mère sur cette parole : *Immensité d'amour, perfection du oui*, lorsqu'on a lu cette note datée du 7 octobre 1907 : « A la Messe, suppliant Notre-Seigneur par l'intercession de la Vénérable Mère Marie de Sales de rompre le silence, de me dire un mot, un seul, résumant les désirs de son Cœur, j'ai cru entendre : *Immensité d'amour, tout est là,* avec une telle onction, que cette parole semblait être de Dieu, et une telle certitude, qu'elle semblait être la vérité. Tout est là pour sa gloire, son plaisir, la sainteté, le salut des âmes — *Immensité d'amour* témoigné par la *perfection* du *oui* ; du oui le plus délicat, le plus gracieux, au moment présent. »

Tous les dimanches, la chère Directrice avait un entretien familier avec ses novices. Elle arrivait souriante, disant presque toujours : *Ne craignez rien petit troupeau !* Les jours de fête, elle venait communiquer quelque chose de sa ferveur. Un dimanche de Pentecôte, elle commençait ainsi son exhortation : « Mes chères Sœurs, dans ce temps où nous sommes sous les feux du Saint-Esprit, sous ses flammes dévorantes, on ne peut parler que de Lui. Il est la Lumière, le Consolateur, Celui qui doit nous enseigner toutes choses, le Doigt de la droite du Père. Je me prends quelquefois à lui dire : « Vous avez transformé les Apôtres et ils vous appelaient peut-être avec moins de confiance que moi, n'ayant pas encore contemplé les merveilles de vos opérations dans les âmes. Eh bien ! je crois que vous ne ferez pas moins en moi et dans les âmes que vous m'avez confiées parce que, pour ces âmes et pour moi, je ne demande que le feu de la charité divine ! »

Le dégagement, l'esprit surnaturel, la perfection de la vénérée Maîtresse dans ses rapports avec les âmes la rendaient bien capable de contempler les merveilles du Saint-Esprit en elles. Dans les entretiens privés, pour la direction intérieure, on éprouvait un sentiment de la présence de Dieu qui mettait aussitôt sur le terrain de la Foi ; les difficultés s'évanouissaient, le regard ne s'arrêtait plus que sur la beauté et le charme des vertus, et le triomphe sur les ennemis du salut smblait désormais assuré. Alors on se sentait attirée à une singulière confiance, et les aveux les plus coûteux à la nature arrivaient sans effort.

Le secret de cette diffusion des grâces nous paraît contenu dans ces mots sortis de la plume de notre chère Sœur-: « O mon Dieu ! vous avez daigné me donner, avec une vivacité que je ne saurais exprimer, une lumière plus claire que jamais au sujet de vos attraits irrésistibles pour ce qui est petit, pauvre, impuissant, anéanti, si cela est accepté par respect pour votre volonté, par amour pour votre gloire, pour votre *Tout* dont le *rien total* relève la grandeur. C'est extatique ! » Les attraits du Cœur de Jésus s'étant écoulés dans le sien l'animaient d'un sentiment de profonde sympathie pour la misère spirituelle, sentiment qui se traduisait dans le regard de la Directrice, et provoquait tout naturellement l'ouverture de cœur si profitable à l'avancement des âmes. Mais si l'intimité était douce, qu'elle restait digne, grave, angélique !

Ordinairement très réservée dans ses témoignages d'affection, notre prudente Maîtresse n'en donnait que lorsqu'elle les jugeait nécessaires à l'épanouissement du cœur... « Je vous donne disait-elle, les caresses de l'âme. Je suis prête à sacrifier ma vie pour vous, à passer mes nuits en prière pour vos nécessités, à répandre le sang de mon cœur : mais, Notre-Seigneur nous veut très vierges.

« Voyez, comme après la résurrection Il empêche Madeleine de Le toucher, alors qu'Il laisse les saintes femmes se livrer à cette familiarité : c'est parce qu'Il l'aime plus que les autres et veut l'élever à une plus sublime sainteté. Lorsque vous avez besoin d'affection, baisez votre crucifix, unissez-vous à Jésus, répétez-Lui la belle parole qu'Il a enseignée à la Bienheureuse Marguerite-Marie : *Mon Dieu, mon Unique et mon Tout, Vous êtes tout pour moi et je suis toute pour Vous !* Cette parole peut occuper la vie, elle comprend tout, elle suffit pour consoler, pour réparer, pour répondre à l'amour, pour préparer l'oraison, la confession, la communion. Les deux actes qu'elle exprime les renferment tous dans leur excellence : c'est l'amour pur ! »

La digne Maîtresse aidait encore à l'expansion en glissant souvent dans les communications intimes quelques paroles d'humilité dans le but de pratiquer elle-même ce qu'elle enseignait : se tenir au-dessous de tout et de tous. Elle donnait aussi confiance de parler par sa simplicité à mettre en commun ce qu'elle recevait du bon Dieu, ou en racontant naïvement quelque trait personnel propre à encourager. Une novice lui avouant un jour qu'elle est attristée de ne pas être vertueuse comme ses compagnes : « Je suis ravie, reprend la Maîtresse, de voir en nos Sœurs des vertus que je n'ai pas, parce que je me mets alors en dessous d'elles, et je pense à cette parole de Notre-Seigneur : *Les derniers seront les premiers.* Puis je sens que ma vraie place, la seule où je doive être à l'aise, c'est la dernière limite du néant. » Elle communiquait la lumière d'accueillir les humiliations et les souffrances par ces paroles sacrées : *Je vous rends grâce, ô mon Père...* Ou : *Seigneur je ne suis pas digne...* Ou encore : *Vous m'avez délecté, Seigneur, par tout ce que Vous avez fait.*

Une confidence nous fait connaître aussi qu'en une occasion crucifiante à la nature, elle aurait pu s'excuser facilement auprès de son Supérieur, mais il lui était revenu à la mémoire ce passage de l'Imitation : « Quand on vous humilie, dites-vous : *Retiretoi pécheur, emporte ce qui t'est dû.* Et rien ne nous est dû, ajoutait-elle, que l'humiliation. »

Lorsque notre chère Sœur était sur ce chapitre de l'humilité, elle ne tarissait pas, tant elle se trouvait au centre de ses lumières. Durant un an elle en entretint ses Novices, puis elle conclut ainsi : « Il faut bien s'arrêter, mais je pourrais passer ma vie à vous parler de l'humilité, mère de toutes les autres vertus, et ne vous parlant que d'humilité, je ne vous aurais parlé que de sainteté. »

On comprend mieux encore son éloquence et son abondance en une telle matière, lorsqu'on parcourt ses carnets de notes. C'est à chaque page que jaillit le cri de cet attrait de bassesse toujours croissant.

Qu'on nous pardonne, si nous cédons à la tentation de citer quelques-uns de ces jets spontanés qui s'échappaient véhéments, comme ne pouvant être contenus. Ils sont concis et brefs, mais si forts dans leur brièveté !

« M'effacer sans paraître m'effacer...

Disparaître sans paraître disparaître...,

M'anéantir sans paraître m'anéantir...

Soif d'être la dernière, soif ardente...

Profond anéantissement au-dessous de tout ce qui existe.

Néant !!! néant !... néant !... horreur de moi, mais désir d'aimer qui me BRULE !...

Besoin *immense* de confesser que je suis une grande pécheresse...

Très vile et indigne pécheresse... Vous me faites sentir ma dépravation !...

Besoin *incroyable* de m'anéantir... d'être au-dessous des autres !...

Soif de disparaître... Otez-moi... ôtez-moi... J'ai pu faire paraître au prochain que je souffrais... ô mon Dieu, pardon !

Toujours au-dessous... Il me fait mettre toujours plus bas... Si bas que rien de plus bas !...

Mon Dieu, tenez-moi plus que *petite*... Gardez-moi rien.

Petite, petite... petitesse de l'enfance... rien... c'est une mine !...

Atome infime.. atome de putréfaction plongé dans l'essence divine !...

Dernière profondeur de la petitesse, c'est dans ses profondeurs que vous versez à torrents votre Charité infinie !...

Mon Dieu créez en moi la perfection du rien, pour faire éclater la perfection de votre Tout !... »

Notre-Seigneur, on le voit. se délectait à éclairer cette âme sur un sujet si cher à son Cœur. Un 26 juin, peu avant sa mort, Il la gratifie des clartés nouvelles ou plus intenses ; relevons encore ces quelques lignes :

« Lumière vive, intime, profonde, lumière qui ne se peut rendre, mais lumière transformante qui me suit partout, sur la comparaison du petit atome infime de poussière, de putréfaction qui est moi et de l'Immensité de Dieu, lumière provoquant l'anéantissement, la confiance, l'abandon, la reconnaissance, l'amour, et surtout l'identification continuelle pour tout, de ce petit atome avec Notre-Seigneur Jésus-Christ, avec la Sainte-Trinité. »

Parfois Jésus, en des paroles de douce familiarité,

daigne lui donner la raison de sa conduite : « *Sais-tu pourquoi je te veux si petite ? lui dit-il... Je te veux très petite parce que je veux m'incliner vers toi, et que je ne m'incline que vers ce qui est petit !... Accepte donc avec amour tout ce qui te rapetisse, tout ce qui t'amoindrit au physique comme au moral...* »

Simple et admirable instruction qui enflammait dans le cœur de notre Mère son désir de suivre le Maître et le roi des humbles en ces abîmes où Il aimait tant à la trouver .

Le texte suivant : « *Humiliez-vous sous la main puissante de Dieu afin qu'Il vous élève au jour de sa visite,* lui inspira la pratique de faire chaque jour quelque acte d'humilité, en vue de la sainte communion. Depuis que j'ai compris la parabole du Publicain, dit-elle une fois, rien ne peut me décourager...

« Ces jours-ci, j'ai senti en moi des mouvements très humiliants ; j'ai fait alors devant Dieu l'étalage de ma misère avec une sorte de ravissement, remerciant Notre-Seigneur de ce que j'avais sujet de m'anéantir, de l'admirer, de me confier en Lui. »

Dans une lecture où il avait été question d'une âme éminente : « Comment faut-il faire, lui demanda une novice, pour devenir une âme éminente quand on n'est rien ? — Mettre le *Tout* de Dieu à la place de notre *rien*, et ainsi, s'unissant à Notre-Seigneur, on peut faire d'un repas, d'une récréation des actes éminents... Je pensais, ce matin, que les petites fleurs se fanent moins vite que les grandes ; c'est l'image des âmes humbles. Plus une chose est petite, plus un insecte est microscopique, plus on l'admire dans ses détails. Pensez que notre Dieu met sa gloire à façonner ce qui est petit... Ce sont les petits âmes qui font les meilleures oraisons, parce qu'elles exposent simplement leur misère à Jésus en lui demandant ses grâces...

« Je suis persuadée que les âmes les plus belles dans le Ciel seront celles qui se seront le plus fait réparer par Notre-Seigneur, bien qu'elles aient peut-être paru les plus misérables... Demander à Dieu d'être la plus petite, disait-elle encore, doit bien lui plaire, car ce n'est pas l'esprit du monde. »

Ce qui n'est pas non plus selon son esprit, c'est de demander conseil aux inférieurs ; notre Sœur le savait, et se plaisait à le faire auprès des plus jeunes de la famille. Elle pratiquait aussi admirablement ce qu'elle enseignait à l'une de nous : « Lorsque vous demandez quelque chose, que tout votre extérieur dise : *Seigneur je ne suis pas digne.* »

Pour la correction, notre T. H. Sœur suivait uniquement l'inspiration du Saint-Esprit. Une novice l'ayant vivement sollicitée à ce sujet, elle lui répondit : « Quand vous me demanderiez à genoux de vous humilier, je ne le ferai pas, si Notre-Seigneur ne m'en donne le mouvement. » Non seulement l'inspiration, mais une certaine vue des âmes, semble-t-il, lui était donnée à propos. Aussi, rencontrant une Sœur elle l'aborde par ces mots : « Je me sens pressée de vous dire de donner votre cœur au bon Maître, car Il y veut faire des merveilles. » A une autre : « J'ai eu le sentiment très fort que Jésus vous appelle à une très grande union avec Lui, et que vous devez sauver beaucoup d'âmes. J'ai senti cela, même avant votre entrée au noviciat. » Une Sœur qui traversait une phase pénible lui confia, à sa retraite, que ses perplexités arrêtaient son élan vers Dieu. A l'entretien suivant, la vénérée Directrice lui dit : « Notre Seigneur m'a donné une vue surnaturelle très claire de votre âme et de vos dispositions. Je puis vous assurer de sa part que vous êtes en état de grâce avec Lui. Je vous défends de chercher désormais à savoir si vous êtes, oui ou non, en état de grâce.

Je me charge de vous avertir si vous aviez le malheur
de la perdre. »

Plus tard, pendant son dernier gouvernement, la
même Sœur lui dit qu'elle souffrait beaucoup en pensant qu'elle n'aimait pas Notre-Seigneur. Notre
Mère, qui avait connu cette peine, prit la tête de sa
novice entre les mains, la serrant contre elle, comme
pour faire mieux pénétrer ce qu'elle allait dire avec
véhémence, et les yeux élevés vers le Ciel : « Vous
pouvez vous en aller ravie de joie, s'exclama-t-elle,
votre Supérieure, l'organe du Saint-Esprit, vous dit
de sa part : Vous aimez Notre-Seigneur, Notre-Seigneur vous aime, et Il vous conduira à une haute
perfection. »

Une novice l'ayant priée de demander au bon
Dieu un mot qui résumât tout son plan sur son âme,
il lui fut répondu : « Unité dans la petitesse la plus
profonde et la fidélité la plus délicate. J'ai vu : *unité*,
en gros caractères. » Notre vénérée Sœur écrivait
dans le même cahier de retraite : « Notre-Seigneur
m'a dit ce matin pour vous : « Qu'elle ne juge pas, et
elle volera dans la perfection. »
Une autre fois : « Je vois Notre-Seigneur comme
anxieux... désirant vous inonder de grâces, mais attendant que vous remplissiez la condition qu'Il a
posée : que vous vous humiliez ; et lorsque vous serez
arrivée au degré d'humilité qu'Il attend de vous, Il
vous fera parvenir à l'état d'union très intime qu'Il
me montre pour vous. La petitesse, c'est le terrain
du bon Dieu. Petitesse du dedans, petitesse du dehors,
c'est le lieu où Il déploie les merveilles de sa puissance et de son amour, c'est le théâtre des opérations divines, c'est la condition de ses communications les plus intimes. »

Notre-Seigneur exauçait souvent la chère Directrice dans les moindres choses comme dans les grandes Un jour, pendant que notre T. H. Mère Anne-Régis recevait une novice a la Profession, sa Maîtresse adressait à Notre-Seigneur cette prière : « Faites qu'elle se livre. » Et voilà qu'après l'exhortation, la novice va remercier notre Mère en lui disant, sans préméditation aucune : « Je me livre à Notre-Seigneur, je me livre à vous, à nos Sœurs. »

Se livrer, c'était l'acte dans lequel les novices devaient vivre. A l'une elle disait . « Livrez-vous souvent à Jésus, et peu à peu vous arriverez à ne plus savoir que vous vous livrez. » Une autre lui exprimant le désir de s'offrir en victime pour le salut des âmes et la gloire du Sacré-Cœur recevait pour toute permission ce conseil : « Livrez-vous cent fois le jour livrez-vous sans compter, soyez sûre et vous verrez. Ayez toujours cette parole sur les lèvres : « Mon Dieu, je me donne, je m'abandonne à Vous pour les intérêts de votre gloire. Je me livre à vos réparations, je les crois, je les attends, j'en suis joyeuse. » Cette prière, récitée avec acharnement, amena une véritable et durable transformation.

Notre T. H. Sœur mettait volontiers en commun ses pratiques de piété et de mortification : elle donnait ses yeux à Notre-Seigneur du 25 mars au 25 décembre, afin de mieux contempler l'Enfant-Dieu, après s'être privée de tout regard inutile pendant neuf mois, à l'imitation de la Sainte Vierge qui aurait fait ainsi, suivant une tradition. Durant le même temps, notre Sœur avait la coutume de remercier chaque jour la Sainte-Trinité de l'Incarnation du Verbe. Tandis qu'on entonnait le *Deus in adjutorium* de l'Office, elle disait habituellement, au moins de cœur : « Sacré-Cœur de Jésus, je crois à votre amour, je m'y abandonne, dédie et consacre. »

Quelquefois elle parlait, en toute simplicité, de son désir de souffrir pour Dieu : « Il me semble, confiait-elle, que dans ma dernière maladie, supposons une carie des os, le désir de souffrir longtemps dominera le désir d'aller m'unir à Notre-Seigneur, tant je comprends le prix de la souffrance. Mais je voudrais aller mourir dans le dénuement, le manque de soins ; que tout autour de moi soit pauvre, les meubles, les remèdes ; que personne ne s'occupe de moi. Si je l'osais, je dirais que j'aimerais à souffrir comme les chiens qui se blottissent dans un coin quand ils sont malades, car les soins multipliés nous occupent de notre mal et nous distraient de Dieu. »

A l'une de nous, elle communiquait cette pensée : J'ai la lumière, depuis quelque temps, de demander, non seulement la grâce de l'action présente, mais celle des actions passées. Par exemple : mon Dieu, donnez-moi la grâce de ce repas et de tous ceux qui l'ont précédé. Ainsi, on ne laisse rien dans le Cœur de Jésus de ce qu'Il avait pour nous. »

CHAPITRE XXI

« *Il me faut simplement une proie à mon amour* » avait entendu un jour Sœur Marie-Madeleine.

« Il n'a besion que d'une proie, s'était-elle écriée, une proie qui veuille recevoir tout ce que son amour veut faire et verser dans une créature, sur une créature, et peu lui importe la nature de cette proie... Plus la proie sera misérable, plus son amour y trouvera de gloire... Je me livre à lui pour être cette proie, pour tout recevoir, pour tout laisser faire...

A l'heure où nous sommes, notre chère Sœur va voir ses offrandes de nouveau acceptées et devra s'abandonner en proie à Dieu et aux âmes. Il s'agit en effet pour elle de plier une troisième fois les épaules sous le fardeau le plus redouté, la supériorité, et supériorité pendant laquelle les souffrances de tous genres seront ses fidèles compagnes. Devant la manifeste volonté de Dieu, elle confie sa détresse à son divin Epoux : « Vous m'immolez, mon Seigneur Jésus, vous immolez tout mon être... Mon Dieu, vous seul savez ce que je souffre... » Mais elle se hâte d'ajouter : « Vous seul soyez le confident de ma souffrance que j'aime et que je bénis... Merci... merci... » Et elle relève son âme par cette invitation : « *Chante l'amour... chante l'amen...* Chanter l'amour, chanter *l'amen,* c'est chanter la fidélité !... »

Une source de consolation et d'espérance découlait pour nous de l'événement qui, par avance, crucifiait ainsi notre chère Sœur. Nous pouvions nous remettre avec plus de confiance que jamais **sous sa conduite.** Les années lui avaient apporté les avantages de l'expérience, et **nous prévoyions les bénéfices que nous** allions retirer des trésors de vertu, de dévoûment, de bonté, d'amour maternel, débordant en elle par un progrès incessant.

Le matin du 5 juin 1908, celle qui sous peu d'heures devait redevenir notre Mère, demanda un mot d'ordre à notre Bienheureuse Sœur Marguerite-Marie et ouvrant le « Mois du Sacré-Cœur de Jésus » elle lut ces paroles du Sauveur à son Amante : « *Je t'ai choisie comme un abîme d'indignité et d'ignorance, afin que tout soit fait par Moi.* »

« Alors, dit-elle, j'ai accepté de paraître, pourvu que Lui seul agisse. »

Elle nous confia aussi qu'après la profession de foi, elle s'était sentie une autre personne. On l'entendit avouer quelques jours plus tard : « Il me semble que depuis l'élection, je n'ai pas fait un acte sans m'unir au Saint-Esprit. »

Ce gouvernement s'ouvrait par le sacrifice. Le départ de notre vénérée Mère Anne-Régis, élue à Fourvières, laissait un vide immense dans la petite Fondation, et notre Mère Marie-Madeleine écrivait dans ses notes : « Sentiment profond, douloureux d'isolement, de séparation, de froid au point de vue de la nature... seule à fouler le pressoir... Sensation de l'exil... Mon Dieu, il me faut du Ciel... ô Dieu, jusqu'à quand !... L'exil est dur, Seigneur... Vous y êtes cependant, divin Soleil, divin Ami... avec vous ne peut-on pas attendre !... pour Vous ne peut-on pas attendre !... Mon Dieu, je n'ai plus d'intérêt à rien... vide de tout comme un abîme... je n'ai d'intérêt qu'à l'amour... J'ai le mal du pays de l'amour... la nostalgie de l'amour !... » « *Je te veux être toute chose*, lui fait entendre Notre-Seigneur. *Ne crains rien, je serai ta force...* »

Le sentiment du vide, du délaissement de son Seigneur devait néanmoins aller toujours grandissant. « J'ai froid, ici-bas, s'écriait-elle : c'est la mort la plus absolue par rapport aux choses de la terre, c'est le poids de la charge, c'est Gethsémani : c'est la souffrance de l'esprit, du cœur, de l'âme surtout.

« Si je m'arrêtais à ce que je sens, ô mon Dieu, je me croirais un être privé d'amour ; si je m'arrêtais à ce que Vous êtes sensiblement avec moi, je me croirais abandonnée de Vous, pour mes péchés. Mais je crois que l'amour est dans la volonté d'aimer, je crois donc que je vous aime. Je crois que Vous ne rejetez aucun des ouvrages de vos mains, à moins qu'il ne s'en arrache volontairement, je ne me crois donc pas rejetée, et quand je le serais, je croirais ces divines mains ouvertes pour me reprendre. Je crois que Vous voulez m'ôter tout le sensible, afin de me contraindre à ne pouvoir jamais vous offrir autre chose que ce qui est de Vous. Il me semble que Vous voulez que je ne me réserve aucune satisfaction dans cette offrande, mais que tout y soit purement pour votre satisfaction divine. Et alors, ô mon Dieu, Vous voulez souvent que je n'aie de Vous aucune jouissance sentie du Tout que je vous offre, aucune vue ni connaissance de la satisfaction que Vous y prenez, sinon par la foi nue. Mais je crois, ô mon Dieu !... Ce serait le musicien sourd et aveugle dont le maître est absent.

Ajoutez à cela que l'âme sait qu'elle chante mal, tandis que le musicien de notre Bienheureux Père avait conscience de son mérite. Mais cette âme prend ses accords dans la mélodie divine et infinie qui est la vie propre de son Dieu, qui est le Cœur de son Dieu, qui sont les actes de son Dieu... »

Notre Mère se dépeint encore dans les lignes suivantes : « Je ne désire que le pur amour de Notre-Seigneur. Aversion, répulsion pour l'action, la communication au dehors... Lassitude, dégoût... Soif de la vie cachée, passée en silence avec Dieu seul. Mais vous me dites, ô mon Dieu : « *Offre-moi ces répulsions, cette impuissance. Appuie-toi sur Moi, et je t'aiderai. Donne-moi ta vie goutte à goutte. Tu feras de moment en moment ce que je te demanderai. Je serai ta force, tout se fera ; et ainsi, pas à pas, sans sentiment, sans vie, sans joie que celle de mon bon plaisir, tu arriveras à l'union éternelle.* »

Ecoutons encore ces accents célestes : « Parce que j'ai vu que l'amour, c'est tout, j'ai été dégagée. Je suis, me semble-t-il, devenue indifférente à bien des choses, (je n'ose dire à tout) sauf aux créatures bien aimées de mon Dieu, pour lesquelles je sens une extrême compassion, surtout pour les petits, les impuissants, comme étant plus semblables à mon néant. Et parce que je vois que l'amour c'est tout, je n'ai plus soif que d'aimer. Je ne veux plus m'occuper qu'à l'union, la fusion ; et cela dans une sécheresse, une obscurité profonde, dont je ne veux pas m'inquiéter, mais faire mon bonheur. »

Au plus fort de ses délaissements, notre Mère disait : « Cependant, je veux vivre jusqu'à la fin du monde, s'il Vous plaît, ô mon Père ! J'ai un tel désir de votre Charité infinie. J'ai un tel besoin de vous l'offrir sans cesse, que je ne pourrai bientôt plus vous dire que ces mots : *Charité ! Charité infinie !* J'ai un tel désir de votre volonté sainte, que je ne pourrai plus dire que : *Volonté de Dieu !* Ainsi, ô mon Dieu, je serai votre idiote réduite à l'oubli, à l'ignorance de tout, parce que ma pauvreté n'a plus que deux besoins : amour infini et bon plaisir divin ! Saint Bruno qui était un saint passa les dernières années de sa vie à dire : ô Bonté ! et moi qui ne suis qu'une pécheresse, je ne puis plus que dire : Charité Infinie !... Aspirer et renvoyer l'amour. »

Aux angoisses intérieures de notre Mère, vinrent s'ajouter de nouvelles douleurs imposées à son cœur maternel. Le sacrifice d'une seconde fille lui fut demandé dès les premiers mois de sa réélection. L'humble converse qu'elle perdit alors nous avait été amenée quelques années auparavant du fond de la Savoie, par son vieux père lui-même. En se séparant de sa chère Zite, bonheur et trésor de son foyer, il sanglotait et disait à travers ses larmes : « Sa mère en mourra, mais nous aurons fait la volonté de Dieu ! »

Ame d'élite, la généreuse enfant s'était mise à la pratique de sa vie religieuse avec une ferveur toujours croissante. Devenue Sœur Marie-Geneviève, elle répandait la bonne odeur de toutes les vertus et devenait chaque jour davantage la consolation de ses Supérieures, la joie et l'édification de ses Sœurs. La jeune novice qui la précéda dans la céleste Patrie, et qui fut quelque temps sa compagne du Noviciat, faisait un tel cas de la nouvelle venue, que sur son lit de mort, elle disait à notre Mère : « Je vous en prie, laissez-moi mourir et, je vous le promets, du haut du Ciel, je vous enverrai *une troupe de Zite.* »

Sœur Marie-Geneviève, marchait courageusement dans le sentier étroit de la perfection. « La Savoie nous sert bien, écrivait notre Mère Marie-Madeleine au temps de sa déposition. Je ne saurais vous dire

combien j'estime notre Sœur Marie-Geneviève !...
C'est une vertu qui ne se dément jamais, avec **un**
tact, une délicatesse de sentiments, un charme **de**
caractère bien appréciables dans son rang. Un **de**
ces jours, où elle venait nous demander de se lever
à deux heures et demie ou trois heures pour faire
tout son ouvrage, afin de s'avancer (*sans qu'on le
sût*) en sorte qu'elle pût exécuter un travail de jar-
dinage désiré par notre bien-aimée Mère, cette expression lui échappait sans préméditation, sans pose :
« O ma Sœur, de *prières*, de *travail*, de *sacrifice*,
jamais assez !... » Il aurait fallu entendre le ton
qu'elle y mettait, voir l'air de son visage ! et il
faudrait la connaître pour savoir combien c'était
sincère !... Volontiers elle s'offrirait à toutes les be-
sognes de la maison ; volontiers, aussi, elle se lève-
rait à une heure du matin plutôt que de manquer une
prière. Quant à son corps, il a passé en oubli. Aussi
quelle reconnaissance pour la plus petite attention
maternelle !... »

Digne élève, on le voit, de sa sainte Maîtresse, elle
devait surtout charmer les regards de Dieu par son
application à demeurer basse et petite, et son ardeur
à courir au-devant de ce qui nourrit l'humilité, les
humiliations. Dans les derniers temps de sa vie surtout, Dieu voulait sans doute hâter l'œuvre de sa
sanctification ; aussi permettait-Il que cette chère
Sœur fût constamment plongée dans l'abjection, soit
par les conséquences d'une maladie très crucifiante,
soit par suite des imperfections, oublis, maladresses,
accidents de tous genres qui lui échappaient, et
qu'elle accusait en public avec une sincérité et une
exactitude admirables. Supérieure et Directrice, pour
seconder les desseins de Notre-Seigneur et sous une
impulsion surnaturelle irrésistible, lui témoignaient
leur vif mécontentement, la reprenaient sévèrement

et la mettaient plus bas que terre. Pour ce cœur très sensible, très élevé, très délicat et si désireux de bien servir sa Communauté religieuse, cet état de choses constituait un petit martyre, mais elle l'endurait sans la moindre plainte, sans l'ombre d'une défaillance.

Portant déjà sur le visage l'empreinte de la mort, allant toujours malgré le mal croissant, travaillant jusqu'à l'extinction de ses forces, Sœur Marie-Geneviève revenait à chaque occasion se jeter à genoux, puis, en présence de toute la Communauté, renouvelait ses pénibles aveux. Elle recevait ensuite dans une attitude de profond rabaissement et dans un humble silence le pain très dur de la correction. Ses compagnes la prenaient parfois en pitié et lui représentaient qu'il y avait peut-être quelque excès dans la générosité de ses accusations : « Ah ! ma Sœur, répondait-elle avec cette énergie qui lui était propre, quand Notre-Seigneur demande quelque chose, peut-on lui refuser ! »

Sa maladie ne lui laissait pas de trêve et la conduisait rapidement aux portes du tombeau. A cette heure suprême, elle eut une lumière très spéciale sur notre Mère Marie-Madeleine qui l'entourait de ses soins et de sa vigilante tendresse : « *Ta mère est une sainte* », lui dit Notre-Seigneur. Une telle assurance ne faisait que confirmer ses convictions ; elle avait voué à cette Mère une affection, une vénération, une obéissance inexprimables. Regardant Dieu en elle, chacune de ses paroles, chacun de ses conseils, de ses ordres, était un oracle sacré venu d'En-Haut : « C'est notre Mère qui l'a dit », conclusion qui coupait court à toute hésitation, à tout commentaire et qui aurait fait marcher notre fervente Sœur au milieu des flammes, s'il eût été nécessaire.

Notre jeune Sœur Marguerite-Marie avait quitté la terre en des transports de joie, il n'en fut pas ainsi de Sœur Marie-Geneviève qui éprouva jusqu'à la fin une répugnance invincible à la pensée d'une prochaine et suprême destruction. Aussi, héroïque dut être sa parfaite adhésion aux arrêts de son souverain Maître à ce sujet. Si après Notre-Seigneur au Jardin des Olives, elle dit parfois : *« Que ce calice s'éloigne de moi, s'il est possible »*, elle répétait bien plus souvent encore : *« Mon Dieu, que votre volonté soit faite et non la mienne ! »* Sentant cependant la mort avancer vers elle sans arrêt, elle fermait les yeux à la terre, multipliait ses actes d'abandon et s'écriait avec une véhémence et une confiance sans bornes et toutes surnaturelles : « Ma Mère ! ma Mère, ouvrez-moi les portes du Ciel... Ma Mère ! laissez-moi aller en Paradis... »

— « Oui mon enfant, lui était-il répondu avec autorité, allez, je vous le commande, je vous l'ordonne, au nom de l'obéissance, partez... courage !... encore quelques instants et tout sera fini et vous serez dans le Cœur de Jésus pour l'Eternité... » Elle expirait ainsi peu après, sous la sauvegarde, et avec les assurances de celle qui lui tenait la place de Dieu.

Après sa mort, elle devint si belle, si majestueuse que l'on reconnaissait à peine cette modeste fille des champs, dont l'extérieur n'offrait, jusqu'alors, rien que de très simple, très ordinaire. La parole de l'Ecriture sainte commençait à se réaliser en elle : *« Dieu exalte les humbles. »*

Notre Mère Marie-Madeleine fut profondément affectée, mais conserva une paix sereine devant cette sorte d'épreuve qu'elle redoutait tant. Nous le voyons dans une lettre à une Sœur de Fourvières : « La vie s'écoule... il s'agit de s'enrichir et d'enrichir les âmes !... Ces pensées m'ont beaucoup occupée auprès du lit de notre bien-aimée Sœur Marie-Geneviève. Je la voyais changer d'heure en heure, verti-

gineusement, abandonnée à Dieu pour la vie ou pour
la mort qu'elle avait acceptée généreusement si telle
était la volonté de Dieu et parce que telle était sa
volonté, mais espérant guérir pour se faire une couronne plus belle... Après lui avoir fait sacrifier sa
vie pour la gloire, la volonté et le pur amour de
Notre-Seigneur, Il ne m'inspirait pas de l'entretenir
dans la pensée de la mort, mais oui bien dans des
actes d'abandon, d'amour parfait, d'union à la volonté divine ; c'était du reste le courant de cette âme
droite et ne cherchant que Dieu.

« Cependant j'étais saisie de cet arrêt que la mort
pose dans notre progrès spirituel en Dieu !... Je désirais pour cette chère sœur racheter le temps. Il ne
me venait à l'esprit que la petite prière que je vous
avais envoyée (1) et que je n'ai cessé de lui faire
dire, durant ces quatre ou cinq jours de maladie
alitée. Notre chère Sœur répétait avec ferveur ces
quelques paroles... Le bon Dieu lui a laissé jusqu'à
deux ou trois jours avant sa mort le plein usage de
ses facultés et une certaine vigueur qui faisait espérer encore quelques jours d'existence.....

« Ce décès nous a été des plus sensibles... Cette
humble Sœur Marie-Geneviève était si délicatement
cordiale à toutes, si respectueuse, aimable, serviable,
qu'elle manque bien !... Cependant j'ai béni le bon
Dieu qui n'a mis dans mon âme qu'une adhésion
pleine, tranquille, sans arrière-pensée, sûre que tout
était pour le plus grand bien !... Je vous confie qu'Il
m'a fait faire quelques petits progrès dans la promp-
titude à aimer, adorer, bénir ses divins vouloirs et
dans l'absence de toute inquiétude, quelle que me
paraisse l'issue des événements... Je vous le dis pour
que vous le remerciiez avec moi !... »

(1) Voir cette prière, p. 270.

L'impuissance et les souffrances physiques achevaient de tenir notre Mère étroitement attachée à la Croix. Ses maux de tête continuels devenaient souvent intenses et lui faisaient éprouver une sorte d'angoisse : « J'ai peur d'en prendre une attaque, » nous disait-elle, avec son doux et habituel sourire.

La charge de Supérieure, et peut-être plus encore celle de Maîtresse des Novices, demande une dépense considérable de paroles que notre Mère portait pour ainsi dire à l'excès. Aux exhortations adressées à la Communauté, aux instructions journalières du Noviciat, aux entretiens privés avec ses Filles, au chant de l'Office, elle ajoutait encore, pendant nos Assemblées, des exercices surérogatoires, commentaires de nos Ecrits, leçons de rubriques, etc., etc. Parlant à ses Novices, elle le faisait avec une telle chaleur qu'on pouvait l'entendre et la comprendre, portes fermées, des appartements voisins. Si on la suppliait de se ménager un peu, la fervente Directrice promettait, mais son zèle l'emportant, elle ne se corrigeait pas.

Or dans les premières années de notre séjour ici, un médecin chargé de l'examiner et frappé de l'état singulier de son larynx lui avait dit avec étonnement : « Mais vous devez avoir une peine extrême à parler !... » (1). Elle ne put s'en défendre et avoua qu'en tout temps, chaque parole lui coûtait un effort violent, sentant sa gorge comme obstruée par un fagot d'épines. Cependant, le confiant plus tard à une de ses Filles, elle promit immédiatement à Notre-Seigneur de ne tenir aucun compte de cette remarque,

____

(1) Quelques mois plus tard, le même docteur rencontrant une de nos Sœurs tourières témoigna sa surprise, en apprenant que notre Mère résistait encore à l'épuisement profond constaté en elle.

de ne pas laisser paraître sa souffrance et ses difficultés, de n'en jamais parler.

A l'Office, sa voix se distinguait parmi les plus fortes. Aussi la poussait-elle avec tant d'énergie, qu'hiver et été cette chère Mère sortait en nage du Chœur. « Ma Mère, lui dit un jour une des Sœurs, quand vous chantez l'Office, vous y mettez une telle ardeur que je crains parfois que votre gorge éclate !...

— Mais, mon enfant, je serais ravie, si cela faisait détacher l'âme du corps. Je suis très heureuse de m'user, en chantant les louanges de Dieu. Je ne veux pas du tout que les vers aient à ronger mes cordes vocales (1). »

Elle malmenait de même tout son être. Au reste nul n'aurait pu lui reprocher à ce sujet imprudence, indiscrétion, présomption. C'était la voie de Dieu sur elle, et Il favorisait et excitait en toute occasion la générosité de sa servante à se détruire pour son amour.

Un fait entre tant d'autres, datant de cette époque 1909 : La grippe sévissait au Monastère ; la plupart des Sœurs, les plus anciennes en particulier, gardaient le lit. Notre Mère, comme autrefois à Fourvières, en pareille occurence, luttait contre la contagion et restait debout, lorsqu'un matin, elle se sent défaillir et croit urgent de s'arrêter. Malgré une fièvre ardente, elle assiste pourtant encore à l'oraison et à la Messe, mais va trouver ensuite l'Infirmière pour lui confier la Communauté et l'avertir qu'il lui faut, a son tour, rendre les armes. La divine jalousie de l'Epoux céleste ne l'entendait pas ainsi. C'est la Sœur Infirmière qui prévient notre Mère : « Je n'en puis plus, dit-elle, en l'abordant : si vous me le permettez, je vais me mettre au lit... » Ces paroles sont

_____

(1) L'idéal pour notre fervente Mère : mourir en chantant l'Office.

le signe sensible de la volonté de Dieu. Notre Mère encourage et autorise le repos demandé, bien légitimement du reste, et conserve pour elle, en silence et sans soulagement, le mal et le poids de toutes les fatigues. Un secours providentiel et surhumain lui devenait nécessaire en de telles circonstances : il lui était accordé, mais au prix de quel énergique courage !...

Les épreuves intimes de notre Mère, les douleurs de son cœur maternel, ses souffrances physiques ne déteignaient nullement sur son attitude de Supérieure. Elle exerçait de nouveau cette charge avec une perfection étonnante. Au point de vue matériel même, exceptionnellement douée, elle s'occupait des intérêts de la Maison avec une sollicitude qui dépassait humainement ses forces. Son regard vigilant suivait la marche des emplois dont elle connaissait à fond tous les ressorts, et les Officières trouvaient incessamment en leur Mère les plus charitables secours dans leurs difficultés et travaux. Que d'améliorations ne lui devons-nous pas ! Dresser un plan de jardin, de bâtiment, projeter et faire exécuter de petites constructions, réparations, rien ne l'embarrassait, ni ne l'effrayait quand il s'agissait d'un bien pour nous, pourvu toutefois que tout se fît en conformité parfaite avec la Règle, car sur ce point, on la trouvait inflexible.

Notre Mère avait particulièrement appréhendé pour nos récréations la transition de gouvernement, se sentant trop faible pour donner cette affluence de vie et d'intérêt que notre Mère Anne-Régis a le secret de répandre sur toutes choses. Néanmoins, elle déploya tant d'empire sur elle-même que cet exercice fut encore, comme par le passé, plein de charmes pour nous. Dieu seul pourrait dire la fatigue qu'elle s'imposait, les mérites qu'elle accumulait pour remplir parfaitement, sur ce point, les devoirs de la Supérieure : maintenir le niveau de la conversation et la guider adroitement ; ne se laisser absorber ni par les choses, ni par les personnes en particulier ; se faire le centre d'où partent tous les rayons de grâce et de joie que Dieu destine aux âmes. Elle préparait toujours soigneusement cette action, même avec notes : puis se rendant au lieu des Assemblées, elle se recueillait si profondément que nous n'aurions pas osé lui parler avant le premier salut : Dieu soit béni ! Elle le disait, et voulait que nous le disions, gravement, bien en face du crucifix, et non jamais de la porte ou précipitamment.

Lorsqu'elle avait été retenue par quelque parloir, elle venait à nous avec un bon sourire, nous disant ordinairement : « Aimons-Le bien, n'est-ce pas, nos Sœurs ! Oh ! que nous voulons L'aimer ! » et de saintes réflexions débordant de son cœur stimulaient nos désirs d'aimer Jésus comme elle. Elle veillait assidûment à faire rappeler la présence de Dieu et voulait que, par un instant de silence, nos âmes se réunissent vraiment dans le contact divin. Oh ! qu'elle tenait à l'exercice de la sainte présence, en tout temps ! Aussi chargeait-elle son bon Ange de parcourir le Monastère, pour réveiller fréquemment notre attention sur ce point pendant la journée.

Est-il nécessaire de parler maintenant de l'exquise bonté de notre Mère ! Il nous semble que tout ce qui précède a suffisamment révélé son cœur, et qu'on a deviné combien les fibres en étaient délicates, sensibles, dilatées. Nous avons remarqué ses dispositions natives la portant de préférence à tout ce qui a besoin de secours et de protection. Non seulement elle n'aurait pu faire à qui que ce fût la plus légère peine volontaire, mais elle aurait voulu adoucir toutes les souffrances, même celles des animaux, même celles des plus chétifs insectes. Que de traits à citer, s'il était à propos ! **On ne pouvait voir sans attendrissement** notre Mère caresser un de ces petits êtres, leur donnant quelque pâture, ou même aider une fourmi à transporter dans sa réserve un grain trop volumineux, tant on sentait de vrai bonheur à soulager une créature de Dieu.

Comment dépeindre cette tendresse naturelle s'élevant à la vertu de charité, lorsqu'il s'agissait du prochain, des affligés, des pauvres, des pécheurs, de ses filles ! Ah ! nous ne pourrons jamais assez dire la sollicitude dont elle nous entourait jour et nuit, la part qu'elle prenait à nos peines et à nos joies, la délicatesse dont elle usait pour alléger nos épreuves de famille, les prières, les sacrfices même qu'elle s'imposait afin d'obtenir la conversion d'une âme qui nous était chère, ou toute autre grâce spirituelle ou temporelle. La détresse des pauvres l'affectait à un tel point que notre chère Sœur l'Econome, en vue de lui épargner une trop grande souffrance, évitait de lui faire connaître les nécessités que nous ne pouvions secourir. Elle nous avouait que la nourriture l'étouffait au réfectoire, quand elle songeait à tous les malheureux qui endurent la faim. Alors, elle disait : « Mon Dieu, donnez-nous et nous leur donnerons. »

Souvent la divine Bonté répondait à cet appel. Un jour, elle vide, au profit d'un solliciteur, sa petite bourse contenant trois francs ; puis, se confie en la Providence pour la regarnir. En revenant du parloir, elle rencontre une bienfaitrice qui lui remet trois cents francs pour ses œuvres.

Une autre fois, la même personne remplace, sans s'en douter, par une offrande de cinq cents francs, une aumône de cinq francs. C'était bien, à la lettre, le centuple promis par le Sauveur.

Notre Mère aurait voulu porter la charité, comme toutes les autres vertus, jusqu'à l'héroïsme. Aussi demanda-t-elle plusieurs fois l'autorisation de faire, à ce sujet, des actes évidemment contraires à la prudence humaine, et il lui était alors très pénible de recevoir un refus, parce que, lui semblait-il, on ravissait à Dieu une occasion de glorifier sa Providence.

Tous ceux qui avaient affaire au couvent, ouvriers, voisins, petits fournisseurs, bénéficiaient de cette délicate charité qui, en soulageant le corps, atteignait souvent les âmes et les rapprochait de Dieu.

Quelle jouissance pour notre Mère, lorsqu'elle pouvait exercer un peu d'apostolat auprès de personnes bien modestes ! Et comme elle se délectait de voir surtout dans nos parloirs ces préférés de Notre-Seigneur ! Elle nous faisait remarquer leur attitude si humble en demandant un service, leur patience à attendre une réponse, leur reconnaissance pour les bienfaits reçus ; et, les larmes aux yeux, elle s'écriait, avec un accent inoubliable : « Oh ! ces petites gens ! »

Une pauvre fille lui avait dit bien rondement : « Oh ! moi, je suis une enfant de la charité ! » Elle fut ravie, comme jadis notre saint Fondateur devant un aveu coûteux à la nature. Elle témoignait beaucoup d'affection à une personne qui, ayant l'intelligence de la première béatitude, la pratiquait admirablement au sein des richesses. Presque étonnée, la pieuse dame se demandait quelle pouvait être la cause de cette préférence, lorsque notre Mère lui en découvrit la raison : « Notre-Seigneur m'a fait comprendre qu'Il vous aime parce que vous n'êtes pas du monde, et que vous estimez la pauvreté évangélique. »

Quand, au contraire, elle était réclamée au parloir par des personnes vides de l'esprit de Jésus-Christ et pleines de vanité, elle sortait de l'entretien en disant : « Oh ! je ne suis pas faite pour ce monde-là ; aussi, je ne trouve rien à dire. Je suis dans mon centre avec les petites gens. » Pourtant, notre Mère ne laissait pas de tirer profit de toutes sortes de visites, d'après ce passage d'une lettre : « J'ai remarqué, il y a un an ou deux, que les personnes qui venaient au parloir portaient élégamment sur les bras des vêtements assez simples, mais doublés d'une soie splendide, qu'on avait bien soin de tourner en dehors. Cela m'a été une vraie lumière. J'ai pensé que je doublerais sans cesse, à chaque action, cette loque de misère que je suis, de l'infini de Notre-Seigneur Jésus-Christ et que ce serait ce que j'exposerais sans cesse aux regards de l'adorable Trinité. Jamais moi, toujours Lui ! Il faut bien recourir aux expédients quand on n'a rien. »

Elle avait son cœur cependant, et c'était assez pour répandre bien des joies autour d'elle : « Lorsqu'on lui exprimait un désir, dit notre R. P. Chapelain, Sous-prieur des Dominicains, elle n'avait pas de repos qu'elle ne l'eût satisfait. » Plusieurs confrères de ce Religieux, qui se sont succédé pour desservir notre chapelle, ont rendu les plus touchants témoignages de la bonté de notre Mère à leur égard.

Cette divine vertu se révélait à nous sous toutes les formes, particulièrement par le don d'elle-même... Si on l'abordait en lui manifestant un peu de crainte de la déranger : « Mais je suis à vous avant tout, disait-elle, avant mon travail, avant les choses les plus pressées. » Et nous l'avons vue disposée à se priver du repos de la nuit tout entière pour une âme qui avait vraiment besoin de son secours. Elle mettait aussi cette bonté en exercice lorsqu'on lui faisait une petite confidence, qu'on lui rapportait un beau passage d'une lecture, puis, à l'occasion, rap-

pelait ce qui lui avait été dit, pour toujours faire
ressortir le prochain.

Elle avait encore la délicatesse de faire valoir le
travail, si minime fût-il, de telle Sœur malade, et
voulait qu'on lui laissât l'illusion d'être toujours utile
à sa Famille religieuse. Lorsqu'elle apprenait le
décès de quelque Supérieure de notre Ordre, son
cœur en éprouvait une vive peine : « Oh ! prions bien
pour ces chères Sœurs, s'écriait-elle, d'un ton péné-
tré, mettons-nous à leur place... Pour moi, je voudrais mourir âgée, parce qu'alors les facultés sont
affaiblies, on est moins utile, et l'on emporte moins
de regrets. » Une autre forme de la bonté de notre
Mère, c'était de recevoir de bonne grâce les attentions, les prévenances, les services rendus mal à propos, sans laisser paraître de la contrariété, disant :
« C'est humble d'avoir besoin de quelque chose et
de quelqu'un. » Elle pouvait ajouter : « c'est pauvre
de se servir soi-même » ; et elle trouvait un bonheur
à épargner la peine autour d'elle. Si toutefois elle
avait à recourir au prochain, même à une Sœur do-
mestique ou du noviciat, elle le faisait avec une humilité qui confondait et touchait en même temps.

Le culte de cette âme pour la pauvreté s'est trop
révélé dans ce qui précède pour que nous ayons à
prouver qu'elle s'y est rendue remarquable. Une
novice lui ayant confié un jour son attrait de pratiquer cette vertu d'une manière très particulière, notre Mère témoigna sa joie d'une telle confidence, et
dit qu'elle avait instamment demandé à Notre-Seigneur un sujet qui représentât la pauvreté dans le
Monastère.

Ce point si important paraît avoir été l'objet des
dernières préoccupations de notre Mère, tant les exhortations du Noviciat qui précédèrent son décès
furent pressantes. Elle recommandait de tenir à ce

que linge, vaisselle, vêtements fussent toujours simples, grossiers, dans cette maison — qu'elle aimait parce que, disait-elle : « c'est du pur vieux, » — comme aussi, lorsque nous aurions le bonheur d'achever nos constructions que, dans le détail comme dans l'ensemble, tout fût conforme aux intentions de nos saints Fondateurs sur ce point. « Nous disparaîtrons un jour, mes enfants, concluait-elle d'un ton pénétrant, ce sera à vous de veiller sur tout cela... il faudra le dire à celles qui viendront. »

CHAPITRE XXII

Zèle apostolique. — Apostolat surtout de la prière et du sacrifice. — Relations avec le dehors. — Témoignage de deux
filles spirituelles du monde. — Fragments de correspondance. — Lumières nouvelles sur l'âme anéantie : Dieu se
fait sa plénitude.

Nous devons encore parler du zèle apostolique de
notre Mère, de sa sollicitude pour les enfants et les
pécheurs, zèle qu'elle s'efforçait de communiquer à
nos Sœurs tourières, leur disant : « Pendant vos
courses, appelez l'Esprit-Saint sur les âmes que vous
rencontrez ; dans les tramways, offrez le Sang précieux de Notre-Seigneur pour la conversion ou la perfection des personnes présentes ; entrant dans les
maisons, demandez à Jésus d'y répandre des grâces
et des lumières, selon la nécessité de ceux qui s'y
trouvent ; lorsque vous rencontrez des enfants, dites :
« Seigneur, laissez venir à Vous ces petits enfants,
ou forcez-les d'aller à Vous. » Répandez ainsi partout la bonne odeur de Jésus-Christ. »

Une fois, elle fit faire une longue course, pour jeter
des médailles de saint Benoit et de l'Immaculée-Conception sur une place de Lyon, où l'on projetait d'élever un monument à un personnage indigne de cet
honneur : la statue ne fut pas érigée.

Notre Mère a surtout exercé l'Apostolat de la prière

et du sacrifice. Le sacrifice ! elle l'appréciait, elle l'estimait plus que le miracle, et puisqu'il ne lui était pas donné d'opérer des prodiges pour l'honneur de son Dieu, elle voulait et pensait remédier à cette impuissance par les renoncements continuels imposés à sa nature. Entendait-on parler de la multitude des merveilles surnaturelles accomplies par saint Vincent Ferrier, la réponse immédiate se formulait en son cœur : « Au lieu des cinq mille miracles de ce saint, je ferai cinq mille sacrifices pour les pécheurs. »

Pressée de rendre à son souverain Maître la gloire que tant d'âmes lui refusent, elle souhaitait avec ardeur donner aux vingt-quatre heures de ses journées une valeur sans bornes. La parole des saintes Écritures : « *Mille ans devant vous, Seigneur, sont comme un jour !...* » lui suggérait cette pensée : « Si mille ans peuvent, devant Dieu, être comme un jour, je veux que chacun de mes jours soit à ses yeux comme mille ans. » Et elle concluait ainsi : « Essayer de faire des jours de mille ans par l'union à mon Bien-Aimé. » Ce projet paraissant réalisable à notre Mère, elle tâchait de s'y associer d'autres âmes. « Faire des jours de mille ans, écrivait-elle, ne vous semble-t-il pas que c'est identifier chaque acte de sa journée aux actes infinis de Notre-Seignur Jésus-Christ, tout cela uniquement pour sa gloire, pour son plaisir !... »

Puisque la ferveur supplée au nombre des années, quel supplément cette âme a-t-elle donné à son existence par ces moyens secrets qui lui étaient communiqués pour accroître, dans une mesure insondable, ses richesses, ses trésors surnaturels !

On comprendra dès lors que, pour notre Mère, la douleur suprême ait été l'offense de Dieu. Elle eût voulu la laver de son sang. N'étant pas appelée à le répandre, elle offrait les ardeurs de son cœur, et se lançait parfois en des entreprises au-dessus de ses capacités, même spirituelles. Pour réparer les outrages faits à Notre-Seigneur par la persécution religieuse et conserver à la France ses Communautés, elle s'était imposé de compter, durant un temps déterminé, un million d'actes d'amour. Mais son bon Maître Lui-même l'arrêta dans cet excès, on peut bien appeler ainsi l'effort surhumain que son attrait de contemplation avait à déployer pour tenir une pareille comptabilité. Jésus alors seul additionna, et les élans d'amour de sa fidèle épouse n'en devinrent que plus embrasés et multipliés.

Elle eut, peu avant sa mort, une lumière intense sur le malheur de ceux qui se perdent, et écrivit à ce sujet sur un carnet : « Tout faire, tout souffrir pour sauver les âmes... » Nuit du 31 octobre au 1er novembre : « Grande grâce sur cette parole : « *Allez maudits au feu...* » Stimulant puissant à ne rien épargner pour sauver une âme. Il ne faudrait pas que la plus petite négligence empêchât de sauver une âme... »

Notre Mère demeura profondément émue et vivement frappée de ce qu'elle avait cru voir et entendre cette nuit-là et s'en ouvrit le lendemain à une de ses filles. Son cœur déjà si précipité dans sa marche s'était senti plus ébranlé encore à cette grave et impressionnante visite du Seigneur. Mais surtout son ardeur à suivre la lumière d'une immolation sans relâche devint telle, qu'on jugea prudent de l'endiguer. Ayant soumis la grâce reçue et les résolutions qui s'ensuivirent à qui de droit, elle dut s'incliner sous un conseil de modération. Et afin que tout se convertît un gain pour cette âme fervente, le conseil fut donné de telle sorte qu'il la rabattît dans son néant et l'établît encore plus dans la conviction de son impuissance à faire beaucoup par elle-même

En dehors de sa famille religieuse, Mère Marie-Madeleine n'a eu d'action directe que sur quelques âmes conduites vers elle par une faveur spéciale de la Providence. Alors quel surnaturel, quelle perfection et quel dévoûment dans cette mission délicate ! Elle ne se rendait jamais au parloir, ne faisait jamais une lettre par manière d'acquit, mais avec le désir ardent d'obtenir quelque progrès au saint amour. Avant de tracer les caractères sur sa feuille de papier, elle avait la pieuse coutume de plonger, par la pensée, sa plume dans le Cœur de Jésus, puis écrivait avec l'encre mystique et divine.

Nous avons tout lieu de croire que Dieu a écouté cette prière de sa servante : « O Jésus, la grâce que je vous demande, c'est de ne jamais être en contact avec quelqu'un sans que l'on soit, en me quittant, meilleur et porté à vous aimer davantage... Je vous en supplie, au nom des promesses divines que vous avez faites avec serment, accordez-moi qu'il n'y ait pas une de mes paroles, pas une de mes actions qui ne parte de Vous et ne sème l'amour. »

Puis, elle suivait une lumière que nous trouvons rappelée dans ses notes : « *Porter devant les nations le saint nom de Jésus*, c'est-à-dire, ne pas ouvrir les lèvres pour parler sans avoir auparavent prononcé imperceptiblement *Jésus*, afin que ce nom sacré soit un trait divin qui aille devant moi blesser les cœurs de son amour. » (Fête du S. Nom de Jésus.)

Mais écoutons une pieuse amie du monastère : « La première fois que j'eus le bonheur d'être admise à vivre près de l'angélique Mère Marie-Madeleine, je ne tardai pas à me dire : C'est un agneau, un séraphin, un apôtre ! Et lorsque je la connus davantage, j'ajoutai : c'est une martyre ! Sans parler de son extrême sensibilité, sa santé déplorable, en contrariant ses saintes ardeurs, lui infligeait un véritable tourment.

« Oh ! quelle était sainte et parfaite ! Ayant eu le privilège d'être reçue quelquefois dans sa communauté, que d'occasions n'ai-je pas eues de l'admirer ! Elle n'était pas suave, charitable : elle était la suavité, la charité ! Toute souffrance l'attirait, appelait sa tendre commisération ; elle eût voulu se fondre pour l'adoucir. Aussi avait-elle une prédilection marquée pour les pauvres, et lui fournir le moyen de les assister lui procurait une véritable joie. Je garde un souvenir ému de son céleste sourire, pour exprimer sa reconnaissance ou son contentement, lorsque, dans un lieu de silence, elle ne pouvait parler.

« L'humilité, à ses yeux, était le trésor des trésors. A l'un des entretiens dont elle me gratifiait, elle me dit, en vue de mon profit spirituel, ce n'est pas douteux : « Dernièrement, on causait en communauté de l'apparition de Notre-Seigneur à une âme privilégiée, et nos Sœurs de s'exclamer : « Est-elle heureuse ! dans ces conditions, il doit être facile de devenir sainte. » — Nos Sœurs, leur répliquai-je, on n'a rien à envier à personne, lorsqu'on a la ressource de s'humilier. » Cette parole, conservée comme une perle, je l'ai rapportée à un très saint prêtre qui en fut ému, la recueillit avec joie et assura qu'il ne l'oublierait jamais. »

Le témoignage d'une ancienne élève de notre Mère n'est pas moins remarquable : « Que de choses exquises j'ai entendues dans ce petit parloir de Vassieux, où je l'ai retrouvée, avec quelque chose de plus mûr, de plus maternel, de plus accessible encore à toutes les misères, qu'à Fourvières ! Là, elle vous accueillait avec ce bon sourire, ce « Dieu soit béni » senti, cette charmante simplicité qui mettait à l'aise ; elle écoutait ce qui lui était dit avec une attention soutenue, sans paraître fatiguée de la longueur de l'entretien ! Je la sentais si pleine de Dieu, que je l'aurais entendue, sans jamais me lasser. Un jour, elle me dit avec sa simplicité habituelle : « Vous savez, ma petite Marie-Louise, le plaisir que j'éprouvais à admirer tout ce que le bon Dieu a fait : les fleurs, la belle verdure, mais maintenant, rien ne me semble meilleur que de faire notre lecture dans un petit coin du corridor, car ce que je vois en moi est bien plus beau. »

« Que j'admirais sa mortification ! Je l'ai vue plusieurs fois rester pendant longtemps, sous les rayons du soleil de juin, dans ce parloir très petit, où la chaleur était étouffante. Elle paraissait si radieuse, si à l'aise sous ce soleil de plomb, que je n'osais pas lui dire qu'elle pouvait bien baisser le store. Pleine de son sujet, de cette pensée qui revenait sans cesse dans ses conversations : « *Acceptons tout et ne demandons rien* » elle n'aurait pas compris mon intervention »

« Il me semble que j'ai contracté envers notre Mère, une dette que je ne sais comment acquitter. A deux reprises, elle a intercédé pour moi d'une manière sensible, et il me semble toujours que je lui dois la vie. Une première fois, à la suite d'un empoisonnement, j'étais à toute extrémité. On court prévenir notre Mère... Elle m'a avoué ensuite avoir prié pour moi toute cette nuit où je me trouvais entre la vie et la mort, entourée de trois médecins qui ne me quittaient pas. Le matin, j'étais sauvée. Une seconde fois, pendant une longue et douloureuse maladie, elle aida encore ma guérison par ses prières. J'avoue que j'avais une si grande confiance en elle, que j'ai gardé sur mes jambes malades un

Agnus Dei et une de ses lettres tant qu'a duré le danger. »

Une jeune femme, désireuse de devenir, autant que possible, une Visitandine dans le monde, se mit à l'école de notre Mère, qui, ne négligeant rien pour la seconder dans ce pieux dessein, lui adressa cent lettres admirables.

Nous nous permettons d'y faire quelques emprunts : « Vous êtes fille du Sacré-Cœur et de saint François de Sales par le cœur. Il n'y a pas, il est vrai, de tiers-ordre de la Visitation dans le monde ; mais il y a cependant moyen d'y vivre de la vie de la Visitation. Saint François de Sales ne voulait pas que nous fussions réservées à la communiquer, et je vous promets de vous en donner autant que je pourrai.

« Voici un des grands point de la doctrine du Saint que nous aimons : Se remplir de la grâce de Dieu par des moyens simples et faciles. — Diriger vers Dieu ses actions les plus ordinaires, *parce que tout ce qui se fait par amour est amour.* — Vivre de la volonté de Dieu, tirant profit de tout ce qui se présente : petites contrariétés, humeur du prochain, dérangements, etc..., etc..., et faisant vertu de tout. Ce sont là, disait saint François, mes vertus chéries. Elles sont des formes délicates et parfois héroïques de la charité, et la charité est la plus excellente des vertus, celle qui les comprend toutes, la chère vertu du Cœur de Jésus. »

Le cœur si bon de notre Mère se révèle dans les lignes suivantes : « Oh ! que je compatis à toutes vos peines ! Vous avez bien fait de m'écrire. A qui iriez-vous dans ces moments douloureux, sinon au Sacré-Cœur de Jésus et aux cœurs qui, ici-bas, vous aiment et vous sont dévoués en Dieu ?...Ne croyez pas que notre condition de religieuses nous désintéresse de ceux qui vivent dans le monde, et des choses de la terre en tant qu'elles les touchent. Oh ! non ! nous savons nous réjouir avec ceux qui jouissent, et pleurer avec ceux qui pleurent ; et, pour le faire, ne faut-il pas que les uns et les autres nous confient leurs joies et leurs peines ? Ces dernières sont votre part aujourd'hui. N'oubliez pas que c'est la part de choix : « Dieu ne donne ordinairement à ses plus aimés que le privilège de beaucoup souffrir pour son amour. »

« C'est que : *les tribulations de cette vie sont sans aucune comparaison avec le poids immense de gloire qui nous est réservé dans le ciel.* »... Les tribulations passent, la gloire restera... Ne vous troublez pas, ne vous découragez pas, chère Madame, jetez tout dans le Cœur de Jésus ; portez dans ce Cœur sacré toutes vos peines et amertumes, suivant le conseil de la Bienheureuse Marguerite-Marie. Faites-le, quoique sans attrait et sans goût. Que ce recours à Lui soit votre méditation, si vous n'en pouvez pas faire d'autres. Plaignez-vous même à Lui du malheur qu'Il permet, « pourvu que ce soit amoureusement et avec résignation » : tel est le conseil de saint François de Sales...

« Vous êtes sur la Croix, et par la grâce de Notre-Seigneur Jésus-Christ, vous n'y êtes pas seule ; mais vous pouvez réellement dire : « *Je suis attachée à la Croix avec Jésus-Christ.* » Oui, Il est bien bon pour votre âme, notre divin Sauveur, et Il la travaille divinement par son Esprit-Saint. Pas de murmure, pas d'impatience, pas d'étonnement d'être traitée de telle ou telle façon ; mais au lieu de tout ce que la nature peut suggérer, l'amoureuse adhésion !

« C'est Lui qui a fait cela, et non pas vous... Remerciez-le, et continuez. Que le seul mot qui s'é- chappe de vos lèvres soit : « *Mon âme adhère à*

Dieu. » Cela n'est pas difficile quand on s'habitue à regarder Dieu dans son amour, dans sa miséricorde. On dit avec notre Bienheureux Père : « *Je n'entrerai point en défiance de son amour, mais je me confierai pleinement en son soin.* »... Soutenez votre mari. Vous êtes son aide de par la volonté divine. Soyez vraiment pour lui la *femme forte* qui, puisant dans le Cœur de Dieu la force pour tout supporter, la foi et la confiance inébranlable pour tout attendre et présumer bien de tout ce que Dieu fait ou permet, la patience pour ne pas se lasser d'attendre, communique au cœur que Dieu a lié au sien cette force, ce courage, cette sérénité de l'âme qui croit, qui espère, qui aime, qui connaît son Dieu et qui se fie à Lui...

« La femme doit être le soleil de la maison, et, pour cela, faire abnégation d'elle-même. Dans ses maux, elle doit penser plus aux autres pour les en distraire, qu'à elle pour les en occuper. La femme vraiment digne de ce nom, est celle qui prend pour lot l'oubli de soi. Ne perdez jamais de vue que la vertu de la Visitation est la vertu de force, parce que c'est la perfection du divin amour et que l'amour rend fort pour souffrir ! Oui, je suis crucifiée, donc je dois chanter : *Alleluia !* puisque la grandeur du chrétien c'est de porter sa croix...

« ... Il faut que vous ayez le Cœur de la Visitation. Ce cœur est appelé quelque part un *Cœur royal...* Or, un Cœur royal, c'est un cœur établi dans celui de Jésus, comme en une forteresse imprenable, qui, ne se laissant atteindre et troubler par quoi que ce soit, garde là, dans quelque état qu'il soit, une virginité toute céleste ; et qui, libre, dégagé, intangible, se répand au dehors, avec une délicatesse, une libéralité, un dévouement qui ne se lasse pas.

« Prenez pour résolution cette parole de notre

Bienheureux Père : « Si le monde est autour de votre cœur, qu'il ne soit pas dans votre cœur. » Quand sainte Cécile était environnée de troupes de musiciens qui lui chantaient des airs profanes, elle chantait dans son cœur des hymnes à son Epoux. Voulez-vous un moyen de le trouver partout, cet Epoux divin ? Regardez-le dans toutes les personnes qui envahissent votre chambre , que ce soit Lui que vous saluiez en elles, Lui que vous receviez, à Lui que vous adressiez la parole, à Lui que vous souriiez ; et alors, avec quelle cordiale affection !... Vous serez ainsi en contact continuel avec Lui. Vous lui prodiguerez la grâce, l'amabilité, le support patient. Vous ferez aimer la chrétienne ; et le soir, votre union avec l'Epoux divin aura grandi de tous vos renoncements et de tout ce que vous lui aurez donné dans les autres... »

Citons encore ce passage plein de poésie : « Il me semble que votre petit domaine de A. va être la *Vie Dévote* de notre Bienheureux Père, mise en action... Il y a si peu de maisons sur la terre qui reproduisent celle de Nazareth. Que la vôtre en soit une ! Y avait-il, dans le monde entier, un point qui envoyât au ciel une gloire approchant tant soit peu celle que la Sainte Trinité recevait de cette humble demeure ? Tout ce qui se faisait de grand dans le Temple de Jérusalem n'était rien à côté... et personne n'y songeait... Qui se doutera du charme que Dieu, sa Mère, ses Anges et ses Saints vont goûter, en regardant la terre du côté de X ?... Quant à notre Bienheureux Père, il tressaillera de joie et dira de chez vous ce qu'il disait de la Visitation naissante : « Que je l'aime, ce petit intérieur, parce que Dieu y est beaucoup aimé !.. »

Bientôt l'attente d'un petit ange dans ce foyer chrétien, ouvrit un nouveau champ au dévouement de notre Mère, et lui fournit l'occasion de donner des conseils aussi sages que gracieux : « Le petit être dont vous êtes appelée à être la mère, ce petit être, vous voulez que, avant d'être à vous, il soit à Dieu. C'est Lui qui vous inspire ces désirs si chrétiens : remerciez-le. Comptez aussi sur Lui.

« L'œuvre de faire un saint ou une sainte est une œuvre trop grande, pour que nous en soyons capable de nous-mêmes. C'est l'œuvre de Dieu, c'est l'œuvre de la grâce. Cette œuvre, Il la fera si vous êtes humble, confiante, dépendante de Lui. Attendez donc tout du Cœur sacré de Jésus. Remettez-lui votre précieux dépôt. Dites-lui qu'Il en est chargé, que vous l'en rendez responsable.

« Pour vous, placez-vous dans sa main, comme l'instrument docile qui ne peut rien tout seul, mais qui veut ne jamais entraver l'action divine. Le Cœur de Jésus vous donnera, malgré votre misère, tout ce qu'il faudra pour l'enfant auquel vous désirez ce sort désirable par-dessus tout : *Etre une âme selon le Cœur de Jésus...* Que Notre-Seigneur marque cette petite créature de son sceau divin ! Qu'il imprime sur elle la vertu de son Nom ! Que la mère et l'enfant soient toujours de ces choisis de Dieu pour lesquels il passe avant tout, et qui comptent en premier sa gloire, son amour, son service.

« Je vois le Cœur de Jésus vous environner de sa tendresse, et sourire d'avance à l'être aimé que vous placerez en Lui avant de le prendre dans vos bras. Que je prie pour vous ! Il me semble que ce petit Ange que vous attendez sera tout imprégné de grâces abondantes méritées par les prières, les sacrifices de sa mère, et l'union de cette mère avec Dieu. Oh ! faites-le vite baptiser, et dès qu'il le sera, veillez sur lui comme sur un joyau du trésor de Jésus-Christ qui vous est confié.

« Elevez-le pour Dieu, comme était élevé ce Saint auquel son Maître ne cessait de répéter dans son enfance : « C'est pour le Christ que je vous élève »... Que l'air qu'il respire auprès de sa mère ne soit imprégné que du vrai, du beau et du bien, c'est-à-dire de Notre-Seigneur Jésus-Christ... »

Et lorsque la naissance d'une petite fille eut comblé les vœux de la jeune mère, elle reçoit encore les plus lumineuses leçons. « Représentez-vous la Très Sainte-Vierge : était-elle moins unie à son Dieu, portant sans cesse son divin Fils, et ne cessant de l'entourer ? Au contraire, elle agissait ainsi directement sur Lui, elle était toujours avec Lui. Unissez-vous à Marie. Dépassez la mère dans les soins que vous donnez à votre chère fillette. Donnez-les à Jésus en elle : allez de l'enfant à Dieu ; ainsi votre journée sera une communion ininterrompue ; la nature sera soutenue, encouragée par la grande intention du cœur... Pour ce Jésus que vous aimez par-dessus tout, jamais assez de dérangements, de contretemps, de veilles, de tendresses. »

Parmi les âmes conduites à notre Mère par la divine Providence, se trouvaient des membres de congrégations religieuses aspirant à une perfection dont les secrets sont presque exclusivement réservés aux cloîtres. A l'une d'elles, notre Mère tenait ce langage si ferme et si assuré : « Vous ne devez pas douter que la voie par laquelle vous marchez est la vraie... et qu'elle est la vôtre. Plus une voie est simple, plus elle est de Dieu et plus elle mène à Dieu, simplicité infinie. Je vous défends de croire, même de penser le contraire, puisque vous désirez que j'use du commandement... Oui, la parole divine : « *Laisse-moi faire* » est adressée à votre âme, comme elle l'était à la Bienheureuse Marguerite-Marie, et à d'autres de la même espèce.. N'ayez pas peur du dénuement spirituel. Quand Jésus dénue, ce n'est pas pour laisser dans la nudité, c'est pour nous revêtir de Lui. Quel chaud, quel doux, quel beau vêtement ! »

« Ne cherchez pas à discerner, à démêler ce qui est de l'impression ou de la volonté. Désavouez, d'une manière générale, tout ce qui tiendrait de l'impression et tout ce qui serait capable de déplaire, tant soit peu, à Notre-Seigneur Jésus-Christ. Jetez-vous au large dans son Cœur, dans celui de Marie. Faites des actes de la volonté. Si la volonté est sèche, elle n'est plus que sûrement volonté, c'est-à-dire, ce que le bon Dieu regarde et compte. Le actes faits sèchement sont plus purs et appartiennent plus uniquement à la partie supérieure. Plus votre volonté est sèche, moins vous devez douter de la sincérité de vos actes et du plaisir que Dieu veut y prendre. Vous êtes assurée qu'il n'y a pas de propre recherche. Si vous vous mettez à vouloir démêler ce qui se passe en vous, vous n'en sortirez pas. Or, une âme abandonnée ne doit plus se donner le loisir de retourner sur elle, pour voir si ce qui s'y passe est de telle ou de telle nature : elle doit regarder Dieu, l'aimer et le laisser faire. Qu'importe que vous voyiez ou ne voyiez pas, que vous sentiez ou ne sentiez pas ! »

« Votre voie est donc de Dieu, il n'en faut pas douter. Il veut de vous la familiarité la plus intime... l'aisance, *l'une à un*, dans la dilatation... »

Le ton de la correspondance de notre Mère s'adressant aux membres de l'Institut est bien différent : c'est alors une attitude de rabaissement qui pénètre et émeut tout à la fois. N'écrit-elle pas à une Supérieure de notre Ordre : « Je suis petite à faire rougir la communauté, si elle avait quelque recherche de grandeur... Vous faites trop de cas des pauvres paroles qui viennent de nous. Si vous connaissiez le canal !... Si vous voyiez la réalité de la misère !... Ce n'est pas une telle âme de Supérieure qui se fait petite, non plus qu'une fervente communauté qui s'humilie : c'est *du rien tout pur...* »

Et comme cette déclaration ne fit qu'accroître le désir d'entrer fraternellement en communication de biens spirituels, notre Mère condescendit volontiers, mais avec quels accents d'humilité ! « Je vous assure, ma bien aimée Mère, dit-elle, que ce serait à ne pas oser répondre à votre lettre, si la simplicité n'était une vertu fondamentale de la Visitation, et si je n'étais pas persuadée qu'indépendamment de ma pauvre nullité, le Sauveur vous fera selon ce que votre humilité vous fait chercher et attendre. » De quoi aurait parlé notre Mère avec une âme qui avait les mêmes attraits, si ce n'est de sa chère petitesse. Ecoutons ce trait charmant : « Dimanche, un brave ouvrier nous amenait sa petite famille — six enfants — dont le dernier a deux ans. Ma Sœur l'Econome les fait goûter au parloir. Et le bon père, en faisant le partage, déclare d'un ton d'autorité : « On commence par le *plus petit.* » Cette parole me fut lumineuse. N'est-ce pas ainsi qu'agit le bon Dieu ? Oui, dans la distribution de ses grâces, de ses faveurs divines, il veut toujours commencer par *les plus petits.* C'est là son dessein d'amour.

« Délectons-nous donc, ma chère Mère, d'être petites, d'avoir de quoi rester toujours petites, paraître et passer pour petites, puisque « le Sauveur fait les affaires des petits. »

Citons encore ce que notre Mère écrivait lors de son élection de 1908 : « Puisque Notre-Seigneur a voulu me sortir du dernier rang, le seul que je sois capable d'occuper à tous les points de vue, il me semble que c'est pour annoncer sans cesse aux âmes les richesses incompréhensibles de son amour et les beautés de la bassesse et de l'anéantissement !... Veuillez, ma très honorée Mère, m'aider à correspondre à cette lumière !... Je ne sais point porter les âmes dans les sphères élevées, les soulever ; qu'au moins je leur apprenne à s'abaisser. N'est-ce point la qu'est la vraie grandeur ?... »

Et un peu avant sa dernière déposition : « Vous qui avez tant de crédit sur le Cœur de Jésus, ma bien aimée Mère, veuillez Lui demander de donner l'accroissement, bien plus, de planter Lui-même, d'arroser aussi, puisqu'Il daigne tout faire pour ceux qui ne sont capables de rien... Quand c'est le « rien de moi, » il faut que ce soit le « tout de Lui !... »

« J'ai eu le sentiment que, durant ces trois années écoulées, il n'y avait personne à la tête de Vassieux. J'ai, à cette heure, celui que ce n'est personne qui disparaîtra le 27 mai. Jugez, ma Mère, si Jésus est obligé d'occuper toute la place, de suppléer à tout, partout !... Veuillez donc m'aider à dire, si fervemment unie à la prière de Jésus, l'*Emitte spiritum tuum*, que toute la face de cette petite famille de Vassieux soit renouvelée, que tout ce qui a manqué soit créé ! »

Derrière sa petitesse, son effacement, Dieu agissait. Plusieurs ecclésiastiques aimaient à venir aussi s'édifier auprès de notre Mère. L'un d'eux nous dit après sa mort : « Je n'ai jamais approché une âme si lumineuse, et sans parler de ses dons spirituels, elle en avait de naturels extraordinaires. Quelle possession d'elle-même ! Quel calme ! Quelle douceur ! Quelle pondération ! Je l'ai souvent expérimenté dans mes parloirs avec elle. J'en sortais avec cette pensée : c'est une femme étonnante !... Et pourtant à ses yeux, on le sentait, elle n'était qu'un tout petit, qu'un pauvre rien !... » Quant à la confiance de cette âme, il la jugeait « du saint Paul tout pur !... »

Ce prêtre animé d'un zèle ardent avait entrepris la conversion d'un frère dans le sacerdoce égaré depuis de longues années dans la malheureuse secte des Vieux Catholiques de Genève ; et il faisait un tel cas des appréciations de notre Mère, qu'il tenait à lui lire, avait de les faire partir, les lettres composées pour toucher le cœur du pécheur.

Un religieux, trop resserré par la crainte dans ses rapports avec Notre-Seigneur, fut adressé à Mère Marie-Madeleine dans l'espoir qu'elle l'amènerait à un sentiment plus filial envers Dieu. Effectivement le visiteur trouva un réel secours dans ses entretiens, pendant un certain temps. Puis un jour, sans qu'on sût pourquoi, il y eut complet revirement. Ce pauvre affligé entreprit de faire l'assaut de son interlocutrice, pour troubler son âme, lui adressant les paroles les plus mortifiantes et humiliantes. Le discours se prolongeant indéfiniment, on essaya d'aller l'interrompre pour soulager notre Mère. Mais celle-ci le visage empourpré, et d'un ton suppliant : « Oh ! de grâce, s'écria-t-elle, laissez-moi, c'est trop bon pour en rien perdre !... » Et elle continua à écouter des propos si délectables à sa vertu et si propres à désaltérer la soif de son âme.

« *Je t'ai donné déjà l'amour du mépris*, disait Notre-Seigneur à Sœur Bénigna Consolata, *mais je l'accroîtrai, oui je l'accroîtrai en toi !...* » C'est l'œuvre qu'Il accomplissait en notre Mère Marie-Madeleine, les lignes suivantes en font foi ; elles expriment des sentiments qui ont pris, semble-t-il, une véhémence nouvelle : « Notre-Seigneur me donne la *passion* de l'anéantissement... *Passion*... ce n'est pas trop dire... oui *passion*... Il me donne la *passion* de l'anéantissement parce que Dieu se fait la plénitude de l'âme anéantie... Quand il m'anéantit intérieurement ou extérieurement, je suis ravie : il me semble que Dieu... Dieu si grand, si saint, si parfait, envahit mon âme. Oh ! je veux me délecter dans l'effacement de moi-même !... »

Il ne faudrait pas penser que la partie inférieure éprouvât, parmi les humiliations, ce ravissement dont parle notre Mère. Sa nature délicate et impressionnable en ressentait au contraire très vivement l'amertume. Dans la circonstance rapportée plus haut, en particulier, les coups portés à l'amour-propre avaient été si multipliés, les paroles de mépris si incisives, les accusations même si étranges, que son âme fut bouleversée et profondément alarmée. Dans sa défiance d'elle-même, les encouragements d'un cœur ami lui furent nécessaires pour recouvrer la paix et surmonter cette crainte angoissante de trahir effectivement, comme on le lui avait fait entendre, sa mission et la confiance de tous.

On le voit, ce cœur généreux réalisait le désir de notre sainte Mère qui l'avait toujours frappée : « *Ne rien refuser de ce qui peut tant soit peu nous avilir.* » Et celui de notre saint Fondateur : « *Aller d'union en union, de dilection en dilection.* » Notre chère Mère ne nous dit-elle pas, le jour de sa dernière élection en 1911 : « Nos Sœurs, usez de moi, mangez-moi. Je me donne à vous en pâture, comme Jésus dans l'Eucharistie. »

CHAPITRE XXIII

Il fallait que l'affection nous rendît bien aveugles,
pour ne pas comprendre que notre trésor irait bientôt orner la Jérusalem céleste. Depuis longtemps
déjà, notre Mère avait dit dans l'intimité : « J'ai la
souffrance de vivre dans l'effort continuel et en ayant
conscience de mon insuffisance. C'est un peu le
comme mourant et vivant néanmoins de saint Paul, »
et cette impuissance ne faisait que s'accentuer.

Un peu avant son élection, elle avait glissé ce mot
à une Sœur ancienne : « Il ne faut plus songer à
moi, je ne pourrais soutenir le poids de la charge. »
Comme elle dut néanmoins s'incliner sous le faix :
« Il faut, dit-elle, prendre sur moi ou mourir. » Elle
se surmonta si bien, qu'elle ne nous laissa rien paraître de son état, se tenant à sa résolution d'être
d'autant plus souriante qu'elle était plus souffrante.
Cependant, nous sûmes plus tard, que lorsque nous
allions nous promener ou travailler dans le clos,
elle mesurait du regard, avec appréhension, l'éten-

due de quelques mètres seulement, se demandant comment elle y parviendrait : ses forces semblaient vouloir lui échapper pour franchir ce court trajet. Elle partait néanmoins, et, fidèle à pratiquer ses enseignements, elle prenait l'instrument aratoire le plus incommode, le plus lourd, et arrivait au but en se poussant par l'énergie de la volonté.

Nous nous étions toujours demandé comment notre Mère pouvait se soutenir en s'alimentant si peu, et nous n'avons pas été surprises d'apprendre, par son propre témoignage, que la sainte Communion la fortifiait même physiquement. Elle avoua aussi une fois, en confiance, qu'elle aurait pu se nourrir cependant davantage, à la condition de prendre un peu de repos après les repas : « Mais, disait-elle, qu'importe de mourir plus tôt ! Mon bonheur est de penser que je donne une partie de ma vie à chaque point de Règle. »

L'entière consommation de l'holocauste approchait donc. Les flammes le dévoraient à l'extérieur et à l'intérieur. Du dehors lui venait une cuisante douleur qui l'atteignait au plus intime du cœur. Dieu seul put comprendre les abjections, les incertitudes poignantes, les angoisses qui découlèrent de cette croix pour notre pauvre Mère, sans toutefois troubler sa sérénité ou ébranler sa confiance. Ne serait-ce point par les circonstances de cette épreuve que son cœur fut, en une fête du saint Cœur de Marie, transpercé comme celui de sa divine Mère : « Mon Dieu, s'écrie-t-elle à cette date, vous avez aujourd'hui enfoncé deux glaives !... Ces glaives profonds m'ont blessée... Je vous en conjure, faites-moi la grâce de garder cette souffrance aiguë pour moi seule, de porter l'onéreux de ce que je n'ai fait que par charité et en dépendance de votre vouloir et de ne me soulager de ma peine connue de vous seul, qu'en vous l'offrant !... *O mon âme, adore et tais-toi !...* Mon Seigneur Jésus, je vous mets comme un sceau sur mon cœur, afin que vous gardiez vous-même, le secret de mes douleurs. »

La mort de Son Eminence Monseigneur Coullié vint bientôt aussi l'affliger profondément. La perte du saint Prélat entraînait pour nous et pour le diocèse celle de Mgr Déchelette, ce qui aggravait les regrets de notre Mère : « C'est une partie de la vie de Vassieux qui disparaît, disait-elle avec tristesse. Ceux qui ne nous ont pas fondées ne peuvent pas avoir pour ce petit grain de sable que nous sommes l'intérêt que nous portaient notre vénéré Cardinal et notre dévoué Père spirituel. »

La pénurie de vocations lui fut également très sensible. Elle brûlait du zèle de communiquer l'affluence des dons divins accumulés en son âme. Des prières d'une puissante ferveur et animées d'une foi à transporter les montagnes étaient adressées sans cesse au Ciel à ce sujet, mais le divin Maître, paraissant ignorer ces désirs, restait sourd à ces supplications ; et depuis six ans aucun sujet pour le Chœur n'avait été admis dans la Communauté. Dessein d'amour sur notre Mère que son Seigneur voulait dépouillée de toutes choses, de toutes satisfactions, même les plus légitimes. Ce n'est que du haut du Ciel qu'elle verra ses prières et ses désirs exaucés ; et en attendant elle ne se lassera pas de le dire : « nous sommes dans le total abandon et l'action de grâces pour tout. »

Ainsi l'adhérence à Dieu allait se resserrant et se perfectionnant sans arrêt en cette âme. « Notre-Seigneur est pressant, écrit-elle ; Il demande une union toujours plus intime... C'est incroyable ce qu'Il veut me faire de grâces ; mais dans quelle dépendance de chaque instant il faut me tenir pour suivre chaque impulsion de cette grâce ! Dans quelle générosité, oubli de moi !... Il n'est pas jusqu'aux plus petits mouvements de ma vie qu'Il ne veuille diriger !... »

Son aspiration de la charité divine atteignait aussi son dernier degré d'intensité. « J'aspire Dieu autant de fois que je respire, disait-elle, non par une convention d'amour, mais consciemment. C'est ma respiration, ma nourriture, hors de laquelle tout est vide... cette aspiration fortifie même mon être physique. »

« *Les paroles de ma bouche suffisent à peine pour dire à mon Dieu les transports de ma joie et de ma reconnaissance*, chante le Psalmiste. » Il semble que notre Mère éprouve le même sentiment et qu'elle n'a jamais assez d'expressions pour dépeindre la situation dans laquelle Dieu fait évoluer son âme.

Elle le répète sous toutes les formes : « Aspiration incessante, continuelle, ininterrompue de Dieu... de l'essence... de la Charité infinie... c'est saisissant !... Cette aspiration devient plus forte que tout... irrésistible... absorbante... Je me relivre au *martyre d'amour*... Vie brûlante pour Lui ! Qu'Il fasse en moi, l'immensité, l'inondation, l'embrasement de l'amour !... plongée et replongée dans la fournaise. »

La nature se sentait opprimée, succombait pour ainsi dire parfois sous la mesure insondable d'amour qui pesait sur elle : « L'amour m'écrase !... » pouvait s'écrier l'heureuse victime.

Remplie de Dieu, remplie d'amour, elle était poursuivie de pieux désirs jusque dans son sommeil. En récréation, elle nous racontait parfois un de ses rêves propre à nous impressionner saintement.. Tel celui où son confesseur lui disait : « Ma fille, si une âme savait ce qu'on gagne dans une demi-heure d'oraison, elle ne voudrait pas en perdre une seconde. »

Dans un autre elle lisait cet article de journal :
« Il y a des religieuses qui gaspillent le Saint-Esprit ! » Suivait la démonstration : étant riches d'une fortune comparable à un million, leur mauvaise gestion est plus regrettable que celle d'un pauvre n'ayant qu'un franc à dissiper, d'autant plus que le Saint-Esprit veut se communiquer abondamment par chaque acte de fidélité. » Passant sous silence les songes se rapportant à sa voie ou à ses vertus préférées, écoutons celui qui occupa ses dernières pensées. Elle l'expose ainsi à une Sœur de Fourvières, en novembre 1913 :

« Une fois en passant, notre Bienheureux Père me permet bien de vous conter un rêve, il est d'avant hier. Figurez-vous que pour punir une légère inconséquence de parole, on prenait le moyen radical de me percer d'un coup d'épée, sans avoir même l'air peiné de me perdre. Pour moi. (je saute les détails très nets de l'exécution) je sentais un regret poignant, dont l'impression me poursuit encore, celui de ne plus pouvoir agrandir mon union à Notre-Seigneur et croître dans l'amour : *Où l'arbre tombe, il demeure.* Alors l'Esprit-Saint me donna une inspiration subite. Je tombai à genoux et, devant la foule, les mains jointes, je m'écriai avec force : « Mon Dieu donnez-moi en ce moment tout l'amour que j'aurais si je devais vivre jusqu'au jour du jugement, sans cesser une minute d'aspirer votre charité infinie, donnez en ce moment au monde entier l'amour qu'il aurait si, jusqu'à la fin des temps, je ne cessais d'aspirer pour lui votre charité infinie. Et dans l'intensité de cette prière, je me suis réveillée avant le coup fatal !... mais avec la résolution bien arrêtée de répéter quelquefois la supplication de la nuit. »

Notre Mère Marie-Madeleine en arrivait, selon

toute apparence, à un rassasiement de la Divinité qui n'est plus de la terre. Ne disait-elle pas : « J'éprouve la sensation de quelqu'un qui est envahi... J'ai par moment le sentiment d'une prise de possession de Dieu qui me tue physiquement... Il me semble que tout mon être est réduit à l'état d'une bouche qui, ouverte sur l'Infini, ne cesse d'aspirer la charité divine, pour moi et pour le monde. »

Elle n'eut pas le temps de relever sur son cahier de retraite celle de 1913, la dernière de sa vie. Heureusement le résumé en fut retrouvé sur de petites feuilles séparées, qui nous apprennent en quelles dispositions se trouvait cette grande âme dans sa solitude suprême.

« Le lieu de la retraite, écrit-elle : *la Charité infinie*. Je vais dans le pays de la Charité infinie... dans le pays où l'on respire la Charité infinie de Dieu... Passer ces dix jours à respirer, sans interruption, pour nos Sœurs, pour moi indigne, pour le monde, *l'Amour*. Retraite orientée par cette parole du Révérend Père, au parloir : « Livrez-vous, imbibez-vous, laissez-vous imbiber... » O mon Sauveur, ce n'est pas assez : « laissez-vous imbiber » *c'est saturer, c'est absorber ;* se laisser *imbiber, saturer, absorber...*

« Orientée encore par cette parole de saint Paul : *Puissiez-vous connaître la charité de Jésus-Christ... afin d'être comblée de la plénitude des dons de Dieu.* — O mon Dieu, je ne puis exprimer ce que vous me faites comprendre sur cette parole : *Puissiez-vous connaître !...* la conséquence : *être comblée...* de quoi ? *de la plénitude...* Pour nos Sœurs, le comble de la plénitude de la plus profonde charité, amour, union... *Je ne dois être que pour la Charité.* Ne parler à nos Sœurs que de la Charité et des miséricordes infinies... *Je voudrais aimer à en mourir !...*

Dégoût de tout, il n'y a que le goût de l'amour, de l'amour de volonté, privée de sentiment, de satisfaction, mais c'est la joie. Ecrasante vue de ma misère... et immédiatement : *Si vous croyez, vous verrez...*

« Combat douloureux entre le désir d'aimer autant qu'il est possible et l'impossibilité d'aimer. Réponse : *Fais cesser le combat : Aie la volonté d'aimer autant.. aie ce désir. La volonté, le désir, c'est l'amour... Sacrifie-moi la joie de le sentir...* Toujours mes actes nus de la volonté. Le Seigneur me fait comprendre que j'atteindrai presque à l'infini par ce moyen... J'ai la volonté, j'ai la volonté. O mon Dieu, je voudrais vous faire un acte d'amour, d'abandon comme jamais !... Toujours plus Marie et Joseph et nos saints Fondateurs dans ma vie... Faire de la fin de ma vie une longue et profonde retraite dans le Cœur de Jésus, qui est en moi et qui m'enveloppe...

« RÉSOLUTION : La même, plus simple encore :
Toujours plus... Toujours plus livrée ; m'anéantir comme jamais... Me livrer, m'identifier actuellement comme jamais. Aspirer comme jamais... Prodiguer le tout de Lui toujours plus, comme jamais... Le oui délicat, comme jamais... Les offrandes de son pur amour, comme jamais... Réparer par Lui, comme jamais ! »

Si l'on veut maintenant jeter un coup d'œil d'ensemble sur cette vie, pour en considérer le cadre, nous le verrons tracé par notre Mère elle-même dans un petit mémorial de grâces décisives reçues au début de sa vie religieuse.

C'est un modeste Sacré-Cœur de flanelle de 7 à 8 centimètres, semblable à celui que fit peindre la Bienheureuse Marguérite-Marie, et dont elle ne se séparait jamais. Au revers, elle a écrit, avec la date

1887, les paroles qu'elle appelle : « les deux pôles dont la distance forme le champ plus ou moins vaste, offert à l'action divine. » Tout à fait en haut : « *A proportion de notre néant.* » En bas : « *A la mesure de notre confiance.* » Ainsi, les yeux constamment fixés sur ces deux vérités, elle avait atteint la plus profonde profondeur de l'anéantissement. Ils étaient réalisés ses désirs sans cesse ravivés par la méditation de ce texte divin, qui l'aurait fait entrer en extase, si elle en avait été capable, disait-elle : *je vous rends grâce, ô mon Père, de ce que vous avez caché ces choses aux savants et les avez révélées aux petits.* Elle avait également accompli la seconde partie de son programme, entrant pleinement dans le dessein de Notre-Seigneur, qu'elle révèle dans ces lignes : « Comme un chapitre de la vie de sainte Gertrude est intitulé : DU DON DE CONFIANCE QUI DISTINGUAIT GERTRUDE, Il veut que l'on puisse dire un jour : DU DON DE CONFIANCE QUI CARACTÉRISAIT MARIE-MADELEINE. »

Humilité, confiance ! Ne peut-on pas dire que ce sont les deux bras dont cette fidèle amante a enserré son divin Epoux dans une constante étreinte ? ou encore, les deux rives entre lesquelles ont coulé des flots de grâces entraînant toutes les aspirations de cette âme à leur terme, l'océan de la divine Charité, pour s'y perdre, s'y confondre dans l'union aussi parfaite que possible entre le Créateur et la créature ?

Avant de voir les derniers effets de l'amour consumant, n'entendra-t-on pas avec profit ces accents d'autant plus admirables que l'insensibilité et le délaissement intérieurs allaient toujours croissant :

« O Jésus, lorsque vous étiez sur la terre, si un malheureux affamé fût venu vous demander un peu de pain, le lui auriez-vous refusé, alors que vous nourrissiez surabondamment les foules qui ne vous demandaient rien ? Eh bien ! mon Sauveur, je vous crois ici véritablement présent comme vous l'étiez aux foules de la Judée, et je viens à Vous, je crie vers Vous : je meurs de faim, je suis une affamée... une affamée de votre gloire, de votre bon plaisir... un affamée de la plus profonde humilité qui se puisse trouver... une affamée de vous aimer autant qu'il est possible à une créature de vous aimer et de ne servir qu'à vous faire aimer... une affamée pour nos Sœurs et pour moi de sainteté... de l'union la plus haute qui se puisse trouver ici-bas... Une affamée du salut de mes frères. J'irais au bout du monde pour obtenir un peu plus d'amour à une âme... Mon Dieu ! comme vous en avez donné aux foules, qui ne vous demandaient rien, tant qu'elles en voulurent, rassasiez-nous d'amour, d'union, de sainteté, d'humilité ; et puis, quand vous nous aurez rassasiées, affamez-nous de nouveau, jusqu'à l'assouvissement de l'Éternité. »

Écoutons encore : « Ma soif que Dieu soit aimé devient brûlante... Je n'ai pas une lumière, je ne reçois pas une grâce que je ne veuille la partager avec le monde entier. Comme occupation, je me livre, je m'enfonce, je bois l'amour... je le bois pour le monde... Je ne bois pas parce que je sens, mais parce que je sais que c'est tout... que c'est la gloire et le plaisir de mon Dieu, que c'est le soulagement de mon Dieu : « Il a soif qu'on ait soif !... » Ô mon Dieu ! je suis comme un être qui n'aurait plus que soif, une soif insatiable, et qui n'aurait soif que d'une chose : aimer immensément et accomplir parfaitement votre bon plaisir et le faire aimer et accomplir... Je sens que tout le reste est vide comme le néant et froid comme la mort... Ô mon Dieu ! j'ai soif de Vous, je meurs de soif ; abreuvez mes frères, abreuvez-moi ! J'ai soif pour les âmes qui n'ont pas soif. Je voudrais me remplir, les remplir. Je voudrais mourir saturée de Vous ; je voudrais mourir d'excès de Vous !... exaucez-moi au nom des mérites de Jésus par Marie ! »

Dieu devait se rendre à une telle prière. L'âme avait usé son enveloppe, le plus léger incident pouvait la briser.

Dans le courant de l'été en 1913, on se demandait si notre Mère ne cachait pas quelque nouvelle souffrance physique ! Par moments, sa taille semblait fléchir, et une pâleur extrême changée souvent en une vive rougeur, couvrait ses traits. Mais toujours virile, énergique et souriante, elle nous donnait le change, protestant, sans admettre une réplique, lorsque nos Sœurs infirmières manifestaient le désir d'une visite du médecin.

Au sortir de sa retraite annuelle, du 17 au 27 septembre, elle nous parut toute transfigurée, plus du ciel que de la terre. Comme il est dit de Moïse descendant de la montagne, son angélique visage semblait orné d'une sorte de reflet divin. Nous ouvrant ses bras, elle nous manifestait une tendresse extraordinaire et ses ardents désirs de se livrer en pâture, de se donner sans réserve à chacune de nous.

Avait-elle des pressentiments de sa fin prochaine ? Nous ne pouvons l'assurer positivement ; cependant quelques paroles adressées à une bonne Sœur tourière nous porteraient à le croire. Pour encourager sa chère fille à surmonter la fatigue du travail : « J'éprouve moi-même tant de lassitude, lui dit-elle, que je dormirais tout le jour, si je m'écoutais. — Ma Mère, il faudrait vous reposer, lui fut-il répondu — Oh ! reprit notre Mère, j'aurai bien le temps de me reposer toute l'Eternité. » Et elle ajouta : « Je ne sais si je vais bientôt mourir, mais je suis pressée de

me préparer à la mort. » Notre Sœur douloureuse-
ment impressionnée ne nous dit **rien** sur le moment
de cette confidence. Quelques jours après, notre Mère
laissait échapper ces mots dans une conversation
avec une amie de la maison : « Je me sens bien fatiguée, mais il ne faut pas le dire à mes filles, elles
auraient trop de chagrin... »

Sur ces entrefaites, un événement foudroyant achevait d'ébranler cette chancelante existence. Le 27 novembre, Mme X.. d'un mérite distingué à tous
égards, mère de deux de nos chères Sœurs, était
frappée d'une embolie en descendant de l'automobile
qui l'amenait à Vassieux ; et elle expirait au bas de
l'escalier du parloir, entre les bras de son mari at-
terré et de notre Sœur tourière accourue pour la
secourir. Comment dépeindre les scènes qui suivi-
rent ? Nos pauvres Sœurs, prévenues en toute hâte,
et recevant de le bouche de leur père, accablé par la
douleur, cette terrible nouvelle, que leur mère, toute
joyeuse de les revoir, il y a quelques instants, est
maintenant à deux pas d'elles, gisant sur le sol, sous
le froid et dormant son sommeil éternel. Nos Sœurs
voulaient se refuser à la vérité et rassurer leur père ;
mais celui-ci demeurait dans sa cruelle conviction :
« Je vous le dis, mes enfants, votre mère n'est
plus !... » répétait-il.

On conçoit ce qu'éprouva notre Mère Marie-Madeleine en de telles conjonctures, et sous quelle émotion violente et prolongée, elle remplit la mission
qui lui incombait : compatir à tant de douleurs, soutenir, entourer et ses chères filles et leur pauvre
père. Il n'y a pas de procédés délicats qu'elle n'em-
ployât pour adoucir l'amertume d'une pareille
épreuve, pas de témoignage de bonté, de dévouement, d'exquise charité que son grand cœur n'ait
conçu et prodigué à la famille en deuil.

Saisissant la situation angoissante de M. X..., elle mit à sa disposition un parloir extérieur et indépendant ipour y exposer la dépouille de la vénérée défunte jusqu'au jour de l'inhumation. C'est là, qu'à travers les grilles, nos Sœurs prévenues en toute hâte rante-huit heures, contempler les restes chéris d'une mère incomparable, prier et pleurer auprès d'elle. La Communauté l'entoura aussi sans interruption, offrant à Dieu ses suffrages pour le repos de son âme.

L'hospitalité de jour et de nuit fut également offerte à M. X..., qui l'accepta avec gratitude ; il pouvait ainsi passer de la chambre funèbre auprès de ses deux filles du cloître, pleurer avec elles et relever son cœur broyé au contact de leur surnaturelle tendresse. Aussi cet homme de foi put s'écrier : « A cette heure, ces grilles disparaissent et je sens la grandeur de la grâce d'avoir donné mes enfants à Dieu ! »

Notre Mère continuait à se multiplier, veillant à tout, ne quittant presque pas le parloir afin de distribuer à chacun des paroles de consolation et de profonde sympathie. M. X..., subissait l'influence d'une si suave bonté ; frappé de l'excessive délicatesse dont il était l'objet, lui et les siens, il murmurait : « Quel cœur a cette femme !... »

Mais, on le comprend, tant de secousses ravageaient notre frêle Mère jusque dans l'intime de son être. Elle laissait échapper par moments des paroles telles que celles-ci : « Toutes ces émotions me tuent... il me semble que mon cœur va se briser !... »

Après ces poignantes journées, de nouvelles inquiétudes assaillirent ce pauvre cœur au sujet d'un accident subit, survenu à un œil de notre chère Sœur M. B., pendant qu'elle veillait près de la défunte. L'œil devint affreux en quelques heures et on en craignait la perte totale. Une opération fut jugée indispensable. C'en était trop : tous ces événements portaient le dernier coup à ce qui restait de force à notre Mère...

CHAPITRE XXIV

Le 3 décembre, à l'oraison du soir, Mère Marie-
Madeleine fut prise d'un tremblement général et
d'une violente excitation du cœur. Pouvant à peine
se soutenir, elle se rendit auprès d'une de nos Sœurs
anciennes : « Je crois que je vais mourir, lui dit-elle,
cependant j'aurais encore à mettre en ordre bien
des choses. » Profondément impressionnée à la vue
de notre Mère qui paraissait toute bouleversée, notre
chère Sœur tâcha néanmoins de la rassurer ; elle
la supplia de se mettre au lit sans retard, afin d'enrayer une fatigue qui ne serait, sans doute, que mo-
mentanée. Encore sous le coup des heures tragiques
qu'elle venait de traverser, la communauté devait
être péniblement frappée de ce nouvel incident.

Quelle consternation, en effet, saisit tous les cœurs
devant la place vide de notre Mère au réfectoire,
à la récréation ! Quel douloureux pressentiment s'empara de nous, en apprenant la cause de cette absence !

Mais ne voulant pas nous arrêter à l'inquiétude dont nous nous sentions envahies, nous nous efforçions d'ajouter foi aux paroles encourageantes de nos Sœurs Infirmières, qui cherchaient à dissiper nos alarmes. Hélas ! c'était bien le commencement de notre montée du Calvaire, et la première goutte de ce calice si amer que nous devions boire, à longs traits, jusqu'à la lie.

Cependant, notre Mère bien-aimée se trouva mieux le lendemain et continua, malgré nos instances sa vie d'héroïques efforts : « Si je m'alite, assurait-elle, je ne me relèverai pas. » Elle refusait même énergiquement d'user de fauteuil, disant « cela amollit. »

Tourmentée à la pensée de sa chère fille qui allait être opérée, cette vaillante Mère se fatiguait, sans souci d'elle-même. Cédant pourtant à nos prières, elle consentit à profiter d'une visite du Docteur pour le consulter : « C'est la plus grosse pratique qu'on puisse m'imposer, dit-elle, que de me faire coucher pour voir le médecin. » Celui-ci donna bon espoir, croyant que le repos suffirait à remédier aux malaises qu'il attribuait à du surmenage. Il n'en fut rien, le mal impitoyable faisait son œuvre sans arrêt.

Pendant quelques jours, notre Mère tirant des forces de son amour, put encore assister à la sainte Messe et y communier. Mais nous étions effrayées de sa maigreur, de sa pâleur, de son excessive faiblesse, et nous craignions, non sans raison, de la voir chanceler. Bientôt on dut l'aider à s'habiller, elle défaillait au moindre mouvement ; en vain essayait-elle de se tenir encore à genoux pendant le saint Sacrifice, elle s'affaissait à chaque instant sur elle-même. Enfin, le 22 décembre, il lui fallut renoncer à la consolation d'aller chercher son Dieu ;

« J'ai fait ce matin toutes mes acceptations, dit-elle
à sa chère Assistante, Notre-Seigneur fera de moi
ce qu'Il voudra, je ne lui ai demandé qu'une chose :
qu'il veuille bien m'épargner un mal exigeant des
soins répugnants à la modestie. »

Ne pouvant aller à Jésus, Jésus vint à elle dans la
nuit du 24 au 25 décembre, et le R. P. Chapelain, par
une délicate attention, entonna le *Magnificat* au lieu
du *Miserere*. Ne convenait-il pas de ne faire entendre à cette heure, en union avec les anges, que
des accents joyeux ? Aussi, pour compléter l'allégresse de ce festin mystique, nous chantâmes,
pendant l'action de grâces de notre Mère, son cantique préféré :

Que j'aime ce divin Enfant !

Ce fut ensuite une consolation, pour nos cœurs
meurtris, d'apprendre que notre chère malade avait
savouré ces couplets durant la journée de Noël. De
notre côté, visitant les petites crèches du monastère,
notre plus fervente prière était celle-ci : « Mon
Jésus, rendez-nous notre Mère. »

Les jours passaient donc sans amener d'amélio-
ration, et pourtant notre généreuse Mère, habituée
à porter debout tant de souffrances, faisait au plus
fort de ses douleurs cette réflexion qui la dépeint
au vif : « Ah ! si je n'avais pas consenti à m'aliter
j'irais encore maintenant ; une autre fois, je ne
m'arrêterai pas. » Et répondant à une Sœur qui lui
demandait de ses nouvelles : « Mais je ne sais pas
ce que je fais dans ce lit, je vais comme avant, c'est
tout comme avant. » Cette réponse, ce *comme avant*,
loin de nous rassurer, nous en disait long sur l'héroïsme de toute sa vie.

Une des immolations de sa maladie fut l'inaction

et l'impuissance où elle se vit réduite à la veille d'une déposition définitive de sa charge. Elle s'en ouvrit à notre Sœur Paul-Eugénie, de douce mémoire, qui bientôt devait la rejoindre dans la gloire :

« Ma petite Paul de Jésus, lui dit-elle — l'appelant de ce surnom qu'elle aimait à lui donner, dans l'intimité pour la réjouir — quelle mortification m'impose Notre-Seigneur !... Il déjoue tous mes plans : je me faisais une fête de laisser notre petit monastère en parfait état ; je projetais plusieurs réparations bien avantageuses et utiles à nos Sœurs... Il m'enlève la possibilité de réaliser tout cela.... Qu'Il soit béni !. Il est le Maître... Son bon plaisir, voilà mon plaisir !... »

Tout occupée de Dieu et attentive à ses moindres devoirs, elle pria son Infirmière de lui lire deux Constitutions qui lui restaient à revoir avant la fin du mois.

Nous multipliions les neuvaines les bras en croix, les promesses, les sacrifices pour essayer d'arracher au ciel le mieux tant désiré, et malgré toutes les apparences, la plupart d'entre nous gardaient au fond du cœur un invincible espoir.

Une Sœur demanda à la sainte malade la permission de pratiquer tous les jours, en vue de sa guérison une mortification un peu particulière : « Faites-le de temps en temps, par dévotion, lui fut-il répondu ; pas habituellement ; je n'aime pas les choses extraordinaires, mais les sourires !... donnez des sourires... souriez toute la journée à tout ce qui se présente... Soyez bien joyeuse. »

Le 31 décembre, notre très honorée Mère exprima le désir de voir ses Filles accomplir, dans sa cellule, le grand acte du pardon de fin d'année. On ne put accéder à sa demande : elle était si fatiguée et son état exigeait un repos si complet ! Alors, elle nous envoya un défi crayonné à grand'peine de sa main défaillante. Précieusement conservé, le petit papier demeure dans la salle des Assemblées, exposé à nos regards et nous y lisons avec une religieuse émotion :

« *Nous appliquer pour 1914 à être Jésus*. C'est le désir ardent de la Sainte Trinité. C'est la plus belle réparation que nous puissions lui offrir.

« *Etre l'apparition de Jésus continuée sur la terre*. Plus nous serons Jésus, plus nous serons le supplément du monde.

« *Etre Jésus*, durant ce premier mois, par l'union continuelle avec Lui et par la fidélité aux plus petites choses.

« Bénédiction de la Mère. »

Cette bénédiction, terminant le dernier écrit de notre incomparable Mère, reposera sur chacune de nous, nous l'espérons, jusqu'à l'éternité .

Le 1er janvier fut pour nous un jour bien douloureux. Après la Messe, la communauté se rendit auprès de notre Mère pour lui offrir ses vœux. Un serrement de cœur nous étreignit devant le changement opéré en elle depuis deux jours seulement. Chacune s'approcha, lui baisa respectueusement la main, et eut un petit mot maternel, mais on sentait que tout lui coûtait un effort. Elle se ranima néanmoins pour nous dire, sur un ton joyeux : « Sainte année, nos chères Sœurs ! Nous avons pensé que puisque nous devions être Jésus, pendant cette année, nous serions Jésus Sauveur pour les âmes et aussi Sauveur de nos Sœurs, par notre affection, nos services... »

Puis, toujours pleine de sollicitude, elle nous recommanda de ne pas nous laisser saisir par le froid, alors très rigoureux. Hélas ! il fallut promptement se retirer, tout cela épuisait la vénérée malade ; et c'est en dévorant nos larmes que, réunies en communauté, nous nous offrîmes à notre tour, des vœux pour ce 1914 qui s'annonçait si crucifiant !

Cependant une grande joie était venue fortifier notre Mère. Elle avait pu jusqu'à ce jour recevoir chaque matin la sainte communion à jeun. Mais à quel prix ! Une soif brûlante et plusieurs autres malaises lui rendaient si pénible cette privation de toute boisson, qu'on ne pouvait plus raisonnablement lui laisser la liberté de se l'imposer. Alors on eut recours à Monsieur notre Supérieur, le suppliant de permettre à notre sainte malade, la communion journalière en viatique. La réponse ne se fit pas attendre. Un télégramme de Mgr Pagnon nous arriva dans l'après-midi du 31 décembre : il contenait l'autorisation tant désirée.

Le lendemain, une lettre de notre bon et vénéré Père était plus explicite :« Vous avez, je pense, reçu ma dépêche, y lisons-nous, et vous avez compris que c'est de la communion quotidienne pour votre chère Mère qu'il s'agit. Je me suis assuré que j'avais le pouvoir d'accorder cette faveur, en présumant la permission qu'on va demander à Rome.

« J'ai vu Monseigneur et lui ai annoncé la maladie de votre Mère, en sollicitant une bénédiction pour elle et pour toute la communauté. En me l'accordant, Monseigneur a ajouté : « Dites à la Mère que j'attache une indulgence de 100 jours à tous ses actes de charité... » Ces Messieurs de l'Archevêché, auxquels je racontai cela, en étaient stupéfaits... Quelle attention de la Providence !... j'avoue que j'en ai été profondément ému. »

On le voit, Notre-Seigneur ne se laissait pas vaincre en générosité, et notre fervente Mère en restait pénétrée de consolation et de reconnaissance.

« La sainte communion va me guérir, » nous dit-elle. Sur le moment, elle crut que l'indulgence accordée par Monseigneur était attachée aux actes de charité envers le prochain et fit cette réflexion : « Je n'ai pas au lit grande occasion d'en produire. » On lui suggéra la pensée qu'il s'agissait d'actes d'amour de Dieu. Alors, débordante de joie devant l'insigne faveur : « Mais c'est bien vrai, s'écria-t-elle, je n'avais pas compris cela !... que je vous remercie !... »

Est-il besoin de le dire : on n'éprouvait que de saintes impressions auprès de ce lit qui nous paraissait un autel ; on n'entendait que d'édifiantes paroles sortir des lèvres de notre chère malade. Une Sœur, rappelant que Notre-Seigneur devait être doux et suave pour Vassieux, semblait douter de la réalisation de cette promesse : « Il est doux et suave en nous faisant souffrir, répondit-elle, toutes les souffrances sont des desseins d'amour... Dieu fait une grande grâce quand Il envoie la souffrance... »

Lui témoignait-on de la compassion : « Qu'est-ce que cela fait de souffrir ? Dieu compte tout... Tout est pour les âmes... » A une Sœur qui trouvait la croix bien lourde, elle dit : « Nous ne devons jamais trouver que nous avons trop de souffrances... Lorsqu'on médite le *Credo*, (ce que je faisais tout à l'heure) et qu'on voit Notre-Seigneur souffrir jusqu'à la mort de la Croix, comment penser que nos souffrances sont trop grandes, quand même elles seraient inimaginables. » — « Ma Mère, lui dit-on un jour, tout est vide quand vous n'y êtes pas. — Quand je n'y suis pas, reprit-elle, Notre-Seigneur y est, voyez-Le toujours à ma place... En soignant votre Mère, c'est Jésus que vous soignez, faites tout par amour. » Et prenant quelque soulagement : « C'est à Notre-Seigneur que je le donne pour alléger ses souffrances, disait-elle. » Demandant quelque service, elle ajoutait toujours : « Si cela ne dérange pas nos Sœurs. »

Comme un doux agneau, elle se tenait à la disposition de ses Infirmières, et murmurait : « Je ne me reconnais pas, moi qui craignais tant qu'on s'occupât de ma personne, je laisse faire tout ce qu'on veut. — Vous vous êtes peut-être offerte en victime, lui dit une Sœur. — Ce n'est pas ma voie, je m'abandonne à Notre-Seigneur. »

Son occupation intérieure, pendant toute une journée, fut de répéter le refrain d'un de ses premiers cantiques de Noël, en substituant au quatrième vers, le mot *corps* à celui de *cœur* :

> A ton amour, je m'abandonne.
> Entr'ouvre ta petite main,
> Et fais, puisque je te le donne,
> De mon *corps* ton jouet divin.

Cet abandon complet pour elle-même ne l'empêchait pas de solliciter sa guérison, en vue de la communauté, qu'elle désirait tant remettre, au mois de mai suivant, entre les mains de Mère-Anne Régis, alors en charge à Fourvières : « Priez Notre-Seigneur, nous disait-elle, afin qu'Il donne l'efficacité aux remèdes, c'est pour sa gloire et le plus grand bien de cette maison. J'offre tous mes renoncements, toutes mes souffrances pour vous. » Dans cette pensée, elle acceptait généreusement l'examen des docteurs et les traitements les plus pénibles.

Un jour pour calmer de vives douleurs on avait dû recourir à l'application d'un topique ; en la pansant, il fallut procéder à une opération délicate ; la main de la pauvre Infirmière tremblait sur la plaie vive, ce qui occasionna un petit tourment à notre Mère : « Mais, ma Mère, on vous martyrise, s'écria une Sœur !... — Oh ! faites tout ce que vous voudrez à la malade, se contenta de répondre avec son inaltérable douceur, cette fidèle imitatrice, en maladie comme en santé, de son Bienheureux Père (1). »

Oh ! que nous tenions une grande place dans son cœur ! « Vous aurez d'autres Supérieures, nous disait-elle, mais aucune ne pourra vous aimer plus que moi. » Une fois, notre Sœur Infirmière, redoutant une plus grande fatigue, aurait voulu l'empêcher de nous parler : « Oh ! les médecins ne m'ont pas défendu cela, répliqua-t-elle, laissez-moi dire une parole d'affection à mes filles ou j'en mourrai. — Vous priez bien pour nous, ajouta-t-on ? — Je demande que vous soyez toutes des saintes, de grandes saintes. » Chaque soir, elle nous envoyait maternellement un mot d'ordre pour le lendemain.

Nous continuions aussi à accompagner Notre-Seigneur visitant chaque jour son humble servante ; mais ses maux de cœur la tenaient dans de terribles appréhensions avant la sainte communion : « Je vous en prie, disait-elle avec angoisse à la Sœur Infirmière, suppliez le bon Dieu pour qu'Il m'accorde la grâce de pouvoir communier. »

Cependant, un nouveau et douloureux sacrifice nous fut bientôt imposé. Notre vénéré Supérieur, pensant hâter la guérison si désirée en procurant à notre bien-aimée malade un repos absolu de corps et d'esprit, chargea notre Sœur Assistante de tout le soin de la maison et nous interdit, pour deux mois, les abords même de l'Infirmerie.

_____

(1) Saint François de Sales prononça exactement les mêmes paroles sur son lit de mort.

A cette nouvelle, nous fûmes atterrées ; une disposition si crucifiante mettait le sceau aux souffrances inénarrables qui broyaient déjà nos cœurs. Quand on communiqua la décision à notre Mère, elle s'y soumit avec une obéissance parfaite, bien qu'elle en éprouvât une peine très sensible. Elle dit seulement, avec un peu de tristesse : « Alors, je ne suis plus Supérieure , comme on voudra ! Mais ne plus voir mes filles, ce sera la mort... Cela ne me fatigue pas de m'occuper d'elles : *Vassieux est le Thabor des Superieures...* »

Dès lors, imposant silence à sa tendresse et à sa maternelle sollicitude, elle ne fit plus une question concernant la communauté et se contenta de nous envoyer chaque jour sa bénédiction, en disant : « Je bénis nos Sœurs plus que jamais, ma pensée ne les quitte pas. » A notre Mère Anne-Régis, pour qui elle n'avait rien de caché, elle fit écrire : « C'est le dernier martyre de ma vie que cette séparation de mes filles. » Le grand cœur de notre ancienne et toujours si vraie Mère, qui avait connu une telle épreuve, essaya de l'adoucir. Dieu calculait autrement. Le mal s'aggravait toujours et nos angoisses devenaient de plus en plus poignantes. La nuit du 11 au 12 janvier fut si mauvaise que notre Mère elle-même parla des derniers sacrements. Les Sœurs Infirmières, effrayées de sa faiblesse croissante, entrèrent dans ses vues. Dès six heures du matin, notre Sœur l'Assistante envoya un message au R. P. Raffin, notre confesseur extraordinaire, qui avait mis entièrement à la disposition de la sainte malade les secours de son ministère.

Restait à prévenir la Communauté d'une décision à laquelle on ne s'attendait pas, car malgré nos terribles appréhensions, nous continuions à garder l'espoir d'obtenir un miracle. Après None toute la vérité nous fut révélée : notre Mère allait être administrée et nous devions nous tenir auprès d'elle pour la douloureuse cérémonie. Quel coup pour nos cœurs, quelle consternation à cette nouvelle ! Il est plus facile de le comprendre que de l'exprimer.

Quant à notre sainte malade, toute perdue en la volonté de Dieu, elle demeurait calme et sereine, ouvrant son âme à la surabondance de grâces que l'Epoux lui réservait. Avec le soin qu'elle apportait à tous ses devoirs, elle se fit lire le Coutumier, afin de ne pas manquer à un iota de ce qui nous est prescrit en cette circonstance solennelle.

Bientôt la cloche du chœur tinta pour nous réunir autour du lit de douleur de celle que nous ne pouvions plus retenir ici-bas. Notre émotion fut indicible lorsque, après dix jours de séparation, nous revîmes notre Mère si changée qu'elle était méconnaissable, mais nous tendant les bras avec tendresse, et promenant longuement son regard sur chacune de nous. Elle semblait nous avoir attendues a ce suprême rendez-vous, pour nous communiquer ses plus intimes désirs.

Dès que le R. P. Raffin fut présent, elle demanda pardon à la Communauté en termes si rabaissés, si touchants, que nous ne pouvions contenir nos larmes. Ensuite notre Sœur Assistante, qui avait vainement essayé d'interrompre notre humble Mère, lui dit : « Nous n'avons reçu de vous que d'admirables exemples de vertu et de perfection, nous vous supplions de demander à Dieu de vous garder de longues années encore pour notre bonheur et notre sanctification, car votre tâche est loin d'être terminée parmi nous. »

Puis elle sollicita à son tour le pardon de notre Mère qui reprit : « Je n'ai rien à pardonner. Je puis bien dire, en ce moment solennel, que je n'ai jamais vu en vous toutes que des fragilités de la nature humaine, que chaque âme de cette communauté a toujours désiré tendre à la perfection... Mon Dieu, je vous supplie de mettre toutes ces âmes que Vous m'avez confiées dans l'état de perfection où elles seraient si j'avais pleinement secondé vos desseins sur elles, et si je n'avais jamais entravé votre action, en ne correspondant pas parfaitement à vos lumières pour leur conduite. *Je vous supplie de faire à toutes ces âmes, et à toutes celles qui viendront dans cette maison, la grâce de vivre et de mourir dans l'acte du pur amour !...* »

Après le renouvellement des vœux, le Révérend Père lui adressa une très belle exhortation. Ces quelques mots surtout nous frappèrent : « Ma Mère, vous avez été *hostie* toute votre vie ; *hostie vivante* par le baptême, *hostie consacrée* par la profession religieuse, et maintenant *hostie immolée* par le sacrifice que vous faites à Dieu... Mais demandez-Lui votre guérison, afin de travailler encore pour cette communauté. — Je n'ai été qu'un très misérable instrument, reprit notre Mère, le plus vil de l'Institut... mais s'il plaît à Dieu de m'employer encore au service des âmes, je Le supplie de tout mon cœur de me guérir. »

Notre Mère s'unit de cœur et de bouche à toutes les prières et cérémonies, et ne cessa de tenir ses mains tremblantes de faiblesse à la mesure exacte qui nous est prescrite. Lorsque tout fut terminé, le digne religieux lui dit : « Remerciez Notre-Seigneur, ma Fille, d'avoir pu accomplir ces grands actes avec une si parfaite lucidité d'esprit et liberté d'âme, » et il ajouta: « Soit que vous viviez, soit que vous mouriez, pour vivre au ciel, vous chanterez toujours : *Que votre volonté soit faite.* »

En se retirant, il dit : « J'ai été témoin d'un spec-

acle que je n'oublierai jamais. » Puis il essaya de
nous rassurer ; à son avis, tout n'était pas perdu,
il trouvait encore beaucoup de vie à notre Mère
Ces paroles nous apportèrent un peu de confiance,
mais les alternatives de mortelles craintes et de fugitive espérance aggravaient notre crucifixion.

Après la cérémonie, deux ou trois de nos Sœurs
se glissèrent auprès de la sainte malade ; et lui di-
rent quelques paroles d'espoir sur une guérison
possible encore, ajoutant : « Mais ma Mère, nous ne
voulons que la volonté de Dieu. — Oh oui ! reprit-elle,
avec élan, *collées à la volonté de Dieu.* »

Dans la journée, en approchant de notre très honorée Mère, on la sentait profondément pénétrée des
grandes grâces de l'Extrême-Onction. Elle dit avec
énergie à l'une de nous : « Maintenant que je suis
purifiée comme après mon baptême, il faut que ce
corps, que ces lèvres s'usent à faire des actes
d'amour. » Puis à son Infirmière : « Quelle journée
toute remplie de consolation ! Quelle grâce immense !... Le bon Dieu me comble. Il m'inonde... Je
suis tout abandonnée à ses divins vouloirs... Tout
ce qui Lui plaît me contente : peines, souffrances,
plaisirs ou joies venant de Lui, tout m'est égal. La
mort ne me fait pas peur, j'ai toute confiance dans
le Sacré-Cœur de Jésus. Ah ! oui, je suis bien abandonnée, le bon Dieu peut faire de moi tout ce qui
lui plaît, me guérir ou me prendre quand Il voudra,
comme Il voudra, où Il voudra. »

Et elle murmurait ce couplet de sa poésie : *Le jugement d'une fille de la Visitation.*

A Lui je me livrais en toute confiance
Comme un marbre au sculpteur ; et, pour sa jouissance,
J'ai laissé tous les droits à l'Amour créateur.

Bien que très oppressée et accablée, notre Mère restait plongée dans l'atmosphère surnaturelle. Elle dit encore : « Je donne ma vie par pur amour. Oui, pour nos Sœurs je désire guérir, mais autrement je ne veux que le bon plaisir divin... Je n'ai pas fait un acte pour moi, pendant cette maladie, tout ce que j'ai fait c'était pour tâcher de conserver à la Communauté sa pauvre Mère. »

CHAPITRE XXV

Si l'Extrême-Onction avait apporté à Mère Marie-Madeleine un merveilleux allègement au point de vue spirituel, il n'en était pas de même à l'egard de ses forces physiques qui déclinaient rapidement. Au soir de ce jour nos illusions nous abandonnèrent de nouveau et nous demandions instamment de passer la nuit en prière.

Retirées d'abord dans le couloir de l'Infirmerie, nous pénétrâmes toutes, peu à peu, dans la chambre où notre douce malade achevait sa sainte vie. Elle s'aperçut de notre présence et désira nous voir. Nous nous agenouillâmes près d'elle, faisant à Dieu d'un cœur brisé le sacrifice qu'Il allait nous demander. Mais il fallut s'arracher de ce lit d'agonie : notre Mère usa d'autorité et après nous avoir donné sa bénédiction, avec une maternelle bonté, elle nous dit : « J'ai béni. Adieu nos Sœurs, allez vous reposer, demain nous nous reverrons, et alors, je dirai un petit mot à chacune. » La Communauté se retira ; quelques Sœurs seulement eurent le privilège de rester.

De fois à autres, notre Mère laissait échapper quelques paroles articulées avec peine, et qui furent précieusement recueillies : « Nos Sœurs, Il nous fera le meilleur ; bientôt, nous nous retrouverons... Notre-Seigneur tire notre vie au Ciel, *soyons Jésus et montons au Paradis.* »

A l'invocation prononcée auprès d elle : « *Jésus, soyez-moi Jésus* », elle répondit : « On n'a bien que ce mot dans le cœur et sur les lèvres. » Un peu plus tard, comme on lui suggérait cette aspiration : « *Mon Dieu je crois à votre amour pour moi...* Dans la foi nue, mais sûre, répliqua-t-elle énergiquement. Ah ! je suis en paix, bien en paix, dans une paix inaltérable, parce que j'ai toujours compté sur la miséricorde divine.»

Vers le milieu de la nuit, elle se sentit tout à coup plus mal et réclama le saint Viatique, priant ses Infirmières de mettre promptement toutes choses en ordre, sur elle et autour d'elle, disant : « Il faut que l'Epouse de Notre-Seigneur lui fasse honneur. » On se hâta de nous faire toutes prévenir et, avant l'arrivée du Révérend Père, la famille entière était réunie, comme la veille, et allait de nouveau passer par des émotions aussi célestes que profondément douloureuses.

Notre Mère croyait toucher au rivage éternel, et se sentait pressée de faire entendre, une fois encore, à ses Filles les accents de son zèle et de sa tendrésse. Notre chère Sœur l'Assistante provoqua cette expansion en demandant pour nous un mot à notre vénérée malade. Alors, comme on dicte dans un testament ses dernières volontés, la sainte mourante exprima, d'un ton ferme et inoubliable, ses suprêmes recommandations :

« Bien que je ne sois pas digne de prendre la parole, étant la dernière de la Communauté, la dernière de toutes les religieuses de l'Institut, et la plus petite de toutes les Supérieures, retenez ce mot que vous dit votre première Mère à ce moment solennel : *la fidelité par pur amour*, il n'y a pas d'autre moyen de sainteté. *Tout par pur amour.* Que le *Gloria Patri* soit sur vos lèvres devant toutes les peines, toutes les souffrances, que le bon Dieu vous enverra, et que ce *Gloria Patri* se poursuive jusqu'à votre mort, et non seulement jusqu'à votre mort, mais jusque dans les perpétuelles Eternités... Il faut que dans le Ciel, le petit Vassieux brille d'un éclat très spécial de sainteté... Il ne faut pas qu'il se commette la moindre indélicatesse envers le prochain, la plus petite faute contre la charité dans cette Communauté. Et s'il arrive qu'on y manque, se hâter de faire les réparations. Il faut tout se pardonner, et ne se blesser de rien... que l'union la plus cordiale règne entre toutes !...

« Par obéissance, je dis : Mon Dieu conservez-moi à la Communauté : et si cela ne vous plaît pas, introduisez-moi sans retard dans les Tabernacles éternels... Je ne demande que l'amour pour vous... Quand je ferme les yeux, je dis *Jésus*, pour Vassieux !... Qu'il fasse une merveille dans mon âme, qu'Il prépare mon âme d'une manière merveilleuse...

— Ma Mère, lui dit une Sœur, vous nous recommandiez aussi l'humilité. — Oh : *petite, petite, petite*, reprit-elle, c'est le mot que le bon Dieu nous donne pour cette Communauté. »

Un instant après, elle ajouta : « Oh ! demandez pour moi au bon Dieu de me mettre au point où je serais si j'avais communié tous les jours jusqu'à la fin du monde... Que nos Sœurs disent pour moi : Mon Dieu donnez-Lui tout l'amour qu'elle aurait, si elle avait vécu jusqu'à la fin du monde sans cesser d'aspirer l'amour. Donnez-lui le degré d'union qu'elle aurait, si elle avait vécu jusqu'à la fin du monde sans cesser de resserrer l'union. Donnez-lui tous les pécheurs qu'elle aurait sauvés, si elle avait vécu jusqu'à la fin du monde sans cesser de vous gagner des âmes ! »

« Je n'oublierai pas, dit-elle encore, tous ceux qui nous ont fait du bien, vous leur direz toute ma reconnaissance et que je compte toujours sur leur dévouement. »

Trouvant bien longue son attente de Notre-Seigneur : « Qu'on se presse, s'écria-t-elle, bientôt il sera trop tard !... Oh ! priez pour que j'aie encore le bonheur de communier, ce dernier jour de ma vie !.. »

Lorsque le Saint-Sacrement arriva, notre Mère dirigea sur Lui un regard où toute son âme semblait passer. Le Père ayant demandé s'il devait donner seulement une parcelle, notre ardente malade réclama l'hostie tout entière. Après l'action de grâces et les prières de la recommmandation de l'âme, notre Mère fit ses remerciements au Révérend Père, et ajouta : « Je suis en repos, parce que votre dévouement est acquis à cette Communauté. » Puis elle demanda à lui parler quelques instants en particulier. Il retira une merveilleuse édification de ce court entretien et dit plus tard que notre Mère était alors dans l'état du plus pur amour et animée de sentiments admirables.

Le reste de la nuit nous donna encore une abondante moisson de saintes paroles : « Oh ! que de grâces, disait-elle, mais elles sont toutes pour vous ; je ne garde rien, je vous donne tout. Dieu d'abord, et le prochain toujours avant soi. Pour moi, c'est toujours le plaisir des autres que je cherche. »

Elle tenait son crucifix, le regardait souvent, le baisait avec ardeur et s'écriait : « Jésus, je vous aime... Oh ! que je voudrais l'aimer, l'aimer autant qu'il est possible de l'aimer ; l'aimer comme Il n'a jamais été aimé. » Elle contemplait aussi longuement et amoureusement le Sacré-Cœur suspendu à son rideau. Puis, comme on faisait l'invocation : *Fournaise ardente de Charité :* « Nous sommes en Lui, ajouta-t-elle... Que c'est beau, aller à Lui ! que c'est bon, aller à Lui ! — Oui, ma Mère, nous envions votre bonheur, lui dit-on. — Oh ! non, reprit-elle avec fermeté, il ne faut envier que l'accomplissement de la volonté de Dieu. C'est toute la sainteté. »

Entendant une Sœur pleurer près de son lit : « *Bienheureux ceux qui pleurent,* » dit-elle en la caressant, mais il faut être dans la joie, car nous faisons la volonté de Dieu. »

Un peu après : « Je vous dis comme notre sainte Mère : *Ne faites nul état des choses de ce monde qui passe... Vanité des vanités...* » Et comme se parlant à elle-même : « Cela va bien vite. » Croyant qu'elle faisait allusion aux mouvements désordonnés de son pouls, une Sœur lui dit : « Qu'est-ce qui va bien vite ma Mère ? — Je veux dire, répondit-elle d'un ton grave et profond, le passage du temps à l'éternité. »

Des aspirations, par lesquelles tout son amour et toute son ardeur semblaient vouloir se livrer passage, s'échappaient de ses lèvres : « *O mon Dieu, mon Unique et mon Tout, vous êtes tout pour moi, et je suis toute pour Vous ! Mon Souverain Bien je ne veux plus que Vous !* » et lorsqu'elle entendait sonner la pendule : Bénissons l'heure, disait-elle encore.

Si l'infirmière essayait de la soulager en la changeant de position : « Oh ! Notre-Seigneur n'avait pas ce soulagement sur la croix ! mais mon Dieu, je vous l'offre par **amour**. »

Notre chère malade ne perdait cependant pas de vue l'avenir de notre Communauté ; songeant aux droits accordés aux Maisons naissantes, elle désira vivement revoir notre Mère Anne-Régis et conférer avec elle des intérêts de la Fondation. Durant cette nuit, elle insista pour qu'on envoyât un messager à Fourvières et demandait parfois : « Notre Mère Anne-Régis n'arrive-t-elle pas ?... Mon Dieu, faites que je puisse la revoir... Ce n'est pas pour ma satisfaction mais pour l'avenir de cette Communauté. » On fit toute la diligence possible afin de satisfaire ce suprême désir, et dès la première heure notre Sœur tourière allait chercher l'autorisation nécessaire auprès de M. notre Supérieur. Notre bon Père voulut la porter en personne à notre T. H. Mère Anne-Régis, qui, atteinte d'une forte bronchite, se hâta néanmoins de répondre à cet apepl, malgré une température des plus rigoureuses.

Pendant ce temps nous suivions les exercices réguliers et nos Sœurs domestiques, qui s'étaient réunies pour l'oraison auprès de leur bien-aimée Mère, recueillirent ces paroles réconfortantes : « Mes enfants, il faut que vous soyez à la hauteur de ce qu'on attend de vous. Que toutes les Supérieures puissent compter sur votre entier dévouement au service de la Maison... Soyons tout à Notre-Seigneur en servant la Communauté... Il faut qu'entre tous les Monastères de la Visitation il n'y en ait pas un qui brille plus que le nôtre par la charité, l'union entre tous ses membres. Oh ! que je suis contente que Notre-Seigneur ne se gêne pas avec cette Maison, et qu'Il lui envoie toutes les épreuves qu'Il veut. Il faut répondre à chacune par un acte d'amour : *Salut, ô Croix, notre unique espérance !...*

Je demanderai pour vous toutes les **grâces** qu'il me sera possible de vous obtenir, et je continuerai à vous protéger du haut du ciel. —

« — Ma Mère, reprit l'une d'elles, nous vous remercions de tout ce que vous avez fait pour nous ; nous tâcherons d'être bien fidèles à tout ce que vous nous avez enseigné. — Oh ! oui, *fidèle*, reprit notre Mère, *fidèle*... et *hostie*, n'est-ce pas ? » A une autre : « *Sainte*, n'est-ce pas, mon enfant, rien que cela. » Et plusieurs fois elle nous dit à toutes : « *Je suis votre Mère pour le temps et pour l'Eternité.* »

Cependant la visite si impatiemment attendue est annoncée. Notre vénérée Mère Anne-Régis pénètre dans la clôture, nous nous jetons dans ses bras, les larmes et les émotions se confondent. Sans retard on se rend à l'Infirmerie... et alors quel spectacle inoubliable !... quel revoir !... La plume se refuse à l'écrire.

La Communauté ne tarda pas à se retirer. Nos Mères restèrent ensemble pour régler des affaires importantes qu'elles seules connaissaient parfaitement. Plusieurs questions étaient à trancher, des décisions pressantes devaient être prises pour notre avenir, de sorte que les sollicitudes à notre sujet occupèrent les derniers instants de notre Mère bien-aimée. Elle se prêta volontiers à ne plus traiter que des choses d'ici-bas. Fixée en Dieu, perdue en son adorable volonté, elle y adhérait, s'y écoulait, quelle qu'en fût la manifestation, embrassant à l'instant tout ce que l'on souhaitait d'elle.

Son abandon avait vraiment atteint cet apogée que Notre-Seigneur lui montrait, en lui disant parfois : « Tu ne dois pas seulement dire *oui*, mais tu dois être un *oui* gracieux, vivant, et perpétuel, tu dois être à l'état de *oui*. » Elle arrivait à la fin de cette maladie, où la souffrance la poursuivit incessamment, sans qu'un pli de son front ait traduit le moindre mécontentement, sans qu'une parole de plainte soit sortie de ses lèvres. Admirable sérénité, reflet des Saints, sublime liberté où arrivent les âmes, sous l'action du Saint-Esprit, avant d'entrer dans la joie du Seigneur.

En ces heures d'angoisses, Monsieur notre Supérieur vint apporter ses consolations à la Communauté, et sa bénédiction à notre bien-aimée malade. Il se retira profondément édifié de son entretien avec elle, et nous dit : « Votre Mère est imprégnée de surnaturel, elle en est imbibée, il suffit de lui dire un mot du bon Dieu, pour faire vibrer toute son âme. »

Monsieur notre confesseur nous prodigua aussi les marques de sa sollicitude et de son inlassable dévouement. Il visita plusieurs fois notre Mère, qui avait en lui une parfaite confiance et pour lequel elle était pénétrée de la plus vive reconnaissance.

Le croirait-on : nous eûmes encore quelques lueurs d'espoir. Dans une deuxième consultation, suprême effort tenté pour conserver une si précieuse vie, les médecins ne trouvaient rien, à la veille du décès, de ce que les symptômes donnaient à craindre : tuberculose, tumeur, lésion, organe atteint, rien de tout cela, mais un affaiblissement très grave, une usure générale complète. Unanimes à reconnaître dès longtemps, qu'une telle constitution n'était pas organisée pour vivre, ils s'accordaient aussi à déclarer qu'un rétablissement demeurait possible, puisque cette existence avait résisté jusqu'à ce jour, dans des conditions aussi anormales. Toutefois, aucun moyen ne parvenait à modérer le cœur qui, depuis le commencement de la maladie battait à se rompre. Un dénouement prochain restait donc à redouter.

Mais n'est-il pas permis de chercher à ce mal une cause plus haute ? Nous nous le demandons. Notre

Mère avait relevé dans ses notes ces lignes de notre saint Fondateur, où, parlant de ceux qui sont blessés de la plaie incurable de la sacrée dilection, il dit : « Il y en a entre les amants, qui s'abandonnent si absolument aux exercices de l'amour divin, que ce saint feu les dévore et consume leur vie... les rendant languissants et malades d'un battement de cœur si pressant, qu'enfin il faut mourir. » Elle avait ajouté :

> Mourir victime de l'amour,
> Usée par l'amour,
> Tuée par l'amour,
> Mourir d'amour,
> *L'amour me tue!...*

A cette heure, elle nous disait : « C'est une grâce d'avoir des battements de cœur si multipliés, quand on a fait la convention avec Notre-Seigneur, que tous seront des actes d'amour. »

Ah ! nous le comprenons maintenant : la rencontre de l'Epoux et de l'Epouse ne pouvait tarder, le suprême *Veni* devait se faire entendre pour la grande joie du Ciel entier.....

Notre Mère nous parla peu pendant les trois derniers jours de sa vie, réservant ce qui lui restait de force pour élucider, nous l'avons dit, les affaires matérielles. Relevons cependant encore quelques paroles, derniers échos de son âme angélique.. Comme on lui représentait que le bon Dieu la guérirait parce qu'elle nous était indispensable : « Ne dites pas cela, reprit-elle, je demande ma guérison par obéissance, mais je suis un instrument inutile. *Je veux la mort, s'Il veut la mort ; je veux la vie s'Il veut la vie.* Oui, je la veux, bien qu'elle soit misérable. »

Un peu après : « Le sensible n'entre ni dans le

Ciel ni dans l'enfer, il n'y a que la volonté. Or j'ai la volonté d'aimer Dieu autant qu'il est possible. » Oublieuse d'elle-même, jusqu'à la fin, elle s'inquiétait de nous, et de la santé de notre Mère Anne-Régis.

Soucieuse de l'Observance, elle disait : « Le docteur m'a ordonné de prendre du lait quatre fois par jour ; quand je serai mieux, j'irai au réfectoire aux heures marquées pour les repas. Ce sera tout de suite fait, mais j'aurai accompli un point de Règle avec la Communauté. »

Le jeudi 15 janvier, Notre-Seigneur vient pour la dernière fois visiter son épouse bien-aimée, qu'Il va s'unir dans quelques heures pour l'éternel embrassement.

La faiblesse de notre Mère était extrême ; une prostration complète l'envahissait par intervalle. L'énergie morale surnageait toujours cependant, lui aidant à supporter la grande fatigue du travail que l'on dut lui demander même en ce jour, et c'est avec une netteté et un à-propos étonnants, qu'elle répondit aux questions qui lui furent alors posées. Mais dans la soirée, elle parut anéantie, et il fallut renoncer au projet, caressé un instant, d'une entrevue intime avec ses Filles. On ne prévoyait pas, néanmoins, que la nuit serait fatale, et trois Sœurs furent nommées pour veiller tour à tour la sainte malade. Elle eut encore des sourires et de gracieux enclins de tête, en saluant ses veilleuses : « Adieu, nos Sœurs, je vous bénis... ne parlons plus... le Cœur de Jésus nous absorbe, leur dit-elle ; » retombant aussitôt dans un lourd assoupissement.

Entre onze heures et minuit la voyant un peu agitée, on lui demanda si elle se sentait plus fatiguée : « Mais non, je ne souffre pas, » assura-t-elle. Et comme on lui offrait de se rafraîchir la bouche :

« *Oui, par obéissance.* » Ce fut sa dernière parole. La léthargie devenait de plus en plus alarmante ; aussi vers trois heures, notre Sœur l'Assistante et les Infirmières furent appelées. Elles comprirent que la fin était imminente, et toute la Communauté fut prévenue. Quel réveil !... Nous pénétrons auprès de notre Mère. A sa vue, l'ombre de nos dernières illusions s'évanouit. L'heure de dire : « *S'il est possible que le Calice s'éloigne...* » est passée. Il ne nous reste plus qu'à nous écrier en union de la divine Victime : « *Père que votre volonté soit faite !* » Impuissantes, désolées, nous nous groupons autour de la sainte agonisante, agonisant avec elle... A nos larmes, nous joignons nos prières, seul secours que nous puissions désormais apporter à notre incomparable Mère.

Aucun signe ne révélait plus qu'elle se rendît compte de ce qui se passait autour d'elle. De fois à autres cependant, elle semblait, par regards et par gestes, implorer la grâce de la sainte communion. Hélas ! ce n'était plus possible... Le Père Chapelain promptement averti, dut se retirer après lui avoir réitéré l'absolution, récité les prières de la recommandation de l'âme, et les litanies du Sacré-Cœur de Jésus.

Le jour commençait à éclairer cette scène poignante lorsque notre Mère Anne-Régis, voyant approcher le moment suprême, s'assura que nous étions toutes là. Puis prenant la main de l'angélique mourante, la leva sur nous ; nous nous inclinâmes une dernière fois sous la bénédiction de celle qui, avec une foi admirable, avait si souvent fait descendre ainsi sur sa petite Famille l'abondance des biens célestes.

A huit heures moins un quart, 16 janvier, un vendredi, ce cœur brûlant de charité cessait de battre.

Nous étions orphelines... La belle âme de notre bien-aimée et regrettée Mère Marie-Madeleine avait passé à Dieu dans un sommeil d'amour. Le Cœur de Jésus s'ouvrait pour engloutir à jamais celle que dans sa grande miséricorde, Il avait bien voulu nous prêter. Elle était âgée de 55 ans.

Le sacrifice si redouté était consommé, des heures débordantes de douleur sonnaient pour nous. Et cependant en portant notre lourde croix, nous sentions une force étonnante, vraiment divine, fruit, nous le pensons, de la protection immédiate de notre angélique Mère. Elle avait dû prévoir ces moments cruels et par d'ardentes prières, nous obtenir du Ciel un secours extraordinaire.

De ce lit funèbre s'échappait un tel parfum de grâce et de sainteté, que nous en étions comme enveloppées : « *Je voudrais*, avait écrit notre **Mere**, *qu'après ma mort, il n'y eût pas une parcelle, pas un atome de ma poussière, qui ne fût une semence d'amour... Je voudrais être saturée d'amour, afin de le répandre autour de moi, sans que l'on s'aperçoive que c'est moi.* » Ces souhaits ne commençaient-ils pas à se réaliser ?

On ne peut dépeindre l'expression de calme, de sérénité, de béatitude rayonnant du visage de no-Mère tant aimée ; l'humble et céleste sourire qui errait sur ses lèvres, semblait nous dire : « L'Epoux m'a bien accueillie, parce que j'ai été douce et petite, et que j'ai beaucoup aimé !... ne pleurez pas... je possède l'éternelle félicité, un jour vous verrez avec moi... »

Notre vénérée Mère Anne-Régis sentait et comprenait autant que nous la perte immense que nous faisions. Elle nous dira plus tard : « J'ai failli en mourir » ; et elle écrivait à l'Institut, dans sa circulaire de 1914 : « La douleur des douleurs a été la fin prématurée, inattendue de notre si précieuse Mère de Vassieux. Combien de fois aurais-je donné ma vie, pour conserver la sienne à sa Famille, à qui elle faisait tant de bien et était si nécessaire !... »

Nous passions tous nos moments libres agenouillées auprès de notre incomparable Mère, qui allait dans quelques heures nous être enlevée, nous ne pouvions nous lasser de la contempler, nous aurions voulu graver, au fond de nos cœurs, ses célestes traits, mais surtout attirer en nous, ses admirables et fortes vertus. Il y avait, entre l'âme de la Mère et celles de ses filles, une communication qui fut sensible pour plusieurs. Dans la nuit du 17 au 18 janvier, l'une d'elles, proche du cercueil de notre Mère vénérée, se demande avec angoisse si le bon Dieu qui juge souvent des choses bien autrement que nous, avait ratifié entièrement les promesses et assurances reçues de la bouche de cette Mère expirante. Tenant en main le Psautier, elle supplie celle qui avait si souvent résolu ses doutes de l'éclairer encore à cette heure, et ouvre le livre sacré. Spontanément, ses yeux tombent sur ces paroles : « *Ce qu'on vous avait annoncé, nous l'avons vu s'accomplir dans la Cité du Dieu des armées, dans la Cité de notre Dieu ; le Seigneur l'a fondé pour l'Eternité.* »

Entre les témoignages de sympathie et de vénération pour notre regrettée défunte, qui nous arrivaient de toutes parts, nous voulons signaler ceux de notre saint Archevêque, de Mgr Pagnon, Supérieur du monastère et de Sa Grandeur Mgr l'Evêque d'Evreux.

Son Eminence le Cardinal Sevin ne se contenta pas de nous écrire, mais vint en personne apporter à la famille en deuil un précieux réconfort par ses paroles pleines de surnaturelle bonté. Notre vénéré

Père spirituel, malgré sa délicate santé, ne craignit pas d'affronter un froid intense et une neige épaisse pour montrer, par sa présence à la funèbre cérémonie, dans quelle estime il tenait notre Mère.

Quant à Mgr Déchelette, qui avait suivi de loin toutes nos douloureuses sollicitudes, il répondit d'abord par télégramme à l'annonce du décès, et nous adressa le jour même de notre malheur la lettre suivante :

Evreux, le 16 janvier 1914.

« Mes chères Filles,

« Votre grand sacrifice est donc consommé ! Je sais que, dans la désolation, mais avec courage, vous l'offrez à Dieu en l'unissant à celui de Notre-Seigneur au Calvaire, *Sursum corda !*

« Quant à votre si pieuse Mère, elle est **bien** heureuse; car, c'est à coup sûr une grande et copieuse récompense qui va couronner son admirable vie. Elle avait en perfection les vertus de la Visitation : humilité, douceur, détachement de soi, fermeté d'âme, union à Dieu. Tandis qu'elle vous protégera du Ciel, auprès de la vénérée Mère Marguerite-Agnès, tenez vos regards fixés sur les inoubliables exemples qu'elle n'a cessé de vous donner.

« C'est un grand vide que creuse la mort dans votre Maison ; mais c'est aussi, c'est surtout un rayon de gloire surnaturelle dont elle l'enveloppe pour toujours, et qui la protégera. — Prenez, les unes et les autres, la résolution d'être de plus en plus les dignes Filles d'une telle Mère.

« Votre deuil est bien le mien, je vous assure ! Je sens se briser pour moi quelque chose de ce passé qui m'est si cher ; je veux dire de mon ministère auprès de vos Monastères aimés ; mes relations avec votre Mère me laissaient comme un parfum d'édification que je recueillais précieusement. — Son souvenir va maintenant prendre place parmi ces grands et intimes souvenirs dont on a à cœur de ne pas se séparer.

« Inutile de vous dire que j'unis mes prières aux vôtres ; au saint Autel, surtout, notre chère et regrettée défunte ne sera pas oubliée. »

Notre Mère Marie-Madeleine, dérobée désormais aux regards de ceux qui aimaient tant à la rencontrer sur le chemin de cette vie, n'a pas disparu de leur cœur. Sa survivance dans les âmes nous est attestée journellement. Le souvenir de sa bonté, de sa charité, de ses autres vertus demeure présent à ceux qui l'ont connue. On l'a pleurée comme une mère, une sœur, une bienfaitrice ; maintenant, c'est en élue du Ciel, en vraie protectrice qu'elle est vénérée.

Ses amis restent en mystérieux rapports avec elle, et lui confient les sollicitudes de leur existence. Il est touchant d'entendre les récits faits sur ses assistances maternelles, délicates, multipliées.

La vénération qu'elle inspire se manifesta dès les premières heures après sa bienheureuse mort. Nous en avons cité un des plus précieux témoignages ; sous voulons en ajouter, à cette heure, quelques autres. Un homme du monde, personnalité distinguée de notre ville, amené à nos parloirs pour des affaires matérielles du vivant de notre Mère, nous écrivait, le 21 janvier 1914 :

« J'ai reçu dimanche, trop tardivement, pour pouvoir assister aux funérailles, la nouvelle de la mort de Madame votre Révérende Mère. Je ne pouvais croire à la réalité d'un tel malheur, et j'ai dû en demander la confirmation à M. l'Aumônier de la Visitation de Fourvières. Je ne saurais vous dire combien j'ai été peiné de ce coup qui vous frappe si brusquement. Jamais je n'oublierai la bienveillance exquise que me témoignait Madame la Supérieure, bienveillance qu'elle daignait étendre jusque sur mes enfants, ce qui me touchait au delà de toute expression. Il ne me viendrait pas à l'idée de dire que je prierai pour elle, mais bien plutôt que je lui demanderai de me continuer au Ciel la protection qu'elle m'accordait ici-bas. Daignez agréer, etc... »

Si de tels sentiments ont pu être inspirés par un contact passager, par quelques courts et rares entretiens, on devait pressentir ceux que ferait naître une connaissance plus approfondie de cette âme. Nous pouvons dire que la réalité à ce sujet, le bien déjà produit par la notice offerte à notre Institut ont dépassé nos prévisions ; nous en avons reçu des attestations si multipliées, si générales, qu'il ne s'y peut rien ajouter. Nous nous bornerons à reproduire ici une seule de ces lettres, écrite par une personne absolument inconnue. Elle nous paraît capable de prouver ce que nous venons d'émettre :

« MA RÉVÉRENDE MÈRE,

« Veuillez avoir la bonté d'excuser mon indiscrétion. Parente éloignée d'une Supérieure de la Visitation, je viens à ce titre d'avoir le grand privilège de lire la notice concernant votre très honorée Mère et Fondatrice, Marie-Madeleine Ponnet. Cette lecture m'a laissée dans le ravissement... aussi je souhaite qu'une édition populaire soit bientôt livrée au public pour l'édification et la sanctification des âmes. A la fin de la page 127, j'ai surtout remarqué ceci : « Je voudrais qu'après ma mort, il n'y eût pas une parcelle, pas un atome de ma poussière qui ne fût une semence d'amour... Je voudrais être saturée d'amour afin de le répandre autour de moi, sans que l'on aperçoive que c'est moi. »

« Ce souhait m'a fait réfléchir et m'a portée à vous demander un atome, le plus petit rien ayant été en contact avec sa personne, fût-ce même le plus imperceptible morceau de papier. Il me semble que ce serait une bénédiction pour notre Lorraine si courageuse et si dévastée où il y a tant besoin d'amour de Dieu... »

Nous avons dit que Mère Marie-Madeleine fait sentir sa protection à ceux qui la sollicitent. Nous ajouterons que des grâces plus signalées semblent devoir lui être attribuées. Sans vouloir émettre un jugement sur plusieurs faits qui nous ont été rapportés, nous constatons que la confiance en cette vraie servante de Dieu grandit dans les cœurs et que cette confiance est profondément justifiée.

DIEU SOIT BÉNI !

LE JUGEMENT

d'une Fille de la Visitation

Fille de la Visitation,
En ce grand jour réponds : Qu'as-tu fais de mon cœur ?
— Quand souvent je tombais au chemin de la vie,
Ce Cœur apparaissait à mon âme ravie
Et je l'ai toujours pris pour mon Réparateur.

Fille de la Visitation,
.... Qu'as-tu fait de mon Cœur ?
— J'en ai tout acquitté, que dois-je à la justice,
Ne puis-je pas entrer dans ce lieu de délice
Où tu fais, des élus, le suprême bonheur.

Fille de la Visitation,
.... Qu'as-tu fait de mon Cœur ?
— Il est un bain sacré, vois je m'y suis lavée,
Il est le vêtement dont je me suis parée ;
Il est un ornement, j'emprunte sa splendeur.

Fille de la Visitation,
.... Qu'as-tu fait de mon Cœur ?
— Seigneur, plus j'ai compris ma totale impuissance,
Plus en Lui j'ai placé toute ma confiance,
Et j'ai tout attendu de son Amour Sauveur.

Fille de la Visitation,
.... Qu'as-tu fait de mon Cœur ?
Je l'ai fait supplément de mon insuffisance
Et divin Répondant de ma noire indigence,
Tout ce qui me manquait, je te l'ai pris, Seigneur.

Fille de la Visitation,
.... Qu'as-tu fait de mon Cœur ?
— J'ai perdu mes péchés dans l'ardeur de sa flamme,
Aujourd'hui, devant Toi, de Lui, je me réclame,
Ne s'est-il pas nommé notre Consommateur ?

Fille de la Visitation,
.... Qu'as-tu fait de mon Cœur ?
— Je m'y suis constamment unie, assimilée,
Puisqu'à cette unité, tu m'avais appelée,
Et mon être pécheur, de Lui, prend sa valeur.

Fille de la Visitation,
.... Qu'as-tu fait de mon Cœur ?
— A Lui je me livrais en toute confiance,
Comme un marbre au sculpteur, et, pour sa jouissance
J'ai laissé tous les droits à l'Amour créateur.

Fille de la Visitation,
.... Qu'as-tu fait de mon Cœur ?
— Pour toi voulant brûler d'une ardeur indicible,
Et n'étant rien, hélas ! qu'une glace insensible,
Je l'ai pris pour t'aimer, et j'en ai fait mon Cœur.

Fille de la Visitation,
.... Qu'as-tu fait de mon Cœur ?
— Etre pauvre, altéré de soif insatiable,
Invité par ta voix à la source insondable
En y collant ma bouche, ah ! je l'ai bu, Seigneur !

Fille de la Visitation,
.... Qu'as-tu fait de mon Cœur ?
— C'est l'organum divin doit j'ai fait ma louange,
Rendant mes faibles chants plus beaux que ceux de
Ils ont pris, de ta voix, l'ineffable douceur.   [l'Ange

Fille de la Visitation,
.... Qu'as-tu fait de mon Cœur ?
— Je m'en suis emparée et l'ai mis à ma place
Afin qu'Il soit ainsi toujours devant ta Face :
Si tu veux me trouver, cherche-moi là, Seigneur.

Fille de la Visitation,
.... Qu'as-tu fait de mon Cœur ?
— Je l'ai distribué comme un pauvre qui donne
Le Trésor infini que le riche abandonne ;
Tous en ont eu : défunt, juste, saint ou pécheur.

Fille de la Visitation,
.... Qu'as-tu fait de mon Cœur ?
— Devant tous les malheurs dont gémissait la terre,
Pour tes enfants ingrats, j'en ai fait ma prière,
Et j'ai dit hardiment : Père, pardonnez-leur.

Fille de la Visitation,
.... Qu'as-tu fait de mon Cœur ?
— J'ai voulu le ravir par d'humbles sacrifices,
Dans l'Eglise de Dieu, c'étaient là mes offices :
Vois si, pour ton amour, ils sont remplis, Seigneur

Fille de la Visitation,
.... Qu'as-tu fait de mon Cœur ?
— Pour couper court à tout, dans une immense étreinte
Je me serrais à Lui, j'ai banni toute crainte,
J'ai tout laissé tomber pour m'unir au Sauveur.

Fille de la Visitation,
.... Qu'as-tu fait de mon Cœur ?
— J'en ai fait ma demeure, et dans ce doux asile,
Comme au fort assuré, j'ai su vivre tranquille,
Croyant à son Amour, j'ai méconnu la peur.

Fille de la Visitation,
.... Qu'as-tu fait de mon Cœur ?
— Lorsque ton Cœur cherchait une Consolatrice
Comprenant sa tendresse et son grand sacrifice
Avec son propre Amour, j'ai calmé sa douleur.

Fille de la Visitation,
.... Qu'as-tu fait de mon Cœur ?
— Il fallait pour le monde une Réparatrice,
De l'âme pécheresse, était-ce bien l'office ?
J'ai réparé par Lui, divin Médiateur.

Fille de la Visitation,
.... Qu'as-tu fait de mon Cœur ?
— J'en ai fait, ici-bas, ma joie et mes délices,
Et voyant tout en Lui, peines et sacrifices,
Lumière, obscurité : tout m'a paru bonheur.

Fille de la Visitation,
.... Qu'as-tu fait de mon Cœur ?
— Pour soulager l'ardeur de l'amour qui le presse
J'ai servi de décharge au trop-plein qui l'oppresse ;
Du pauvre, c'est la gloire, ô mon divin Sauveur.

Fille de la Visitation,
.... Qu'as-tu fait de mon Cœur ?
— Ah ! j'en ai fait mon Tout, mon Unique et ma Vie,
Ne le séparant pas du saint Cœur de Marie.....
Voilà ce que je puis te répondre, ô Seigneur !

D. S. B.

Vassieux, janvier 1912.

TABLE DES MATIÈRES

IMP. P. TÉQUI, 92, RUE DE VAUGIRARD, PARIS

AVIS SPIRITUELS

Avis spirituels pour servir à la sanctification des âmes. 2.° édit. 5 fr.; franco.. 5 60
Avis spirituels pour les âmes qui aspirent à la perfection chrétienne. 1 vol. In-18. 15° édit. 5 fr.; franco.............. 5 60
Réflexions et Prières pour la Sainte Communion. 2 in-18. 13 fr.; franco 14 50
L'Evangile proposé à ceux qui souffrent. 8° édit. 6 fr. 50; franco 7 25
Un Aide dans la Douleur. 16° édit. In-18. 6 fr. 50; franco.. 7 25
Vie de Notre-Seigneur Jésus-Christ méditée pour tous les jours de l'année, à l'usage des personnes qui communient fréquemment dans le monde. 7° édit. 2 in-18. 12 fr: franco 13 50
Réflexions sur la Passion de Notre-Seigneur Jésus-Christ et prières pour le chemin de la Croix. 6° édit. 6 fr.; franco 6 75
De Bethléem au Tabernacle. 3 fr.; franco.............. 3 45
Entretiens avec Notre-Seigneur Jésus-Christ pour les jours de Communion. 17° édition. In-32, 3 fr.; franco.............. 3 50
L'Année chrétienne, conseils aux femmes du monde pour bien sanctifier l'année, 5 fr.; franco........................... 5 60
Méditations pour tous les Jours de l'Année, du P. Fabius-Ambroise Spinola. In-18. 6 fr. 50; franco.............. 7 25
Courtes Réflexions proposées aux chrétiens qui vivent dans le monde. In-32. 2 fr. 50; franco......................... 2 80
Vie de la Mère Marie-Marguerite des Anges (Van Valkenissen) In-8. 12 fr.; franco.................................... 13 35
Visites à Jésus-Hostie. 5° édit. In-32. 5 fr.; franco.......... 5 50
Petit Manuel eucharistique. In-18. 3 fr. 50; franco........ 4 »
Sursum Corda, ou Elévations sur l'Ecriture sainte et les Prières de l'Eglise. 20 fr.; franco........................ 9

Abbé GRIMAUD

Ancien Professeur de Philosophie aux Enfants Nantais.

Défendons-nous contre l'invasion des idées laïques. Prix : 5 fr.; franco 5 50
Malgré l'invasion des idées laïques, sauvons nos âmes. In-12. 5 fr.; franco... 5 50
Futurs Epoux. 9° édit. In-12. 7 fr.; franco.............. 7 75
Futures Epouses, 9° édit. 7 fr.; franco.................. 7 75
Futurs Prêtres. 3° édit. 7 fr.; franco.................... 7 50
Epouse, attrait du Foyer. In-12. 7 fr.; franco............ 7 75
Prêtre... Pourquoi pas? 1 vol. in-18. 3 fr. 50; franco...... 4 »

P. Téqui, libraire-éditeur, 82, rue Bonaparte, Paris-VI°.

Mgr BESSON

ÉVÊQUE DE NIMES

L'Homme-Dieu. Conférences prêchées à la métropole de Besançon. 13° édit. In-12 de 460 pages. Prix : 4 fr. 50; franco.... **5 »**

Cet ouvrage, tout en répondant aux attaques d'une incrédulité se jetant, à bout de voie, dans les impasses du romanesque et de la folie, embrasse la grande et éternelle démonstration de la divinité de Jésus-Christ, telle qu'elle convient à tous les âges et à tous les esprits. Elle résume sous une forme nouvelle et originale les plus beaux arguments des Pères et des grands apologistes, et elle s'adapte aux besoins de notre âge en tournant à son profit les recherches et les erreurs de la philosophie, les découvertes et les objections de la science. On s'étonne de la quantité de faits et d'idées qui sont condensés dans ces quatre cent soixante pages

Conférences prêchées dans l'église métropolitaine de Besançon. 7 in-8 franco, .. 55
— Le même. 7 in-12.... 35
On vend séparément :

Homme-Dieu (l'). In-12 franco 5

Eglise (l') œuvre de l'Homme-Dieu. In-12 franco.... 5 »

Décalogue (le) ou la loi de l'Homme-Dieu. 2 in-8 franco, ... 17
— Le même 2 in-12. franco, ... 10

Sacrements (les) ou la grâce de l'Homme-Dieu. 2 in-8. franco 17
— Le même ouv. 2 in-12 franco 10

Mystères (les) de la vie future ou la gloire de l'Homme-Dieu. In-8 franco 8
— Le même. In-12 franco .. 5

Année (l') d'expiation et de grâce. (1870-1871). Sermons et Oraisons funèbres. 4° édition , in-12 franco,........ 5

Année (l') des pèlerinages (1872-1873). Sermons. In-8 franco 8. 50
— Le même ouvrage. 3° éd., 1 in-12 franco, ... 5 »

Sacré-Cœur (le) de l'Homme-Dieu, sermons prêchés à Besançon et à Paray-le-Monial en juin 1873. Franco.. 8 »

Béatitudes (les) de la vie chrétienne ou la dévotion chrétienne envers le Sacré-Cœur. In-8 franco, ... 8 50

Œuvres pastorales. 1° série 1875-1875. 2 in-8, franco 17.
— Le même. 2 in-12 franco, ... 10.

Œuvres pastorales. 2° série 1878-1882 2 in-8 franco .. 17
— Le même 2 in-12 franco, ... 10 »

Œuvres pastorales et oratoires 3° série. 1853-1887. 2 in-8 franco .... 17 »
— Le même. 2 in-12. franco .... 10 »

Œuvres pastorales et oratoires 4° série, 1887-1888 1 in-8 franco, ... 8. 50
— Le même 1 in-12 franco, ... 5 »

Panégyriques et oraisons funèbres. 2 in-8 franco .. 17 »
— Le même ouvrage, 3° éd.. 2 in-12 franco. .... 10 »

Panégyriques, oraisons funèbres, éloges académiques Nouvelle série in-8 franco, ... 8 50

Panégyriques, oraisons funèbres, éloge académique. Troisième série in-8 franco 8 50
— Le même ouvrage In-12 franco 5

Chanoine BROUSSOLLE

Aumônier du Lycée Michelet.

L'Enfant, d'après les Saints Livres et les Saintes Images. In-12 de 575 pages avec 213 dessins et 19 gravures hors texte. Prix, 10 fr.; franco............................... 11 50

La Religion et les Religions. 1re partie : La Religion. — 2e partie : Les Religions. In-12, chacune 4 fr.; franco........ 4 50

La Vie surnaturelle. In-12 de XVI-392 pages. 4 fr.; franco.. 4 75

Théorie de la Messe, 2e édit. In-12. 4 fr.; franco.......... 4 50

Morceaux choisis des saints Evangiles. In-12. 4 fr.; franco 4 50

Dieu, son Existence et sa Nature. In-12. 4 fr.; franco...... 4 50

L'Art, la Religion et la Renaissance. Essai sur le dogme et la piété dans l'art religieux de la Renaissance italienne. Leçons données à l'Institut catholique de Paris. In-8. Prix : 10 fr.; franco .... 12 »

Etudes sur la Sainte Vierge. — I. De la Conception Immaculée à l'Annonciation angélique. In-8, illustré de 100 gravures. 7 fr.; franco .... 8 »

II. De la Visitation à la Passion. In-8, illustré de 120 gravures, 7 fr.; franco.. 8 »

La Jeunesse de Pérugin et les Origines de l'Ecole ombrienne. 1 vol. grand in-8 illustré de 130 gravures. (Ouvrage couronné par l'Académie française). 15 fr.; franco.............. 18 »

Préface à la Légende dorée. 4 fr.; franco.................. 4 50

L'Art et les Artistes. 3 fr.; franco....................... 3 50

Trois conférences sur la Théologie. 1 fr.; franco.......... 1 25

Catéchisme des petits enfants qui se préparent à la Première Communion. In-12. 0 fr. 75 franco...................... 1 »

L'Assomption, Revue Mariale, illustrée, d'Histoire, de Liturgie, d'Art et de Théologie pour promouvoir la dévotion de la Vierge Marie. L'abonnement un an..................... 6 »
La 1re, 2e et 3e année réunies en volume, chacune...... 12 »
Chaque livraison se vend pendant l'année............. 1 50

Mgr CHAPON
Evêque de Nice.

Monseigneur Dupanloup et la Liberté. In-12. 6 fr.; franco.. 6 50
La Femme chrétienne et française. 8 fr.; franco........ 6 50
La France. Les Alliés. 3 fr.; franco..................... 3 50
Conférences spirituelles aux religieuses de la Visitation d'Orléans. In-12. 7 fr. 50; franco.......................... 8 25
    La deuxième série, 7 fr. 50. franco...................... 8 25
La Foi chrétienne devant la raison et le cœur. In-12. 3 fr. 50; franco .... 4 fr

Mgr DUPANLOUP
Evêque d'Orléans.

De l'Education, 15ᵉ édit. 3 in-12. 24 fr.; franco............ 27 »
Conférences aux Femmes chrétiennes. In-12. 8 fr.; franco.. 8 75
Lettres sur l'éducation des filles et sur les études qui conviennent aux femmes dans le monde. 8ᵉ édit. In-12. 7 fr. 50; franco .... 8 »
La Femme studieuse, 9ᵉ édit. In-16 en caractères elzéviriens, encadré de vignettes. 7 fr. 50; franco................... 8 25
Le Mariage chrétien. 18ᵉ édit. In-12, en caractères elzéviriens, encadré de vignettes. 7 fr. 50; franco................. 8 25
L'Enfant. 10ᵉ édit. In-16 en caractères elzéviriens, encadré de vignettes. 7 fr. 50; franco.................... 8 25
Avertissement à la Jeunesse. In-12. 1 fr. 50; franco........ 2 »
De la Déuvtion au Très Saint-Sacrement. In-18. Prix : 1 fr. 50; franco 1 80

Journal intime de Mgr Dupanloup. Extraits recueillis et publiés par L. Branchereau. In-12. 7 fr.; franco.......... 7 75
La vie de Mgr Borderies, évêque de Versailles. 1 vol. In-12. 8 fr.; franco 8 75
Les Derniers Jours de Mgr Dupanloup. 4 fr.; franco...... 4 50

R. P. DELAPORTE, S.J.

Du Merveilleux dans la Littérature. In-8. 15 fr.; franco.. 17 50
Classiques païens et chrétiens. In-12. 4 fr.; franco........ 4 60
De historia Galliae. In-8. 10 fr.; franco.................. 11 50
Récits et Légendes. 2 In-12. 10 fr.; franco.............. 11 50
A travers les âges. In-12. 5 fr.; franco.................. 5 75
Monastères des Oiseaux. In-8. 10 fr.; franco............ 11 50
Immaculée-Conception. In-12. 2 fr.; franco.............. 2 30
A Marie-Immaculée. In-8. 1 fr. 50; franco.............. 8

R. P. CHARRUAU, S. J.

Famille de brigands. In-12. 7 fr.; franco.................... 7 50
Mrs Fanny Pittar. In-12. 5 fr.; franco..................... 5 50
Mrs Fanny Pittar et ses enfants. In-12. 5 fr.; franco...... 5 50
Le P. H. Chambellan. In-12. 6 fr.; franco.................... 6 50
Une Ame d'Apôtre. Vie du P. Falvelly. In-12. 4 fr.; franco 4 50
Aux Armes. In-12. 3 fr.; franco............................. 3 45
Aux Mères. 6 fr.; franco.................................... 6 50
Vers le Mariage. In-12. 7 fr.; franco....................... 7 50
Vie du P. Claver. In-12. 3 fr.; franco...................... 3 50
Vendéenne. In-12. 4 fr.; franco............................. 4 50

Chanoine DUPLESSY

Directeur de « La Réponse »

Les Dominicales. 3 in-12. 22 fr. 50; franco 24 fr. 75; étranger 28 50
   Chaque volume, 7 fr. 50; franco 8 fr. 25; étranger...... 9 50
Les Idées de Matutinaud. 10° édit. In-12. 5 fr.; franco 5 75;
   étranger .... 7 »
Les Cousins de Matutinaud. 9° édit. In-12. 5 fr.; franco 5 fr. 75;
   étranger .... 7 »
Les Neveux de Matutinaud. 3° édit. In-12. 5 fr.; franco 5 fr. 75;
   étranger .... 7 »
Matutinaud lit la Bible. In-12. 5 fr.; franco 5 75; étranger. 7 »
Les Amis de Matutinaud. In-12. 5 fr.; franco 5 75; étranger 7 »
Les Frères de Matutinaud. In-12. 5 fr.; franco 5 75; étranger 7 »
Le Pain des Petits, explication dialoguée des Evangiles. Tome I:
   Le symbole des Apôtres; tome II : Les commandements;
   tome III : Les Sacrements. 3 vol. In-12. 15 fr.; franco 16 50;
   étranger .... 19 »
Le Pain Evangélique, explication dialoguée des Evangiles.
   Tome I : De l'Avent au Carême. Tome II : Du Carême à la
   Saint-Pierre et Tome III : De la Saint-Pierre à l'Avent.
   15 fr.; franco 16 fr. 50; étranger.................... 19 »
Benoît XV et la Guerre. In-12. 2 fr.; franco 2 30; étranger 2 80
Journal apologétique de la Guerre. In-12. 7 fr.; franco 7 fr. 75;
   étranger .... 9 »
Dictées d'un Instituteur. 0 fr. 75; franco 0 fr. 85; étranger 0 90
Allocutions Matrimoniales. In-12. 7 50; franco 8 25; étranger 9 »
Histoires de Catéchisme. Tome I : Les vérités à croire. Tome II:
   Les Devoirs à pratiquer. Tome III : Les moyens de sanctifi-
   cation. 4° mille. 18 fr.; franco 19 fr. 60; étranger...... 21 80
Le Catéchisme vécu à Lourdes, lectures pour le mois de Marie
   et le mois du saint Rosaire avec le récit quotidien d'une
   guérison attribuée à Notre-Dame de Lourdes avec lettre-
   préface de Mgr Schœpfer. 3° mille. Prix : 7 fr. 50; franco
   8 fr. 25; étranger .... 9 »

Mgr GIBIER
Evêque de Versailles.

Les Temps nouveaux, 1914-1918. Paroles de la Guerre. In-12.
6 fr.; franco.. 6 50
Religion. In-12 de VIII-384 pages. 6 fr.; franco............ 6 50
Famille. In-12 de 360 pages. 6 fr.; franco................... 6 50
Patrie. In-12 de 504 pages. 7 fr. 50; franco................ 8 »
Le Relèvement national. In-12. 6 fr.; franco............... 6 50
Les Reconstructions nécessaires. In-12. 6 fr.; franco.... 6 75
Le Règne de la Conscience. In-12. 6 fr.; franco.......... 6 50
Le Salut par l'Elite. In-12. 6 fr.; franco.................. 6 50
— La France catholique organisée par la Fédération des diocèses sur le terrain religieux. In-12. Prix: 7 fr. 50; franco 8 »

Chanoine MILLOT
Vicaire Général de Versailles.

Mariage. Célibat. Vie religieuse. In-12. 6 fr.; franco...... 6 75

Nos Morts de la Guerre. Choix de discours pour les services des soldats morts au Champ d'honneur. In-12. Prix : 7 fr.;
franco 7 75

La Vie Religieuse. Choix très remarquable de discours de vêtures et de professions recueillis et publiés par le chanoine Millot. In-12. 6 fr.; franco.......................... 6 75
Toute Grâce par Marie. In-12. 6 fr.; franco................ 6 75
L'Œuvre des Vocations. In-12. 3 fr.; franco............... 3 60
Jésus-Christ veut des Prêtres. 8° édit. In-18. 3 fr.; franco.. 3 50
Connaître, Aimer et Servir la Sainte Vierge. In-12. Prix : 5 fr.;
franco 5 50
Retraites de Dames et de Mères Chrétiennes. 2° édit. 7 fr.;
franco 7 75
Retraite d'enfants de Marie. In-12. 7 fr.; franco.......... 7 75
Retraite solennelle de Première Communion. 7 fr.; franco 7 75
Retraites sur les grandes Vérités. 3° édit. 380 p. In-12. 7 fr.;
franco 7 75
Retraites de Jeunes Filles. 3° édit. 7 fr.; franco.......... 7 75
Retraite sur les grands Moyens de Salut. In-12. Prix : 7 fr.;
franco 7 50
Retraite Eucharistique. In-12. 6 fr; franco................. 6 60
Retraite de Jeunes Gens. In-12. 7 fr. 50; franco........... 8 »
Plans de Sermons pour les fêtes de l'année. 2 in-12. 15 fr.;
franco 50

P. GRATRY
Membre de l'Académie Française

De la connaissance de Dieu, 9° édit. 1918, 2 in-12. Prix : 16 fr.; franco 17 50

De la connaissance de l'Ame. In-12. 15 fr.; franco........ 16 50

La Logique. Nouv. édit., 2 in-12. 15 fr.; franco............ 18 »

Les Sophistes et la Critique. In-8. 12 fr.; franco.......... 13 »

Les Sources. 10° édit. 3 fr. 75; franco...................... 4 50

Les Sources de la Régénération sociale. In-12. 3 fr.; franco 3 50

Petit Manuel de Critique. 3 fr.; franco.................... 3 50

Souvenirs de ma Jeunesse. Œuvres posthumes, l'enfance, le collège, l'Ecole Polytechnique, Strasbourg, le Sacerdoce. 8° éd. In-12. 6 fr.; franco.. 6 50

Méditations inédites. Œuvres posthumes. Nouv. édit. In-12. 6 fr. franco 6 50

Crise de la Foi. Trois conférences philosophiques de Saint-Etienne-du-Mont, 1863. 3 fr.; franco..................... 3 50

La Philosophie du Credo. 6 fr.; franco.................... 17 »

La Morale et la Loi de l'Histoire. 2 in-12. 15 fr.; franco 17 »

Commentaire sur l'Evangile selon saint Matthieu. 6° édit. 2 in-12. 12 fr.; 13 50

Henry Perreyve. Récit ému, superbe. Lire les chapitres : 1° Education; 2° Vocation; 3° Organisation de la vie; 4° Ministère; 5° L'idéal; 6° L'imperfection; 7° La mort. 12° édit. In-12. 6 fr.; franco.. 6 50

Mois de Marie de l'Immaculée-Conception. 5° édit. 5 fr.; franco 5 75

La Paix. Méditations historiques religieuses, avec une préface de S. G. Mgr Gauthey. 3° édit. In-12. 5 fr.; franco...... 5 75

Jésus-Christ. Réponse à Renan. 2 fr.; franco............. 2 50

Le P. Gratry. Sa vie et ses œuvres par S. Em. le cardinal Perraud, 4° édit. In-12. 7 fr.; franco..................... 7 50

Pages choisies du P. Gratry, par A. Mollien. 2° édit. In-12. 7 fr.; franco 7 75

Une Ame de Lumière : Le Père Gratry, par l'abbé Vaudon. 7 fr.; franco.. 7 50

Eloges du P. Gratry, par Ollé-Laprune. In-8. Prix : 1 fr. 50; .... 2 »

R. P. W FABER

Docteur en théologie, Supérieur de l'Oratoire de Londres.

Bethléem ou le **Mystère de la Sainte Enfance.** 7ᵉ édit. 2 in-12. 12 fr.; franco 13 50

Le Précieux Sang ou le Prix de notre Salut. 9ᵉ édit. 6 fr.; franco 6 60

Conférences spirituelles. 5ᵉ édit., In-12. 6 fr.; franco 6 50

La Bonté (extrait des Conférences). In-12. 1 fr. 50; franco 1 80

Progrès de l'Ame dans la Vie spirituelle. 7ᵉ édit. In-12. 6 fr.; franco 6 60

Le Pied de la Croix, ou les Douleurs de Marie, 7ᵉ édit. In-12. 6 fr.; franco 6 75

Le Saint-Sacrement, ou les œuvres de Dieu. 9ᵉ édit. 2 in-12. 12 fr.; franco 13 50

Tout pour Jésus, ou les voies faciles de l'amour divin. 15ᵉ édit In-12. 6 fr.; franco 6 50

Le Purgatoire (extrait de **Tout pour Jésus**). In-12. 1 fr. 50; franco 1 80

Le Créateur et la Créature, ou les merveilles de l'amour divin, 17ᵉ édit. In-12. 6 fr.; franco 6 60

Œuvres du P. Fabert, abrégé textuel et méthodique en 191 lectures ou méditations par l'abbé J. Jaud.
Tome I : Tout pour Jésus. Progrès de l'Ame, Très Saint Sacrement. In-12. 7 fr. 50; franco 8 25
Tome II : Créateur et Créature, Pied de la Croix, Conférences spirituelles. 7 fr. 50; franco 8 25
Tome III : Précieux sang, Bethléem. Prix : In-12. 7 fr. 50; franco 8 25

R. P. FÉLIX S. J.

Retraites de Notre-Dame.

La Confession. Pourquoi on se confesse, pourquoi on ne se confesse pas. In-12. 6 fr.; franco 6 60

L'Eternité. In-12. 4ᵉ édit. 6 fr.; franco 6 60

La Prévarication. 2ᵉ édition. 6 fr.; franco 6 60

Les Passions. 3ᵉ édit. 6 fr.; franco 6 60

Le Prodigue. 3ᵉ édit. 6 fr.; franco 6 60

La Royauté de Jésus-Christ (œuvre posthume). In-12. 6 fr.; franco 6 60

Chanoine FEIGE

*Supérieur des Missionnaires Diocésains de Meaux.
Directeur Général des Filles de Saint François de Sales.*

Méditations pour jeunes personnes. 12 vol. In-18. Chaque volume se vend séparément 2 fr.; franco.................. 2 36
Le Salut. — La Piété. — Humilité. — Amour de Dieu. — Amour du Prochain. — Le Devoir. — Le Zèle. — La Pénitence. — Belle Vertu. — La Bonté. — La Force. — Nos modèles.

Aux âmes pieuses. 6 vol. In-18. — Le Saint-Esprit. — Le Sacré-Cœur de Jésus. — La Sainte Vierge. — Saint Joseph. — L'Ange Gardien. — Les Ames du Purgatoire. Chaque volume 2 fr.; franco 2 30

Sanctifions le Moment présent. In-18 de près de 300 pages; 3 fr.; franco 3 60

Ange et Apôtre. In-12. 7 fr.; franco........................ 7 75

Hâtons-nous de devenir des Saints. In-18. 1 fr.; franco.... 1 15

Mgr FREPPEL

Evêque d'Angers.

Cours d'Eloquence sacrée. 13 vol. in-8°.................. 117 »
On vend séparément :

Les Apologistes chrétiens au II⁰ siècle :
1ʳᵉ partie : Saint Justin. 9 fr.; franco.................. 11 »
2ᵉ partie : Tatien, Hermias, etc. In-8. 9 fr.; franco.... 11 »

Saint Irénée. In-8. 9 fr.; franco........................ 11 ›

Tertullien. 2 vol. in-8. 18 fr.; franco.................. 21 »

Sant-Cyprien. In-8. 9 fr.; franco........................ 11 »

Clément d'Alexandrie, 9 fr.; franco...................... 11 »

Origène. 2 vol. in-8. 18 fr.; franco.................... 22 »

Commodien, Arnobe et Lactance. In-8. 9 fr.; franco.... 11 »

Bossuet et l'Eloquence sacrée au XVI° siècle. Cours d'éloquence sacrée fait à la Sorbonne pendant les années 1855-1856 et 1856-1857. 2 vol. in-8. 18 fr.; franco.................... 22 »

Œuvres polémiques. 10 in-12. 60 fr.; franco.............. 70 »

Etude sur le Protestantisme. 1 fr. 50; franco............ 1 65

Les Origines du Christianisme, 20 fr.; franco............ 23 »

R. P. HUGON, O. P.
Recteur du Collège Pontifical Angélique

La Sainte Eucharistie. In-12. 7 fr.; franco............... 7 50

Le Mystère de la Rédemption. In-12. 7 fr.; franco........ 7 50

Le Mystère de la Très Sainte Trinité. In-12. 7 fr.; franco.. 7 50

Le Mystère de l'Incarnation. 2ᵉ édit. In-12. 7 fr.; franco.. 7 50

Hors de l'Eglise point de Salut. 2ᵉ édit. In-12. 7 fr.; franco 7 50

La Causalité Instrumentale en Théologie. 5 fr.; franco.... 5 60

Réponses théologiques à quelques questions d'actualité sur le
  Modernisme. In-12. 5 fr.; franco..................... 5 60

Etudes sociales et psychologiques, ascétiques et mystiques. In-12
  5 fr.; franco 5 50

Les Dominicaines de Pellevoisin. Discours prononcé le 19 septembre 1918 à Pellevoisin. In-12. 1 fr.; franco........... 1 30

Les Vingt-quatre Thèses thomistes. In-12. 7 fr.; franco.... 7 75

J. MARITAIN
Agrégé de Philosophie. Professeur de Philosophie à l'Institut Catholique de Paris, Membre de l'Académie Romaine de Saint-Thomas.

Eléments de Philosophie. Introduction générale à la Philosophie. 6ᵉ édit. In-8. 7 fr. 50; franco..................... 8 »

Eléments de Philosophie. T. II : L'Ordre des Concepts. Fas-
  cicule I : Petite Logique (Logique formelle), 3ᵉ édit. In-8 de
  XI-355 pages. 15 fr.; franco....................... 16 50

Mgr de SÉGUR

Lettres à ses Fils spirituels. In-12. 6 fr.; franco........... 6 75

Lettres à ses Filles spirituelles. In-12. 4 fr.; franco...... 4 50

Marquis de SÉGUR

Portrait d'Ame. In-12. 4 fr.; franco..................... 4 50

La Bonté et les Affections chez les Saints. Tome II et III.
  chacun, 4 fr.; franco.............................. 4 50

Monseigneur de Ségur, récits d'un Frère. In-8. 12 fr.; f° 13 50

Vie de l'Abbé Bernard. In-12. 6 fr.; franco.............. 6 75

Œuvres poétiques. 1 in-8. 10 fr.; franco................. 11 50

Fables complètes. In-12. 5 fr.; franco..................... 6 »

R. P. Dom S. LOUISMET, O. S. B.

Miracle et Mystique. In-18. 5 fr.; franco................... 5 60
La Contemplation chrétienne. In-18. 7 fr. 50; franco...... 8 25
Le Mystère de Jésus. 7 fr. 50; franco..................... 8 25
L'Initiation Mystique. In-18. 7 fr. 50; franco............. 8 25
Essai sur la connaissance mystique de Dieu, In-18 allongé
  4 fr.; franco... 4 75
La Vie Mystique. In-8 allongé. 5 fr.; franco.............. 5 75

Mgr LELONG
Évêque de Nevers.

La Sainte Religieuse. In-12. 7 fr. 50; franco.............. 8 »
Le Saint Prêtre 2ᵉ édit. In-12. 7 fr. 50; franco.......... 8 »
Catéchisme de la Vie religieuse. In-32. 2 fr.; franco....... 2 30
Plans d'Instructions du Diocèse de Nevers. Prix : 7 fr. 50.;
  franco .... 8 »

Mgr MERIC
Ancien Professeur à la Sorbonne.

Les Erreurs sociales. In-12. 7 fr. 50; franco.............. 8 »
La Chute originelle. In-12. 4 fr.; franco................. 4 50
Les Elus se reconnaîtront au Ciel. In-16. 3 fr.; franco.... 3 50
L'Imagination et les Prodiges. 2 vol. In-12; 12 fr.; franco 13 50
Universités allemandes. 1 fr. 50; franco.................. 1 80
L'autre Vie, 2 vol. 12 fr.; franco........................ 13 50
Revue du Monde invisible. 10 années, juin 1898-mai 1908, 120 fr.

Abbé MONNIN
Ancien Supérieur d'Ars.

Vie du Bienheureux Curé d'Ars. 2 In-12. 15 fr.; franco.. 17 »
Edit. abrégée. 1 vol. In-12. 7 fr. 50; franco 8 25
Esprit du Curé d'Ars. In-18. 2 fr. 50; franco............. 2 80
Petites Fleurs d'Ars. In-32. 0 fr. 35; le 100 franco......... 30 »
Pensées choisies du Curé d'Ars. In-32. 1 fr. 50; franco.... 1 80

Abbé PERREYVE

Etude sur l'Immaculée-Conception. In-12. 1 fr.; franco.... 1 30

Lettres de l'Abbé Henri Perreyve. In-12. 6 fr.; franco.... 6 75

Lettres de l'Abbé Henri Perreyve à un Ami. In-12. 6 fr.; franco 6 75

Méditations sur le Chemin de Croix. In-12. 1 fr. 50; franco 1 80

Méditations sur l'Evangile de saint Jean. 1 fr. 50; franco 1 80

Méditations sur les Saints Ordres. In-32. 1 fr. 50; franco.. 1 80

Pensées choisies. In-12. 1 fr. 50; franco................... 1 80

Souvenirs de première Communion. In-12. 1 fr. 50; franco 1 80

Etudes historiques. Œuvres posthumes. In-12. 6 fr.; franco 6 60

Entretiens sur l'Eglise catholique. 2 vol. 16 fr.; franco.. 17 50

Journée des Malades. In-12. 3 fr. 50; franco............. 4 »

Deux Roses et deux Noëls. 1 fr.; franco.................. 1 30

Sermons inédits. In-12. 6 fr.; franco...................... 6 60

Biographies et Panégyriques. 7 fr.; franco............... 7 60

Lettres du R. P. Lacordaire à des jeunes Gens. Prix : 6 fr.; franco 6 75

R. P. LÉON RIMBAULT

Missionnaire Apostolique.

Les Vaillantes du Devoir. In-12. 7 fr.; franco............. 7 75

Par l'Amour et la Douleur. 7 fr.; franco.................. 7 75

Divine Mère et Mère Patrie. 7 fr.; franco................. 7 75

Au soir du dix-neuvième siècle. In-8. — Noël ! Noël ! — Triomphes de l'Amour. — L'Adieu, 2° édit. — Seul. 2° édit. — La Bretagne à Paris. — Gloires eucharistiques. — De l'Eau, des Larmes, du Sang. In-8. A l'honneur ! — A la frontière ! — Prince, Moine, Evêque. — L'Ame dominicaine. — Israël chez lui, chez nous. — La Race franciscaine. — Lumière et Flamme. Chaque brochure 1 franc; franco............. 1 30